语言学及应用语言学名著译丛

德语语言史

〔德〕彼得·冯·波伦茨　著
〔德〕诺伯特·理查德·沃尔夫　修订
李睿　译

GESCHICHTE DER DEUTSCHEN SPRACHE

商務印書館
创于1897 The Commercial Press

本中文版根据德古意特出版社 2020 年第 11 版译出。

作 者 简 介

彼得·冯·波伦茨（Peter von Polenz, 1928—2011）

德语语言史家，萨克森科学院院士，同时也是语言学家和中世纪学家。曾在莱比锡大学、马尔堡大学、海德堡大学和特里尔大学执教。因在德语语言史研究领域的突出贡献，曾荣获康拉德-杜登奖（1980）和德意志语言奖（2000）。

译者简介

李　睿　首都师范大学德语系副教授，毕业于德国海德堡大学德语语言文学系和古典汉学系，获博士学位。中国外国文学学会教学研究分会理事，德语语言史学会（GGSG）会员。研究专长：德语语言史，中古德语语言文学，话语语言学。著有德文专著一部，发表核心期刊论文数篇。

总　　序

商务印书馆出版的“汉译世界学术名著丛书”在国内外久享盛名，其中语言学著作已有 10 种。考虑到语言学名著翻译有很大提升空间，商务印书馆英语编辑室在社领导支持下，于 2017 年 2 月 14 日召开“语言学名著译丛”研讨会，引介国外语言学名著的想法当即受到与会专家和老师的热烈支持。经过一年多的积极筹备和周密组织，在各校专家和教师的大力配合下，第一批已立项选题三十余种，且部分译稿已完成。现正式定名为“语言学及应用语言学名著译丛”，明年起将陆续出书。在此，谨向商务印书馆和各位编译专家及教师表示衷心祝贺。

从这套丛书的命名“语言学及应用语言学名著译丛”，不难看出，这是一项工程浩大的项目。这不是由出版社引进国外语言学名著、在国内进行原样翻印，而是需要译者和编辑做大量的工作。作为译丛，它要求将每部名著逐字逐句精心翻译。书中除正文外，尚有前言、鸣谢、目录、注释、图表、索引等都需要翻译。译者不仅仅承担翻译工作，而且要完成撰写译者前言、编写译者脚注，有条件者还要联系国外原作者为中文版写序。此外，为了确保同一专门译名全书译法一致，译者应另行准备一个译名对照表，并记下其在书中出现时的页码，等等。

本译丛对国内读者，特别是语言学专业的学生、教师和研究者，以及与语言学相融合的其他学科的师生，具有极高的学术价值。第一批遴选的三十余部专著已包括理论与方法、语音与音系、词法与句法、语义与语用、教育与学习、认知与大脑、话语与社会七大板块。这些都是国内外语言学科当前研究的基本内容，它涉及理论语言学、应用语言学、语音学、音系学、词汇学、句法学、语义学、语用学、教育语言学、认知语言学、心理语言学、社会语言学、话语语言学等。

尽管我本人所知有限，对丛书中的不少作者，我的第一反应还是如雷贯耳，如 Noam Chomsky、Philip Lieberman、Diane Larsen-Freeman、Otto Jespersen、Geoffrey Leech、John Lyons、Jack C. Richards、Norman Fairclough、Teun A. van Dijk、Paul Grice、Jan Blommaert、Joan Bybee 等著名语言学家。我深信，当他们的著作翻译成汉语后，将大大推进国内语言学科的研究和教学，特别是帮助国内非英语的外语专业和汉语专业的研究者、教师和学生理解和掌握国外的先进理论和研究动向，启发和促进国内语言学研究，推动和加强中外语言学界的学术交流。

第一批名著的编译者大都是国内有关学科的专家或权威。就我所知，有的已在生成语言学、布拉格学派、语义学、语音学、语用学、社会语言学、教育语言学、语言史、语言与文化等领域取得重大成就。显然，也只有他们才能挑起这一重担，胜任如此繁重任务。我谨向他们致以出自内心的敬意。

这些名著的原版出版者，在国际上素享盛誉，如 Mouton de Gruyter、Springer、Routledge、John Benjamins 等。更有不少是著名大学的出版社，如剑桥大学出版社、哈佛大学出版社、牛津大学出版社、MIT 出版社等。商务印书馆能昂首挺胸，与这些出版社策划洽谈出版此套丛书，令人钦佩。

万事开头难。我相信商务印书馆会不忘初心，坚持把“语言学及应用语言学名著译丛”的出版事业进行下去。除上述内容外，会将选题逐步扩大至比较语言学、计算语言学、机器翻译、生态语言学、语言政策和语言战略、翻译理论，以至法律语言学、商务语言学、外交语言学，等等。我也相信，该“名著译丛”的内涵，将从“英译汉”扩展至“外译汉”。我更期待，译丛将进一步包括“汉译英”“汉译外”，真正实现语言学的中外交流，相互观察和学习。商务印书馆将永远走在出版界的前列！

胡壮麟

北京大学蓝旗营寓所

2018 年 9 月

译 者 序

彼得·冯·波伦茨（Peter von Polenz，1928—2011）的《德语语言史》（*Geschichte der deutschen Sprache*）是一部德语发展简史，它依托于最新研究成果，对史前时期到现当代的德语发展演变进行了系统梳理和全面概述。这部以社会语言学为导向的经典德语史有如下特点：

首先，它将语言史与社会史、政治史、文化史、文类发展史、媒介史、阅读史乃至思想史紧密结合，展示了德语发展与社会时代背景之间的密切关系。它撷取语言内部研究成果中对于德语发展来说至关重要的语言演化现象，并为这些语内现象探寻语言之外的原因与影响，从政治、经济、社会、文化、宗教等多角度来看待语言的发展和演化。其次，本书着重探讨了语言与社会的互动关系。通过对语言共同体、语言地域、语言政策等方面的分析，深入挖掘语言与社会发展的紧密联系。此外，本书还对语言与文字的关系、语言政治学、语言地理学、外语影响等问题进行了深入研究，揭示了德语语言发展的多维度特征，呈现了多层面、多角度的语言历史图景。因此，这部德语史不仅对德语专业人士具有重要参考价值，也适合对德国语言文化和历史感兴趣的历史学家、社会学家、文学家等阅读。这部《德语语言史》可使读者深入了解德语语言的形成、演变和影响因素，进而对德国语言文化历史获得更全面的认知和理解。

本书作者冯·波伦茨是德国日耳曼学界公认的德语语言史权威专家，萨克森科学院院士，他同时也是语言学家和中世纪学家。冯·波伦茨曾在莱比锡大学、马尔堡大学、海德堡大学和特里尔大学执教。因在德语语言史研究领域的突出贡献，冯·波伦茨曾荣获康拉德–杜登奖（1980）和德意志语言奖（2000）。

冯·波伦茨的主要学术贡献在于，他将语言史确立为社会史的一部分，并致力于保护语言批评和语言研究免受纯语主义和教条主义的影响。2001 年，他曾公开反对以保护德语免受外语影响为目的而制定一部《德语保护法》，并呼吁“语言不需要法律”。冯·波伦茨反对进行激进的语言保护和语言监管，他指出：纵观历史，德语一直受到拉丁语、希腊语、法语和英语的影响，当代德语中有约三分之一词汇都是直接源于外语的借词或受到外语影响而形成的新词，其中有直译借仿，也有引申借仿，乃至自由借仿，而这些外语影响并未给德语带来危害。面对英语对德语的冲击和“入侵”，冯·波伦茨认为，英语中同样有许多词汇源自拉丁语、希腊语和法语；在欧洲语言史中始终都存在着一种“国际主义”精神，一种语言与其他语言的同源词汇越多，这种语言就越有竞争力。从这个角度说，英语在军事、外交、外贸、信息技术、自然科学等方面显然发挥着更重要的作用，但在历史文化研究、法律、环境保护、社会政策等方面，德语仍然会保持其重要地位。语言作为一种社交媒介和手段，其发展遵循着自身决定的基本规律，并不需要国家进行干预，因此无需立法保护德语，人们应该做的是加强语言教育意识，既要促进母语掌握，也要促进外语学习。冯·波伦茨的这种语言发展观对于当下汉语的语言史研究以及如何面对英语等外来语的影响也十分有意义。

冯·波伦茨的这部《德语语言史》是德国海德堡大学日耳曼语言学专业选修课《德语语言史》（2005 年夏季学期）的参考书，当年我的语言史导师、海德堡大学日耳曼语言学教席教授奥斯卡·莱希曼（Oskar Reichmann）先生向学生们推荐了这部著作。在跟随莱希曼教授研读德语史十余年后，2019 年春季学期开始，我在北京大学德语系也开始讲授《德语语言史》。如今我在翻译这部书的时候，使用的源语言版本已是 2020 年的第 11 版，这最新一版是由维尔茨堡大学的沃尔夫教授（Norbert Richard Wolf）重新修订的版本。

译作得以完稿，离不开诸位师友相助：感谢商务印书馆陈小文总编辑的信任与支持；感谢北京大学德语系黄燎宇教授、谷裕教授和胡蔚教授的肯定与鼓励；感谢慕尼黑应用语言大学李克教授（Prof. Dr. Patrick Kühnel）的耐心帮助；最后要感谢我的导师莱希曼教授的指导与厚爱。自求学时代至今，我对《德语语言史》的研读和翻译工作历时 18 载，虽战战兢兢，勤勉自醒，以求译文之信达雅，但仍不免错讹之处，希有识之士不吝雅正。

2024 年 3 月于京西鸣鹤园

目　录

第十一版前言

自 2009 年本书第十版付梓以来，不仅有数部语言史相继问世，更是出现了一系列主题定位为“历史语言学”的出版物。语言史看似有被这种新趋势取代的可能性。因此有理由认为，将“语言史”和“历史语言学”作为一对互竞概念来深入探讨是有一定意义的。故而我重写了导论，尽管其中有些段落仍然出自彼得·冯·波伦茨（Peter von Polenz）之笔，即源于旧版前言，但我也并未特别标记出来。此外，我还重新审阅了整部文本，纠正了正字法错误，在很大程度上这些错误是由数字化复刻技术的原因造成的。在许多地方，我还采用了最新研究文献，并对某些观点表达了更为明确的看法。关于“1945 年之后的德语”这一部分，我在很大程度上进行了重写，内容也延展到当下。

在此我不仅要感谢书评家们针对第十版提出的宝贵建议，更要感谢伊丽莎白·肯普夫（Elisabeth Kempf）、安妮卡·戈尔登鲍姆（Annika Goldenbaum）和雷纳·鲁兹（Rainer Rutz）对手稿进行的精准校对。

有两个基本问题在第十一版中比以前更加彰显：

— 波伦茨的《德语语言史》第九版出版于 1978 年。此后，历史语言学和语言史等领域研究都取得了长足进展。尽管如此，我们还是保留了大多数旧版的引文，原因有二：一方面，近年来，许多研究问题并没有像上世纪六七十年代那样被详实地提出来。另一方面，我认为，科学的一个基本任务就是尽力贡献出我们已掌握的知识，而这些已知信息并不少，也就是参考文献所提供的信息。

— 自 20 世纪 70 年代末以来，不仅是研究在不断发展，而且语言本身，特别是社会语用方面，也在不断演变。这体现在两方面：一方面体现在目标语言[①]中的范例上，如今几乎已经不再像过去那样使用它们（如 dolle Masche 或 heiße Musik）[②]；另一方面体现在元语言的描写中，它们在今天往往带有负面内涵（如 Überfremdung, undeutsch, entartet）[③]。以上这两种情况都进行了谨慎的语言现代化。在此我要感谢雷纳·鲁兹，正是他特别提醒我要注意到这个问题。

彼得·冯·波伦茨肯定了本书的第十版。第十一版也首先是他的专著，这也是为什么本书要保留其典型的启蒙文风的原因。彼

① 目标语言和元语言，是为了在论述语言时对命题的不同层次作出必要区分而提出的一对概念。目标语言命题是关于非语言的命题，关于语言的命题属于元语言命题。目标语言范例是被“使用的”表达方式，而元语言则是被“提及”或者说被“引用”的某个词。（除特别说明外，本书脚注均为译者注）

② dolle Masche 意为：了不起的技巧，有一套；heiße Musik 意为：很棒的音乐。这种青年语言也已渐旧，现在更多会说“geile Mucke (Musik)”。

③ Überfremdung, undeutsch, entartet，这三个词都是纳粹时代语汇，分别指“过多异族人”，“非德意志的，不符合德意志精神的”，“退化的”。

得·冯·波伦茨于 2011 年 8 月 24 日仙逝，第十一版谨以纪念。

书于翡翠乡（Veitshöchheim），2019 年 3 月

诺伯特·理查德·沃尔夫（Norbert Richard Wolf）

第十版前言
（节选）

当我接到德古意特出版社海科·哈特曼（Heiko Hartmann）博士委托我的光荣任务，即修订彼得·冯·波伦茨的《德语语言史》第十版之时，我没有想到这项任务如此不易。彼得·冯·波伦茨的书是一部言简意赅、自成一体、读来令人激动不已的德语史。他将语言发展的社会政治书写与语言系统的历史书写结合在一起；史前史的部分也不是以描述这一时期语言本身为目的，而是为了给德语的一系列重要结构特征以历史的或史前的解释。要对这样一部著作进行修订或补充绝非易事，因为尽管人们可以从接受的角度来享受这部著作的言简意赅，但模仿则很难，更何况每位学者都有自己的文风。

因此，经过多次不同尝试，我还是决定让新版本仍然是学者作家彼得·冯·波伦茨的作品。只在某些地方替换了个别词汇，还有少数几处波伦茨的话为新的段落所取代。还有几处最终进行了增补，主要是根据最新的研究现状或本人的专业意见。然而，总的来说，波伦茨的语言史在今天仍然具有现实意义。

[……]

彼得·冯·波伦茨对语言史的基本观点由此得到确认，如他在引言《语言变化和语言史》（*Sprachwandel und Sprachgeschichte*）中明确指出的，语言史是“族群的语言行为和行为能力的历史”。从这个意义上说，语言史分期只能在主要发展趋势的基础上动态看待；而这些主要发展趋势必须由语言历史学家来发现并定义。

在此基础上，我认为最好的办法是保持《语言变化和语言史》一章内容不变；只纠正正字法错误，如书中其他部分一样，以便适应 1996/2006 年的新规范。

一个特别的困难在于更新参考书目，彼得·冯·波伦茨已将其描述为“精选书目”。除了不少手册类书籍以外，只有那些与新版直接相关的专著和文章被列入第十版的书目中。由于自 1978 年第九版以来，相关研究已蓬勃发展，因此无法在既有框架内提供相对完整的文献汇编。为此，我们参考了《语言学和传播学专业手册》（HSK）第二版的语言史分卷和其它书目工具书。

彼得·冯·波伦茨的《德语语言史》在第十版中依旧应保持开

卷有益的可读性，其“文本示例”部分也保留不变。

诺伯特·理查德·沃尔夫

于维尔茨堡，2008 年 8 月

导论：语言变化，语言史与历史语言学，语言史分期

语言是表达意识内容（包括认知内容和情感内容）的一种媒介，也就是说，语言使它们可以通过感官感知，从而变得可交流。所谓“通过感官可感知”是指，语言生成者表达语言的方式使接收者能用感官来感知到它。这里的感官主要指听觉，人类的声音为交流提供了必需的数据。在语言发展过程中，书面形式又加入进来，视觉进而接管了语言的基本任务。其它诸如手势、手语或触觉表达等语言生成和接收模式，它们对个体来说十分有益，而且往往还提供了唯一一种通过语言交流来参与社会生活的可能性；但从语言学角度来看，它们都是一些次要现象。对于语篇生成来说，口头和书面这两种媒介都具有根本的重要性。其中口语受情境制约，因此我们也可以说它是指示性的；相反，书面语是情境抽象的，它须按限定来进行，因为言说者的声音所提供的信息在书面语中是缺失的。

言说者作为个人和社会性存在也在持续变化着。他们不断变老，又总是自觉或不自觉地、自愿或被迫地认知新事物、新的行为方式、“世界知识”新元素以及“新的人”等；他们改变居住地、社会地位、职业，进入新的社会角色并相应调整自己的习惯。我们可以总结说，言说者的“文化行为”（das kulturelle Verhalten）

一直在变。这里的“文化”是指“人们必须在社会上学习的一切”（Marschall 1999, 20），即“思想、行为和行为结果的基本可变的全部储备”（同上 21）。在对文化的这种理解中，语言起着根本性的作用。因为，一方面，语言表达构成了认知和交流的对象，另一方面，语言表达所指向的对象和事实凝结在语言结构中，比如在词汇和语法结构中。换句话说，每一种语言都包含了一个语言共同体长达数百年的经验。

语言因使用而发生改变。赫尔曼·保罗（Hermann Paul）在其1880年首版的著作《语言史原理》（*Prinzipien der Sprachgeschichte*）中对此表述如下：“惯用法变化的真正原因无非就是日常言语行为。”（Paul 1968, 32）语言哲学家路德维希·维特根斯坦将日常言语行为（Sprechtätigkeit）称为“语言游戏”（Sprachspiel），这是一种基于规则的语言互动，其中决定成功与否的不仅是偶然性——就像在流行的棋盘游戏“十字戏”中，玩家的意图只起辅助作用——更是由两名或多名玩家的策略决定胜负。因此，为了在游戏中取得战略上的成功，玩家必须谙熟游戏规则，比如在国际象棋中，规则还包括每个棋子的可能走棋步骤（Wolf 2017）。一个语言游戏包含两个系统：语言系统（即“语言整体”）和语言使用系统（即“言语行为整体”），作为规则系统和具体的使用系统，二者同样具有重要意义。语言系统是语法规则和广义的词义规则系统，它决定了准确性与价值，从而定义了语言游戏。与游戏类型之众多相似，文本也有众多类别，诸如文本类型、体裁或篇章类型。因为文本是言说者借以应对情境的尝试。在类似或可比较的情况下，出现了言说的传统，导致了这种文本分类。关键在于，我们不能根据某些特征将文本进行分类（无论我们如何称呼它们），因为说话的情况是由社会决定的，因此会随着时间的推移而改变，所以固定的类别特征也会改变。然而，我们可以观察到文本之间的关系，并以这种方式创造了一个种属类型传统（参见 Hempfer 1997, 654）。由于文本和文本类型总是历史性的对象，因此，根据定义，具有始终不变即非历史性特征的文本类型分类必然是失败的。只有在高度正规化的文本类型中，如医生的处方或国家行政部门的某些文本，才能有这样的特征，然而，这些特征并不具有决定性特点，而是保证了某些程序的有效性和合法性。例如，“即使是自然科学‘原作’这样高度图解化的文本，其文本类型也无法展示出不可变的规范，而只是当下已完成的长期发展的临时结果。”（Ylönen 2001,283）与此相关，约翰内斯·厄尔本（Johannes Erben）强调如下：

> 日常生活中的语言使用是为了理解现实是什么以及需要做什么，此时，与文学创作中的语言使用同样有效的是所谓创造灵活性，即创造性地使用传统语言构造的可能性和自由性，以便通过语言的“去自动化”来超越迄今为止的言说，并允许文本中出现与不同情况和现实相对应的新内容。（Erben 2016, 185）

因此，一个语言共同体、一个社会或一个社团视为现实的东西是以语言方式制定的；在这个意义上讲，真实，即现实的并首先是理想的环境是以语言方式构成的，换言之：是通过文本构成的。莫斯科–塔尔图文化符号学派，主要以尤·米·洛特曼（Jurij M.

Lotman）为代表，将文化视为基于语言这一主要模式构成符号系统的“次级模式构成的符号系统”。1965年在塔尔图举办的首届“次级模式系统暑期班”的导言中这样讲道：“形成共识的是，‘次级模式系统’可以被理解为那些在语言（初级系统）的基础上出现的特殊类型的补充的、二级结构系统”（引自Wolf 2011，190）。

语言学因此也是一种文化学（参见Erben 2016）。语言史也就是文化史。以语言为基础而形成的文化或文化现象都是语言史的研究对象。威廉·冯·洪堡在其谢世后才得以付梓的著作《论人类语言结构的差异》（*Über die Verschiedenheit des menschlichen Sprachbaues*）中对此做出了全面的论断：

> 从其本质上理解，语言是持续不断瞬息万变的。即便它能借文字存贮，那也始终只是一种不圆满的、干尸般的状态，于是人们须尽力设想才能再现生动逼真的发言。语言并非成品（*Ergon*），而是一种创造活动（*Energeia*）。因此，它的真正定义只能是发生学意义上的。它是一种不断重复的精神永动，使发出的声音能够表达思想。直接而严格地说，这是对每一次言说的定义；但从真正和本质意义上讲，人们似乎也只能将言说的整体（*die Totalität dieses Sprechens*）视为语言。（Humboldt 1836, 41）

洪堡如是说：

— 语言是“持续不断瞬息万变的”。语言史是甲等语言学（die primäre Sprachwissenschaft），因为共时语言学所描述的语言状态只能算是一种刹那瞬逝的衡态。

— 语言是“不断重复的精神永动”。它是语言共同体或言说者的文化创造活动，他们以语言为工具生产语言艺术品。

— 语言最终是“言说的整体”，通过它我们可以理解语言现象的所有方面。

— 从“发生学意义”上看，口语是首级符号系统，是实现语言的首要媒介。口语的特点是“生动逼真的发言”，声音提供了关于表达内容和言说者的基本信息；主要的接收器官是耳朵。相比较而言，文字是二级符号系统，是“使语言具有特殊存在方式的媒介”（Köller 1988, 154）。

— 洪堡认为，书面文字只能实现一种“不圆满的、干尸般的”存贮，难以保留“生动逼真的发言”。但或许正是这种“无能”，才使语言的这种“特殊存在方式”从造字之始就获得了丰盈的文学生命力。

不言而喻，对于还无法将口语存档记录的时代，语言史的原始资料主要是书面语记录。正如前文强调过的，口语通常被认为是受情境制约的，而书面语则是情境抽象的。对我们来说这就意味着，对 20 世纪初之前的所有语言发展阶段的考察研究都只能依赖书面资料。

再者，如今我们也知道，语言或文本的书面固定不仅是对口语的“一种不圆满的、干尸般的保存”，而更多的是实现了某种独特性。在符号列表中也能参透这一点：有些图形符号——首先是标点符号——并没有直接对应的发音。几乎每个字母都有大写和小写，每个字母都可以通过图形手段来改变（粗体、斜体）；此外，总是有多种字体类型（如哥特式字体和拉丁圆体）可供使用。

与固定在书面上的内容相比，口头传播的内容转瞬即逝。书面语通过情境抽象创造出一种独特的品质，文本脱离其原始情境，并还能适用于新的接收情境。此外，书面形式也使文本复制成为可能。在这里，书写材料和复制技术的更新都发挥了重要作用。比如羊皮纸对于需求量大的书籍来说太贵了，但它对于某些特殊文本来说，比如重要的文件证书，羊皮纸则不失为一种名副其实的优质书写材料。另一方面，相较羊皮纸，纸张则要便宜得多，它使更多人能够拥有书籍，也使更多人得以进行创作，因此 14 世纪才出现了“文学爆炸”（Literaturexplosion）现象。13 世纪后期纸张还主要进口自意大利，直到 1390 年，纽伦堡新贵乌尔曼·施特罗默在德语世界开设了第一家造纸厂（详见 III，5）。

新的书写材料渴求更多书写，因此人们开始思考如何可以更快、更轻易地复制书籍，但同时还不能以审美品质缺失为代价。这道难题最终由美因茨新贵约翰内斯·古登堡（Johannes Gutenberg）完美解答——他发明了金属活字印刷术。这项新技术开启了一场连古登堡自己也完全没料到的媒介革命。起初他只是想弥补古老的抄写工艺“在他那时已越来越明显的缺陷”。普通的中世纪抄写员——这里当然不是指那极少数伟大的书法艺术大师，他们的艺术成就直到今天仍然可以在精美的手稿中看到——无法“按比例排列字母，使它们彼此之间保持合适的关系，让字母在行上、并使行在页面上合理分布，于是他们也就无法使其抄写成果成为令上帝和人类都满意的作品”（Giesecke 1991, 135）。

新技术带来了媒介的变化：书籍成为主导媒介，并一直保持到

20 世纪末。这一媒介变革促使“德国由口头组织的中世纪社会形态转变为结构迥别的现代书面社会”（Erben 1989, 9）。这也意味着社交从听觉转变为视觉主导。此外，印刷术还产生了广泛而深远的影响：与人工抄写不同，印刷术还使无限复制完全相同的文本成为可能。在印刷业产生早期，印刷商往往集出版商、印刷厂主和书商于一身，他们生产的书籍往往会超出需求；市场对书籍发行起到决定性作用，因此也对选取哪些书来出版具有决定权。同时，大量相同的副本使人们产生了原创意识，未经授权的修改被视为错误，甚至被视为对作者权利的侵犯。虽然距离“版权”概念和版权标志 © 的出现还有一段路要走，但路德已经使用图形和文字对其《圣经》译文及其不同版本进行了授权。

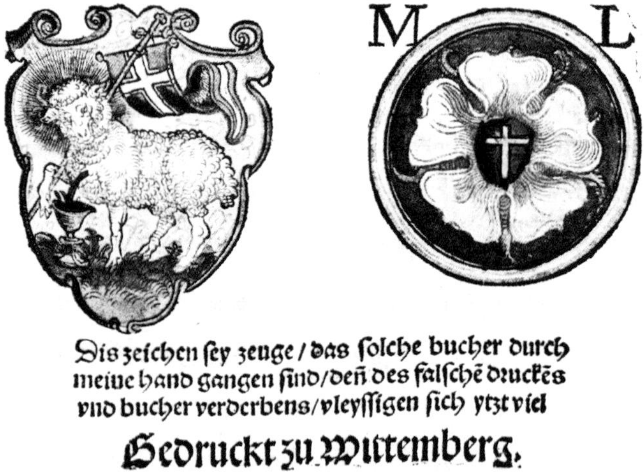

符印为凭 / 凡此典籍皆经吾手校雠 / 盖今人颇工于篡刊毁帙之术 / 此版刊布于维滕堡

图 1：基督符号和路德玫瑰作为版权保护标志，以防路德《圣经》被盗版，首次应用于马丁 · 路德（Martin Luther）:《旧约的另一部分》（*Das Ander teyl des alten testaments*），维滕堡 1524，CCXVI，现藏于科堡州立图书馆，P I 3/2。

印刷术还使对当下发生的事件做出迅即有效的反应成为可能。因此新的文本体裁出现了，如传单和小册子，它们既有助于形成公众舆论，还能鼓动人们展开行动——这也属于“现代书面社会”的一方面（参见 Wolf 2000）。所有这些可能性都有助于马丁·路德进行宗教改革。如果没有印刷术，宗教改革绝不会那么成功。因此，路德将印刷机、排版和雕版视为“[上帝赐予的]最美好的终极馈赠（summum et postremum donum [Dei]），上帝通过它来推动福音事业”（Flachmann 1996, 192）。路德随后大力主张为男孩和女孩设立学校，以便让尽可能多的人具有阅读《圣经》和宗教改革著作的能力。

洪堡之“精神永动”是如此浪漫的表述，它也包含有洪堡对语言史的理解，语言史并不局限于对语言表达现象进行单纯描述，也不能把这种方法视为唯一的科学方法。或者如斯特凡·松德雷格（Stefan Sonderegger）所言：

> 据此，对德语的全面的语言史描述既不能局限于德语语言的某一个子系统，如语音或形式系统，也不能孤立地考察各种子系统。然而，这是德语史在必要的个别分析和理想的整体综合之间的矛盾冲突中所进行的每一次尝试的特殊困难。（Sonderegger 1979, 20）

我们必须更上一层楼：除了“内部”语言史（即语言系统的历史）之外，还必须考虑“外部”语言史（即语言使用系统的历史）。在这个意义上，语言史就是文化史。

“语言史”（Sprachgeschichte）这个概念有三层含义：

— 语言的发展（目标语言领域），

— 对语言发展的描述（元语言领域），

— 语言的书面化。

关于第三点：普通历史学一直都把书面传统的开始视为历史的开端。在书面传统开始之前是史前史，在我们的案例中是一种语言的史前史。由于缺乏书面证据，我们“只能”对史前史进行重构。重构是通过比较几种被认为是相关的语言或比较一些个别的以书面形式流传下来的形式或表达方式来完成的，然后可以从中推断出早期语言状态。

过去在当代德语语法书写中也有关于语言史的章节部分。例如，赫尔曼·保罗（Hermann Paul）的五卷本《德语语法》（*Deutsche Grammatik*），其第一卷出版于 1916 年，始于“第一部分：历史导论”（Paul 1916, 1），继之“第二部分：语音学”（同上 , 137）。第二卷（1917 年）包含“屈折变化学”，第三和第四卷（1919 和 1920 年）是“句法”，第五卷（1920 年）讲“构词法”。语言史“导论”部分在没有直接提及语法的情况下，介绍了关于印度日耳曼语和日耳曼语的内容，语音上介绍“高地德语的发展”（Paul 1916, 93），最后讲“共同语的出现”（同上，115）；这一章主要聚焦标准语规范的发展情况。

这种情况下人们较少谈及“语言史”，而更多涉及“历史语法”，历史语法描述了语言史目标语言领域的一部分。历史语法比较性地研究了：

一门语言的历史发展变化中的的词、词组和句子构造

> [……]，一方面从传统给定的出发点追踪语法构造的进一步发展，另一方面努力揭示语言现状的产生和可能已经开始的发展趋势。（Lewandowski 1984—1985, 388）

在当今的语言学中，“历史语言学”（historische Linguistik 或 historische Sprachwissenschaft）的概念似乎已经取代了“历史语法”。在此最好将 Sprachwissenschaft 和 Linguistik 这两种“语言学”区分开来：

— Linguistik（“语言学”）是一门理论性的演绎式科学，它往往以一种强形式化方式进行。

— 相反，Sprachwissenschaft（“语言学”）则是描述性的归纳式科学，虽然在数据分析之前也会提出问题，但解答并非通过一般原则以或多或少的逻辑推理方式完成的，而是用真实的语言数据来证明。

因此，达马里斯·尼布林（Damaris Nübling）那部大获成功的《德语历史语言学》（*Historische Sprachwissenschaft des Deutschen*, 2006）以明显的演绎式语言学兴趣为特征：

> 历史语言学［指上述意义上演绎式历史“语言学”（Linguistik); N. R.W.[①]］在今天要发达得多，而且，如果允许我这样表达的话，它也比一些语言史介绍所传达的内容更有趣。历史

① N. R. W. 即诺伯特·理查德·沃尔夫（Norbert Richard Wolf），指的是括号里的话是本书编者自己的插入语，因为他的这段引文作者尼布林使用的是 Sprachwissenschaft，而编者 N. R.W. 却认为他的历史语言学研究方法却更像 Linguistik。

语言学（historische Sprachwissenschaft）早已赶上了现代语言学（moderne Linguistik），已经形成了总体性理论，以解释语言不断变化的原因。[……] 因此，这篇关于语言变化原则的文章的目的是在更高层次上汇集语言历史的事实，并尽可能地从理论的角度来加以证明。（Nübling 2006, 无页码）

这可以通过一个例子来说明。例如，负责尼布林“语言变化原理导论”相关章节的雷娜塔·斯泽帕尼亚克认为，古高地德语是一种“音节语言”（Silbensprache），而新高地德语则是一种“词汇语言”（Wortsprache）：

新高地德语是一种由受众友好策略主导的语言，它注重内容结构的展现。这样的语言被称为词汇语言。相对的，如果发音简易优先的话，就是音节语言（如西班牙语）。因此，在词汇语言中，使用各种语音手段区分音位词。相比之下，音节语言则专注于改善语音音节。（Nübling 2006, 17）

“音节语言”这个术语是针对口语的，它意味着要简化以及改进语言生成。问题在于早期德语语言史我们只有书面资料可参考，我们并不了解口语的情况。在口语材料缺失、特别是缺失特定单个字母或字母组合的语音实现的情况下，口语只能从书面语来推断。尽管如此，尼布林还是想借此解释辅音系统的根本变化（如第二次辅音音变），并认为古高地德语的音节借此得到了改善。但这种假设存在着方法论上的问题：一方面，首先要确定什么是音节语言，什么是区分音节优劣的标志；另一方面，还必须假设“前古高地德语”（Voralthochdeutsch）也是一种音节语言，尽管它的音节还没那么“好”；第三个问题在于，像第二次辅音音变这样的基础性语音演变是否可能是以优化音节结构为“目的”才发动的。

这些问题反过来又指向另一个问题：关于语言演变的“原因”问题也经常会被提出，如“发展出理论，用来解释为什么语言在不断演变，以及为什么它会以这样的方式演变”（Nübling 2006）这样的表述似乎也指向这个方向。另一方面，诸如音节优化这种解释也表明，文化内容的变化原因与其说是自然科学意义上的“因果关系”（Kausalität），即“动力因”（Wirkursache），不如说更加符合“目的因”（Zielursache）。我们无法确定究竟是什么引发了第二次辅音音变，但我们至少可以部分地确定它对发展中的德语的意义可能或者究竟是什么。[①]

无论如何不能被遗忘的是，所有关于语言演变的陈述都必须通过合适的、真实的例子来支持。然而，对于类型学的观点来说（如“古高地德语是一种音节语言”；Nübling 2006, 22），孤例不成证（我在这里故意夸大其词），而应该提出相当数量的相关和类似示例。语料库语言学对于“频率导向”的基本要求也适用于这种情况。

长期以来，历史语言研究及叙述的材料基础还停留在早已蒙尘的卡片盒笔记上。评估和分析工作大多是在“采石场

① 指高地德语从西日耳曼语族中分离出来。

式"[①]的、举步维艰却成果了了的证据收集基础上进行的，其目的往往是为了证明以前确立、提出的论断（"定律法则"等），为了证明而证明，只有相关性而并无因果性。所谓基于反映的和结构化的语料库的综合性分析只是在最近几十年才变得普遍，而且可能只有在计算机的帮助下才有可能以这种形式出现。（Wegera/Waldenberger 2012, 14−15）

即使人们不把计算机看作是万能的，但如前所述，真实文本的基础及统计技术的辅助都是不可或缺的。还应指出的是，除了大型参考语料库以外，还有所谓小型语料库，这些语料库对一些问题来说相当充分、足够，可以更好地回答所提出的问题。此外，在任何情况下，对于词汇语义、句子语义和/或文本语义都起着重要作用的是，必须始终考虑到语言数据解释的语境。这就需要将"历史语言学"（historische Linguistik）通过"再语文化"（Rephilologisierung）而成为上述意义上的"历史语言学"（historische Sprachwissenschaft）。继而从篇章语文学引申出一条通向作为文化史的语言史的康庄大道。

这一观点也清楚地表明，德语史的一个主导问题是与其他语言的接触问题。我们可以把德语史看作是一部德语取代拉丁语的历史，然后在发展过程中又加入了其他的"源语言"（Gebersprachen），首先是法语，后来还有英语；如今我们可以观察到，德

① 这意味着资源没有得到完整和系统的评估，只是零星的、不完整的、不系统的评估和整理。

语不得不把某些领地（Domänen）让给英语，这当然可以被看作是在几个方面的语言贫瘠化；因此，除了德语失去了重要相关性之外，大众参与科学讨论也可能变得更加困难。①

早在古高地德语时期，拉丁语的影响就已十分显著，几乎影响到德语的所有语言层面。日耳曼语只有两种时态：现在时和过去时，这与拉丁语复杂的时态系统形成了对比；日耳曼语只有一种语态，即主动态，而拉丁语还有合成被动态。在中古德语中，屈折动词形式在拉丁文本的影响下发展起来，这些拉丁文本也必须用德语来完成翻译阐释。

已被提升到国教地位的拉丁文基督教，对宗教、神学和哲学概念的专有名称有很大的需求，这自是理所当然。这可以用基督教的两个核心术语来说明：

— 拉丁文 *redemptio*，意为“救赎”：在中古德语中，共有 11 种德语译法。直到公元 1000 年左右，*irlosunga* 才在圣加仑修道院确定，此后一直用到今天。

— 拉丁文 *resurrectio*，意为“复活”：在公元 1000 年左右，有证据显示，共有 12 个古高地德语语词与之对应，到了中古高地德语，还多了 6 种译法。在中世纪晚期，*ûfersteunge*

① 二战之前，德语作为一种学术语言对西方许多科研领域产生影响，特别是医学、心理学、物理学和化学等学科。因此，从这个角度说，即便没有科学背景的普通德语母语者多多少少也能参与科学讨论。但二战之后，随着英语的普及，以德语为科研标准语的领域越来越少（虽然仍然有个别学科幸存），加之德国人的平均英语水平并没有高到足以理解和接受英语科技术语，因此普通德语母语者参与科学讨论变得困难。

终于固定下来并被普遍接受。

从语文学角度来看：最早提及“复活”（Auferstehung）的是1482年印于纽伦堡的《德拉词汇表》（*Vocabularius Teutonico-Latinus*）。*Auferstehung* 很可能是因马丁·路德在他的《圣经》翻译中使用而得以确立并被普遍接受：

> [29]JHesus aber antwortet / vnd sprach zu jnn / Jr jrret / vnd wisset die Schrifft nicht / noch die krafft Gottes. [30]Jn der *Aufferstehung* werden sie weder freien / noch sich freien lassen / Sondern sie sind gleich wie die engel Gottes im Himel. [31]Habt jr aber nicht gelesen von der Todten *aufferstehung* / das euch gesagt ist von Gott / da er spricht / [32]Jch bin der Gott Abraham / vnd der Gott Jsaac / vnd der Gott Jacob? (Luther-Bibel 1545, Mt 22, 29–32)①

与此相对，形式 *ûfirstandunge*（Beheim 1343）出现在马蒂亚斯·冯·贝海姆（Matthias von Beheim）的《福音书》中，这是1343年哈勒的隐修士冯·贝海姆用中部德语翻译的四福音书：

> Abir Jhêsus antworte und sprach zů en: „Ir irret, ir wizzet nicht di scrift noch di tůgint gotis. Wan in der *ûfirstandunge* wedir

---

① 文中上标29—32为经文段落标记。中文《圣经》和合本译文：耶稣回答说，你们错了。因为不明白圣经，也不晓得神的大能。当*复活*（*Aufferstehung*）的时候，人也不娶也不嫁，乃像天上的使者一样。论到死人*复活*（*Aufferstehung*），神在经上向你们所说的，你们没有念过吗。他说：“我是亚伯拉罕的神，以撒的神，雅各的神。”（《马太福音》22：29—32）

si vortrůwen sich noch werden vortrůwit, wan si sint alse die engile gotis. Und darumme inhabit ir nicht gelesin von der *ûfirstandunge* der tôten, waz von gote gesprochen ist zů ûch saginde: Ich bin got Abrahâmis und got Isaâc und got Jâcobis. "[①]

《曼特林圣经》（*Mentelin-Bibel*）是斯特拉斯堡印刷商和书商约翰内斯·曼特林于1466年出版的译本，也译为 *aufferstendung*（Mentelin 1466）：

Jr irret. nicht wissent die schierste [recte: schrift; N.R.W.]: noch die krafft gotz. Wann in der *aufferstendung* gemecheln sy nit. noch werdē gemechelt: wann sy seint als dy engel gotz in dem himel. Lasst ir nit von d' *auferstendung* der dotten das do ist geseit von gott zů eúch sagent. Ich binß gott abraham: vnd gott ysacs: vnd gott jacobs.[②]

在这次语文学考察的结尾，让我们感受一下拉丁文-古高地德语的“双语版塔提亚恩”（通常也被简称为《古高地德语塔提亚恩》）[③]，大约成书于830年的富尔达修道院，该书第19行出现了“复活”一词的古老形式 *urresti*：

① 中文《圣经》和合本译文同上一页脚注。

② 中文《圣经》和合本译文同上一页脚注。

③《四福音合璧》（*Evangelienharmonie*）的古高地德语译本，用东法兰克方言写成，作于830年的富尔达修道院，是现存最典型的古高地德语文本。《四福音合璧》原文为拉丁语，作者是公元2世纪的叙利亚基督徒塔提亚恩（Tatianos），因此这本书也被称为《古高地德语塔提亚恩》。

erratis nescientes scripturas	Ir irrot niuuizenti giscrib
neque uirtutem dei.	noh gotes megin.
filii huius sæculi nubent.	thiu kind therro uuerolti gihiuuent.
& traduntur ad nuptias.	Inti uuerdent furselit zi brûtlouftin.
illi autem qui digni habebuntur	thie thar uuirdige gihabente sint
sæculo illo & resurrectione	therro uuerolti Inti urresti
ex mortuis neque nubent	fon tóten. noh sie nihiuuent
neque ducunt uxores. neque enim	noh quenun niholont. noh
ultra mori potuerunt.	elihor arsterban mugun.
sed sunt sicut angeli dei In cælo.	ouh sint só gotes engila In himile.

图 2：“双语版塔提亚恩”，出自阿希姆·马瑟（Achim Masser）编《拉丁文-古高地德语双语塔提亚恩，圣加仑修道院图书馆藏 Cod. 56》，哥廷根 1994，第 429 页。该版本试图再现双语版塔提亚恩，因此也是双栏的手稿形式。

名词 *urresti* 是古高地德语动词 *urrisan* 的后缀派生词，而 *urrisan* 又是动词 *risan* 的加前缀形式，意为“提升”。动词 *risan* 与英语动词 *rise* 有亲缘关系，即“升起”。*Auferstehung* 是动词 *auferstehen*（意为“起”）的行为名词（Nomen actionis），其中前缀 *auf-* 表示从下往上的运动。随着时间的推移，动词 *sten/stan* 的不同形式被用来派生行为名词。除了缩写形式 *sten/stan*，在古高地德语中已经出现了完整形式 *stantan*，形成了过去时形式（古高地德语 / 中古高地德语 *stuont*，新高地德语 *stund*，然后 *stand*）。名词 *Auferstendung* 来自完整形式，而更新的形式 *Auferstehung* 则来自缩写形式。

在这些不同的表达方式中，我们可以发现为表达新思想、新概念、新术语所尝试的各式努力。由于这些都是与陌生的新事实有关，因此要经过多次尝试，直至找到一个语言共同体都能接受的解决方案，才有可能完成新词的词汇化。我们可以观察到三种不同的生成新指称单位的造词法：

— 借词（借自另一种语言），

— 构词，

— 转义，如隐喻化（Metaphorisierung）或转喻化（Metonymisierung）。[①]

近来由于电子数据处理的需要，用上述造词法为新事物提供了大量的新名称：

— 借词主要来自英语：*Computer*（计算机），*klicken*（点击），

— 构词：*Rechner*（电脑）、*Bildschirm*（屏幕），

— 转义：*Maus*（鼠标），*Fenster*（视窗）。

借词法也包括借用意义，即现有词借用与之发音相近的词的词义，这可能是原语言的一个“假朋友”。德语中的 *Menü* 一词有“固定上菜顺序”的意思，英语中的 *menu* 就是指“菜单”；在计算机领域，英语 *menu* 的含义后来被转移到“带有可能指令的屏幕列表”；这个含义后来也被赋予与电子数据处理有关的德语 *Menü*。

这些为数不多的例子表明，词义的变迁，即“语义演变”（参见 Nübling 2006, 106）和“词汇演变”（同上，131），词汇的发展，新词的出现和旧词的消失，不能分开来看，而只能在它们的相互作用中来看。如海因茨·克罗纳瑟（1952）所建议的那样，将词义演

① 隐喻化，指根据相同或类似的意义特征转用其他词来替代，比如，用“天哭了”来代替“下雨”；转喻化，指通过另一个相近事物的名称来替代一个表达方式，比如用“读歌德”来代替“读歌德的作品”。

变归类为“词义扩展”和“词义缩小”，“褒义化”和“贬义化”，或者，如果没有其他选择的话，则归类为“意义转移”，这种做法不能解释任何问题，也不能在任何层面上说明“语言演变原则”（这正是 Nübling 2006 的副标题）。因此，我们可以认同，从中古高地德语 *vrouwe*（贵族妇女）到新高地德语 *Frau*（女人）的变化是一种意义扩展；然而，更为有趣和重要的是，这种扩展是伴随着哪些社会历史事件产生的。这也与从中古高地德语 *vrouwelîn*（未婚女贵族）到新高地德语 *Fräulein*（姑娘）的变化有关，据此，*Fräulein* 这个词在女权运动过程中明显变得更加多余，所以现代字典将其描述为“过时的、陈旧的”。

据推测，在歌德时代，*Fräulein* 这个词已几乎不再有“贵族”含义；不过，歌德让浮士德伪装成容克贵族，对格雷琴说：“美丽的 *Fräulein*（小姐），可否冒昧，/ 呈上我的胳臂把您奉陪？”格雷琴有些不屑地回答说：“我不是 *Fräulein*，也不美丽，/ 没有奉陪也可走回家去。”[①] 对于今天的我们来说，格雷琴的回答可能会让人感到惊讶，因为我们知道她还没有结婚，也还没有任何性经验。歌德将他的《浮士德》置于 16 世纪——浮士德第一场出现在一个“高拱顶、逼仄的哥特式书斋中”（浮士德的书斋）——并不止一处引用了历史上的语言用法。

Frau 一词的“意义扩展”在词汇中并非孤例，而是与 *Weib* 和其他一些指称女性的词的意义发展密切相关。《杜登词源词典》对此进行了精辟的总结：

---

① 本书《浮士德》引文中文翻译均引自谷裕译注《浮士德》（商务印书馆 2022 年第二部，2023 年第一部）。

Frau 还是 Weib?

Frau（“女人”）这个词在古高地德语（*frouwa*）和中古高地德语（*frouwe*）中已经出现过，意为“高贵女士、女主人”，但它只限于指称社会最上层的女性，即贵族妇女。这个词派生自古高地德语 *frô*（“主人”），这个词至今仍出现在 *Fronleichnam*（“基督圣体节”）；*Frondienst*（“服劳役”）以及在地名如 *Fronhausen*（“弗龙豪森”）之中。与此相应，贵族未婚女子被称为 *juncfrouwe*，而普通人家的未婚女孩则是 *maget*。后来，当 *maget* 越来越多地带有“女仆”之意时，*Fräulein*（“姑娘”）一词就一度取代了 *maget*。但由于 *Fräulein* 里的指小词缀 *-lein* 表贬义，因此这个词如今也几乎不再使用，常常只在就餐时用来指称女服务员。表示女性的中性词在古高地德语里是 *wîb*，中古高地德语是 *wîp*。在 *weiblich*（“女性的”）等派生词中，*Weib*（“女人”）的中性含义至今仍被保留。然而，名词 *Weib* 本身现在却只表贬义，甚至在 *Rasseweib*（“有种的女人”）这种带有正面含义的普通复合词最终也必须以这种方式理解。自近世以来，实际上并不配享这一称呼的女性也会被称为 *frouwe*“高贵女士、女主人”，这很可能是出于礼貌或奉承。无论如何，*Frau*（“女人”）这个词逐渐接管了中性意义的功能。而过去表中性的 *Weib* 这个词现在只能用于那些既不想表示礼貌也不想奉承的场合了。因此，*Weib* 呈现出贬义，从而像 *maget* 和 *diern(e)* 一样发生了贬义化，这两个词从“未婚女孩，年轻姑娘”的含义贬低为“妓女”。但 *Dirndl*（“巴伐利亚民族女装”）一词仍然保留了古义。由于 *frouwe/Frau* 语义发生变化后，不再用来表示高贵女性，于是源自法语的 *dame* 一词就成为替代选择。古高地德语的 *quena*（“夫人”）一词的含义发生了褒义化，虽然它在德语中已经消失，但在英语中却以 *queen*（“女王”）的形式存活下来。

图 3：Frau 还是 Weib?，出自：《杜登词源词典》（*Duden. Das Herkunftswörterbuch*）2014，第 300 页。

即使涉及词义发展，这些词也必须在它们的词域背景中考察。然而，我们不能假设平行的词汇分域是平衡发展的。在中古德语中，与词典中的词组 *frouwe – wîp* 构成完美对应关系的是 *hêrre* –

man。然而今天，*Herr* 有“主人、领导”的意思，在礼貌用语中被用来指代 *Mann*（男人）：*Vor der Tür steht ein Herr*（“门外有位先生”），这种表达方式可能正在过时；*Mann* 已经成为“成年男性”的通常说法。

此外，随着时间的推移，过去的阶级身份称谓 *Frau*（夫人）和 *Herr*（先生）被放在姓氏前面，成为一种礼貌的标志，特别是在敬语中：*Frau Müller*（穆勒夫人），*Herr Schmidt*（施密特先生）。*Frau* 和 *Herr* 也被放在职业头衔或学术或其他头衔前：*Frau Professor*（教授女士），*Herr Doktor*（博士先生）。给女性姓氏添加派生后缀 *-in* 如今已不常见，职业与头衔也很少被如此处理，尽管这在今天仍存在争议。

在歌德《浮士德》第一部中，格雷琴称呼她的邻居为 *Frau Marthe*（玛尔特夫人）。而不久后登场的梅菲斯特则以道歉的方式介绍了自己：恕在下冒昧不请自来，/ 望二位 *Frauen*（女士）多多包涵。如今人们仍然可以在某些情况下这样表达：务请 *Damen*（女士们）原谅。根据《杜登词源词典》，“这个词是 16 世纪末从法语的 *dame*（女主人）中借用的。虽然直到 17 世纪，*Dame* 作为 *Kavalier*（骑士）的对应词，表示受过良好教育的心上人，但也是在 17 世纪，它成为宫廷和贵族圈女性的固定头衔。直到 18 世纪末，它才在市民社会语言中生根发芽，并部分地取代了 *Frau*。”（*Duden Herkunftswörterbuch* 2014, 207）*Dame*+ 姓氏的组合搭配似乎从来都不常见，主要因为 *Dame* 很早就带有贬义了（同上）。这就是为什么歌德《浮士德》第一部中的剧团领导在“舞台序幕”中可以这样评价他的观众：“某人竟是刚读罢报刊杂志。/ 心不在焉，如奔赴狂欢舞会，/ 唯好奇心令他们健步如飞；/*Damen*（女士们）打扮得花枝招展 / 仿佛是前来免费助演。”

尽管如此，与姓名连用、与人名有关的 *Dame* 和 *Herr* 也并非完全没有争议。德意志语言协会收到了如下咨询：

> 我一直在想一个问题，为什么德语中的称呼是 *Herr* 和 *Frau*。为什么有礼貌地称呼一个 *Mann*（男人）用 *Herr*（男士），而 *Frau*（女人）却仍然是 *Frau*（女人），没有成为 *Dame*（女士）？这是不公平的，应该为了平等待遇而改变。(gfds. de/anred-herr-und-frau-statt-herr-und-dame [6.11.2018])

这个问题随后被一路提至德国联邦宪法法院。德意志语言协会和联邦宪法法院的回应都提到了德语历史和词语意义发展的不对称性。

无论如何，词汇史的方方面面让我们对文化的发展成形有了深刻的认识，同时也表明，历史上的许多东西今天仍然存在，并在许多方面使我们思考。

以上给出的几个例子，我希望能够明确关于语言史“再语文化”（Rephilologisierung）的一些原则：我们所谈论的语言符号必须始终在其语境中进行考察，即在其语言环境中，如果可能的话，在情景环境中进行考察。在语言现实中，不存在脱离语境的孤立符号。语素、词、甚至句子都是“不饱和的符号”，需要通过语境来加以“饱和”（Sättigung）。通过这种方式，我们得出了确实可靠的例证，这对历史语言阶段划分十分重要，因为我们缺乏任何历史语言能力。通过语料库语言学手段，我们可以获得一种“替代能力”（Ersatzkompetenz），但通常必须为每个问题创建一个单独的语料库并进行研究。这样，我们就可以遵守路德维希·维特根斯坦在《哲学研究》中提出的观点：“一个词的意义就是它在语言中的使用”（Nr. 43）。

语文学也是字位学（Graphematik）[①] 和音系学（Phonematik）领域不可缺少的方法论前提。特别是在手抄本时代，即印刷术发明之前的时代，几乎没有签名，现存的手稿在时间和语言空间上往往与原作相去甚远。由于当时还不存在原作的概念，抄写员以任何方式修改文本都不算违规。在印刷术的早期时代仍然如此，当时还没有具有约束力的正字法规范。直到17世纪，路德的《圣经》翻译被引为标准；然而，以这种方式将路德的正字法作为典范的作者并没有考虑到，尽管在路德派中对文本进行了所有的规范化处理，但德语《圣经》正字法还是不断更新（参见沃尔夫2000a）。因此，如果要描述路德的语言状态，就必须参考早期版本的文本，而不是后来的版本，即使后来版本在扉页上提到路德的名字而没有任何提示或限制。[②]

在其他语言领域，语言的进一步发展可能会产生更大影响：经常发生的情况是，一个抄写员并不理解某一段落，为了让这个段落变得更加通透可读，他就以自己的理解将文本进行了翻新。这样

---

① 字位学（Graphematik）即Graphemik，指研究某一语言的书写系统或多个书写系统的区别性单位的科学。拼音文字的字位学是根据口语和书面语之间关系，以音系学分析方法为基础的。字位学可以为正字法建立有效标准，对口语与书面语进行比较，破译历史文献以及在语言学数据处理时将文字系统转换为可用于计算机处理的系统。

② 指对路德翻译加以修正过。

的事情新近也有发生：一位想避免使用外来词的作家，不写“nach drei Generationen”（三代以后）[①]，而更爱写“nach drei Geschlechter-folgen”（三代以后）[②]，然后一位有心的排版员就将Geschlechterfolgen改成了 Geschlechtserfolgen[③]；这发生在 1960 年代。

我重申：正是这些极其复杂的过程使语言史变得有趣，并能解释一般的语言事实。我们不能孤立考虑各个单一语言层面，而是要在其关系中、在其“互动”中进行考察。只有这样，才能理解语言和语言史。

时间历程和历史变化是语言所固有的。因为语言作为一种有声的可听到的交流手段，具有线性符号的特征，例如与具象的交通标志相比；语言只存在于时间历程中。语音和词汇在时间上的先后顺序必须作为一个整体存在来把握，直到句子或另一个较小的语音单元结束。但几分钟前说过的话可能会被遗忘；而个别语言参与者以及整个语言社区通常不再知道他们十年或二十年前说过什么。语言在很大程度上总是一个不断更新的过程，在这个过程中，即便是经常说的话通常也会有不同的表达方式。仅仅是语言的这一基本特征——不只是由于世界和人本身的变化——就可以解释为什么每一种语言都在不断变化。诚然，一种语言通过书面固定可以延缓这一过程；而规范书面语的约定俗成则会掩盖语言变化的不可阻挡性。

---

① Generationen，“代”，拉丁语源词汇。

② Geschlechterfolgen，“代”，德语语源词汇。

③ Geschlecht 有家族世代的意思，还有性（别）的意思，复数是Geschlechter，断在 -folgen 之前（Geschlechter-folgen）是“世代”的意思，而给 Geschlecht 后面加 -s（Geschlechts-erfolgen），词义就变成了“性 / 性别的成功”。

但语言变化永远不会停滞不前，除非它是一种冻结在传统中的纯书面语言，例如拉丁语，它不再为任何真正的语言群体所使用，如果忽略罗马天主教会的拉丁语新造词不计的话，那么可以说拉丁语在今天已不再有历史。

人们常说，一般的语言参与者并不会注意到语言变化。但只有当人们把语言看作是在语言执行中共时同步的符号系统时才有效。此外，还有一个心理时刻：即使一个人使用了一个新的表达方式，一个新的形式，一个改变了的结构，他也不一定会意识到这是新的，发生了变化的。我想用我自己经历的一个例子来解释这个问题：在维尔茨堡大学的一堂课上，我提到了“*weil*+限定动词主句语序”这一结构。[①] 当时课堂上一位女学生激烈反对将这种构造视为规范性的和新的。但当被问及她如何证明她的立场的合理性时，她却回答说：“Weil ich sage das nicht.”（“因为我不这么说话。”）[②]

同时，这个优秀案例研究也清楚地表明，在有些情况下，即使是普通的语言使用者也有机会意识到语言的变化，无论以何种方式。我们几乎可以把它视为一种规律，即每种语言的变化都是从一个“错误”开始的，都是始于与迄今为止的习惯性和有效性的背离。今天，我们可以看到大量提示注意语言错误和失误的书籍。在这些关于语用的批评性作品中最有名的是巴斯蒂安·西克（Bastian Sick）的《属格已死与格当立》（*Der Dativ ist dem Genitiv sein Tod*）（2014年第一版）及该作者的后续作品。这种语言批评现象并不新

① 即 *weil* 从句的动词置于第二位而没有置于末尾。

② 这位学生自己在口语中也同样将 *weil* 从句动词置于第二位而没有置于末尾。

鲜：早在 1891 年，莱比锡文法学校教师兼档案员古斯塔夫·乌斯特曼（Gustav Wustmann，1844—1910）的小册子《语言蠢象环生》（*Allerhand Sprachdummheiten*）就出了第一版，副标题是“疑点重重、讹误而丑陋的小小德语语法”（*Kleine deutsche Grammatik des Zweifelhaften，des Falschen und des Hässlichen*）。除此之外，还有一个副标题：“为所有在公共场合使用德语的人提供的参考书”。第二版“增订版”出版于 1896 年，第三版 1903 年，第四版 1908 年。该书“与格后缀 -*e*”（Das Dativ-*e*）那一章以控诉开始：

> 值得控诉的是，在强变格中有种越来越强的趋势（似乎是来自德国南部的情况），即抛弃 Dativ-e，而说：*vor dem **König**，in dem **Buch**，aus dem **Haus**, nach dem **Krieg**, im **Jahr**, im **Recht**, im **Reich**, im **Wald**, am **Meer***（取代 **Könige**, **Buche**, **Hause**, **Kriege**, **Jahre**, **Rechte** 等）。且不谈我们的变格上的丰富性已愈发萎缩，语言，特别是当单音节词中的 e 被抛弃时，就变得戛然而止。在摇摇欲坠的单音节中（*in einem kleinen **Haus** im **Wald** am **Fuß** des Riesengebirges*），一个 Dativ-e 往往能生出节奏感和悦耳的声音。因此，它应该被小心翼翼地保存在各个地方，无论是用活生生的语言还是用书面形式，学校应该尽最大的努力来保护它。（Wustmann 1896, 36–37; 加黑强调为本书编者 N.R.W. 所加）

控诉的对象是一种语言变化现象，即“与格后缀 -*e*”（Dativ-*e*）的消失。这是自德语史之初就可以整体观察到的一个现象：屈折变化从综合向分析的转变。这意味着：特别是格不（只）见于名词，而是反映在名词性组合体的其他地方，特别是见于冠词，冠词在发展过程中已经越来越多地承担起了在句中标志格的任务，从而也标志了名词在句中的角色。这样一来，形态上的明确性基本得到了保留，因此，完全消除后缀、次要音节的趋势可以继续下去，而且词序仍然相当自由，而英语中就没有（或不再有）这种情况。词尾 *-e* 就承担起在一些名词中标示复数的任务，因此，我们除了表征格的作用"格平"（Kasusnivellierung）——这是一个关注名词而不关注其周围环境的术语——还可以说表征数的作用"数标"（Numerusprofilierung）：*König-e, Krieg-e, Jahr-e, Reich-e, Meer-e*。

然而这位致力于语言维护的档案员并没有看到这一切。他将 Dativ-*e* 的消失定性为"抛弃"（wegwerfen），这个动词至少在当代德语中具有"丢弃"的意思。动词"抛弃"在主语功能上需要一个施事者，通常是一个表示行为主体的名词。这个人有"抛弃 Dativ-*e* 的倾向［……］"，这在乌斯特曼看来是应该受到谴责的；一个屈折词尾不能被当作垃圾一样对待。更早的语言状态是更好的；在乌斯特曼看来，当时的德语"变格上的丰富性已愈发萎缩"且正在"进一步萎缩"；语音也在恶化，"节奏和旋律"正在消失。学校在这里承担保护的任务：必须阻止语言的变化，也就是要阻止语言的衰败。

我们可以从上述两个例子，即从"*weil*+ 限定动词主句语序"和"与格后缀 *-e* 的消失"中看到语言的变化，一旦它们被察觉时，就会被当作是语言的衰败，是对语言优美丰富性的威胁。乌斯特曼的控诉让人想起雅各布 · 格林"从德语史中学到的"并在其 1819 年的《德意志语法》第一卷中提出的第一个"基本原理"：

> 由于十三世纪的高地德语显示出比我们现在的语言更高贵、更纯洁的形式，八和九世纪的语言又比十三世纪的语言更为纯洁，最后四或五世纪的哥特语甚至更完美；因此，一世纪的德意志民族所使用的语言甚至会超过哥特语。人们可以对屈折能力的逐步下降进行正式计算。新高地德语的名词变格有6个词尾就够了［……］，而古高地德语有25个［……］，哥特语有40个［……］。（Grimm 1819, XXVI）

格林在其第二个“基本原理”中深化了他的思想和他对发展的评价：

> 语言的这种原始完备性与我们所说的人性的形成完全没有关系，实际上它是其纯粹的反面。语言的形成逐渐寻求扬弃它的本质，即以不同方式来确定自我。随着一方面的上升，另一方面就会下沉。旧的语言是肉体的、感性的、纯洁无瑕的；新的语言致力于变得更加精神性、更加超脱，新形成的语言在词语中看到了外观假象和歧义模糊性，它想以各种方式避免这种情况。（Grimm 1819, XXVII）

雅各布·格林并没有停留在纯粹的控诉上，他甚至没有表达任何控诉，而只是提出了一个屈折形态学的判断，以便随后在第二个“基本原理”从目的因的角度解释这个判断。我们这门学科的奠基人已经在其第一部伟大作品中表明了语言史研究和语言史书写该如何进行。

我们看到：并非每一种对语言的历时性考察都属于“语言史研究”。对历史语言状态和过程的描述，首先是历史语法和历史词汇学的任务。例如，对词源学和文本语文学非常重要的声音变化，不一定要与语言史相关。语言史从这些领域的研究成果中挑选出对一门语言的发展至关重要的语言演化现象，同时也寻找导致这些现象的语言外的原因或这些现象的影响，既包括政治、社会、经济、宗教或思想史领域的原因与影响，也包括语言和文字之间的关系、语言共同体和语言区域之间的关系或外国语言的影响。因此，语言史考察的是该语言在各语言群体的整体文化中的历史地位。

一种语言的历史，即便是一种现代文化语言的历史，也不仅仅局限于诗人的语言或有教养的高雅语言。语言史不仅是优秀文学作品和有修养的语言文化的风格史。其他风格领域也必须加以考虑，从科学、行政、政治、经济和技术中使用的应用文到各种社群的自发使用的口语都在考虑范围内。文学语言和高雅语言只是一种语言内部的特殊形式。它们只有着有限的语言社会学基础；不能认为它们代表了一个时代的总体语言状态，也不能认为只有它们对一般的语言演变产生决定性作用。因此，研究必须特别重视对在书面传统的随机性或片面性背后所体现出来的语言社会学和文体差异的认识，包括在较早的语言时期。另一方面，“优美文学”的语言尤其不能被忽视，因为这些语言艺术品的作者们拓展了语言所提供的各种可能性。

语言的变化可以以不同的方式在语言区中发生，从而在语言共同体中发生。较早的语言学通常只考虑通过一种语言分裂成子语言（“谱系树图理论”的情况），即从一个本源的甚至是原始的单位向多种语言的有机增长。自19世纪70年代以来，人们更加关注语言交流对语言的影响。语言创新可以从一个中心“传播”到任何地方（单一起源说），因此它们在某些地区出现得较早，而在其他地区则较晚。这种“波浪论”与“语言流动”或“语言辐射”的抽象动态概念共同发挥作用，但在语言社会学现实中，它必须考虑到模仿的冲动和双语者的大量存在，他们会把创新从一种语言带给另一种语言。此外，语言社会学的群体意识在这里发挥了作用，它不仅被动地允许另一种语言的创新强加给自己，而且还经常——如同在时尚界——认识到某种特定语言用法的虚荣价值，并默契地进行主动的“语言嫁接”。波浪理论的过于片面的应用被“进化论”所反驳，该理论从多源发展中解释了许多时空差异。就像春天里某种树的花在一个风景区比另一个风景区更早开放一样，在语言发展中，几种语言或方言的共同“扩展适应性”（Prädispositionen）[①]也可以在此处更早而在彼处更晚地发挥作用。与此类似，“（早期）新高地德语双元音化”现象，起初被认为是在德语区的最南端发生的单一起源。然而，最近的语言学调查至少表明，单一起源没有证据，这种语音变化的多元起源的可能性更大。（I. Reiffenstein 2000）

正如前面援引雅各布·格林《德意志语法》的引文已经表明的那样，我们不能孤立地考虑语言变化的个别现象，也不能只在某个特定的时间点考虑。一般来说，这种个别现象是复杂的变化过程的表征，而这种复杂的变化过程则很可能延伸到长而又长的时间段。

① 扩展适应性指进化过程中一个古老的生物机制向一个与其最初功能不同的角色进行扩展转化的过程，通过从无至有的功能扩展，完成了生物机制的适应过程。

这些通常都是语言结构中够古老的发展倾向，如“首音节重音”[①]的影响或从综合语到分析语的语言结构的发展过程。

今天我们很清楚，每一个言语行为，甚至每一个表现为文本的语言互动，从根本上被理解为一种新的成就（而不仅仅是重复），具有潜在的创新可能性。新的情境必须始终在语言上加以掌握，因此，每一个言语行为总是包含着新的东西，或者至少是有新东西的征兆，因此也总包含着语言的变化。从这个角度看，语言史无疑是研究语言的充分的科学的方法。

语言史分期

一种语言的发展是连续的；前文已经提到的“普通说话人”并没有察觉到语言变化的连续性，这并不奇怪。不过，回过头来看，我们可以看到有几个“在时间上可以固定、在语言上可以证明的语言阶段”（Sonderegger 1979, 169），我们因此可以把德语语言史分为几个时期。一方面，这样的划分使德语史得到更清晰更简便的呈现；另一方面，这也是有科学意义的，有必要说明某些现象和 / 或趋势在某些时期为主导。因此，为了确定各个时代的内容，需要有语言的和 / 或语言学的标准。它们首先包括（以下仅举例）：

— 语言内部标准：这里主要考虑的是语音历史现象，但形态或句法标志也可以纳入。

① 日耳曼语的发音特点是词的重音在首音节或词干音节上，即日耳曼语词干音节重读（germanische Stammsilbenbetonung）。

— 语言外部标准：一般历史的标准（早期中古德语、中古德语、现代德语；以三十年战争结束为时代界限），或社会历史的标准（贵族的语言、市民阶级语言）。

以及：

— 社会语言学标准：语言变体的数量和类型，语言变体之间的关系；德语与其他语言之间的关系。

— 语用学标准：书面性和口头性。谁写或谁说？目标人群？语言的标准化和正字法编纂状况。

内部语言标准适用于过去的描述语言特征的尝试，特别是描述中世纪语言阶段特征：

— 古高地德语：尾音节元音为全元音，如古高地德语 *tag*（日）的复数变化形式：主格 + 宾格 *taga*，属格 *tago*，与格 *tagum*。

— 中古高地德语：尾音节元音弱化，如中古高地德语 *tac/tag* 的复数变化形式：主格 + 宾格 + 属格 *tage*, 与格 *tagen*。

— 早期新高地德语：双元音化（中古高地德语 *mîn niuwez hûs* > 早期新高地德语 *mein neues haus*），单元音化（中古高地德语 *lieber* [iə] *müeder bruoder* > 早期新高地德语 *lieber* [i:] *müder bruder*）

这两种"早期新高地德语元音变化"并不是在整个高地德语区进行的。单元音化——我们在今天的南德方言中仍然可以观察到——是中部德语的现象；在南德方言中，阿雷曼语没有经历双元音化，我们不仅可以在这些方言中、也可以在"瑞士德语"中听到单元音。早期新高地德语还没有一个标准语，也就是说，它在语音方面也不是一个统一的语言阶段。如果我们看一下当今的口语方言，也会出现同样的情况。这促使斯特凡·松德雷格谈到，“从14世纪到16世纪，在不同地区，晚期中古高地德语和部分或完全的早期新高地德语并存”，并指出“晚期中古高地德语”主要在西南部使用，特别是阿雷曼语，而“早期新高地德语”仅在东中部使用（Sonderegger 1979, 170）。直到今天，将阿雷曼语溯源到中世纪晚期或许有其吸引力，但在我看来，这并不合适。

对一个语言时期的一种描述是静态的，而且具有静态的效果：我们很容易得到这样的印象，即一个语言历史时代是不会变的和不曾变的；然后变化或多或少地突然就出现了。如果我们假设每个语言表达都承载着语言的历史，那么每个语言表达也就是一个动态过程。由此可见，语言史上的各个时期或时代也必须被动态地理解：与其说是关于一个时期的不变特征的问题，不如说是关于主导的发展趋势。认识和命名这些趋势是语言史书写的任务之一，如前所述，它还包括**动态分期**（**dynamische Periodisierung**）。在这里显然主要应该采取语用标准，即实用性的而不是语言系统性的标准。例如，将早期新高地德语双元音的发展和确立的时期视为一个独立的语言时期，是没有意义的。

从这个角度看，**“古高地德语”**（**Althochdeutsch**）的特点并不是尾音节全元音，而是历史上发展起来的民间语（Volkssprache）应对拉丁语的努力，拉丁语通过加洛林王朝的文化政策，特别是通过基督教化，占据了文化和社会领导地位。在**“中古高地德语”**（**Mittelhochdeutsch**）时期，文本是用民间语来书写的，因为德语的内在价值已经得到承认；文学的高潮是宫廷文学，在宫廷文学中，不精通拉丁语的人为不精通拉丁语的人写作，也就是说，表达了明确的不精通拉丁语的非僧侣阶层对民间语的认识。当然，这不是一个突然出现的状态，而是一个长期的发展过程：在“**早期中古高地德语**”（**Frühmittelhochdeutsch**）阶段，僧侣们仍然在为普通教徒写作宗教文本；后来，他们选择了世俗的素材，尽管他们是在基督教救赎史的语境下看待这些世俗材料，他们甚至会把一个文本从法语先翻译成拉丁语，以便根据它来创作德语作品。只有所谓的宫廷文学才是技艺高超的语言艺术，这也证明了明显的不精通拉丁语的人的觉醒。

“**早期新高地德语**”（**Frühneuhochdeutsch**）并非如人们仍然一再读到的那样，是一个被证明了的、令语言历史学家感到无能为力的时期，而是一个独立的、对德国民族语言（Nationalsprache）发展非常重要的时期。它的雏形出现在13世纪中叶，此时书写规范发生了变化。不再是诗歌，而是日益丰富的散文文学以及契约和其他商业文书等应用文，决定了其发展进程。大约在这一时代的中期，来自美因茨的约翰内斯·古登堡的发明导致了一场媒介革命，使宗教改革这样的重大事件在数年后发生。同时，超区域的交流也在增多，因此对标准语的需求也越来越强烈。由于工商业的发展，市民阶层需要受过学校教育的人，他们掌握了阅读、书写和计算等基本文化技能，不需要基于拉丁文的神职教育。因此，首先是教育学家要求有一种标准语，然后是有教育动机的语法学家引导确立了标准语，这并不令人惊讶。“**新高地德语**”（**Neuhochdeutsch**）时期由此到来，在这一时期，德语第二次成为一种特别具有艺术性和表现力的文学语言，产生了深远而持久的影响。埃尔施帕斯（Elspaß 2008）建议将这一时期称为“**中期新高地德语**”（**Mittelneuhoch-**

deutsch），以便接续早期新高地德语。

第二次世界大战后，德语区的面积大大缩小，在德语区内，由于大众媒体乃至新的电子媒介的出现，发生了前所未有的大规模的大众传播。在这个意义上，这次由电子数据处理引发的媒介革命，也只是既有发展趋势的一贯延续，正如印刷术的情况一样。至少在目前，我们可以暂且把这最后一个时期称为**"当代德语"**（**Gegenwartsdeutsch**），还不能确定后人将如何称呼这段时期。

在下文中，也是出于传统和本书惯例的原因，我们采用普遍的历史时期称谓如"中古早期的"（frühmittelalterliches）、"中古时期的"（hochmittelalterliches）、"中古晚期的"（spätmittelalterliches）和"现代"德语（neuzeitliches Deutsch），并将惯用的语言史时期称谓与这些历史时期称谓合而为一。

I.
德语史前史

每一段“历史”，无论是一种语言、一个民族还是一个地区的历史，都是从书面文字的出现开始的。在此之前发生的事情就是我们所说的“史前史”。在这个意义上，我们可以这样说，德语历史大约在8世纪中叶缓慢萌芽，在8世纪末以越来越强大的势头肇始发端。

然而，“德语”还远远不是一种统一的语言；相反，它是几种“方言”，即区域性语言形式的并列和共存，这些语言还没有被一种统一的语言所涵盖，而我们只知道它们的书面形式。

尽管如此，我们可以首先通过语言比较和重构的方法认识到德语属于日耳曼语族，进而还属于印度日耳曼语系。[①] 由于这些语族具有共同的结构特征，这些共同特征将被描述为“史前史”。

1. 印度日耳曼语

术语“印度日耳曼语”是一种语言称谓：它被用来指称一组有亲缘关系的语言。这种关系主要可以通过屈折形态和词汇现象来确

---

① 印度日耳曼语系即印欧语系，译文延用原书概念。

定。这种语言联系是由威廉·琼斯爵士（Sir William Jones 于 1786）和弗朗茨·博普（Franz Bopp 于 1816）发现的；他们已经认识到，从公元前二千年流传下来的古印度文学语言——梵语，与大多数欧洲语言有亲缘关系。

“印度日耳曼”也是一个地理概念：它由代表最东边语言的“印度”（indo-）和代表最西边语言的“日耳曼”（-germanisch）——特别是冰岛语——组成，因此这里只指欧洲和亚洲的语言，而不包括新世界（美洲）的语言。“印度日耳曼语”这个词是由圣彼得堡科学院的亚洲语言专家尤利乌斯·克拉普罗特（Julius Klaproth）在 1823 年创造的。

在德语区，“印度日耳曼语”（indogermanisch）一词已被广泛接受，此外还有一个类似的称呼“印欧语”（indoeuropäisch）也被使用，但其在冷战期间成为“社会主义”语言用法的标志，例如在民主德国。在其他语言中，例如在英语里，“印欧语”一词也很常见。然而，“欧洲的”并不是语言称谓，因此我们这里弃用。此外，在较早的英语语言学中有时使用的“雅利安”（Aryan）一词，也不应在此使用；这一名称最初只代表较近亲缘关系的印度-波斯语（伊朗 Iran 的名称就来自于此）。在本书的早期版本中，彼得·冯·波伦茨指出，亚美尼亚和阿尔巴尼亚的国名也可以从“雅利安”派生出来；但是，这一点无法被更多的最新文献所证实。重要的是，在古印度和古波斯的文本中，“雅利安的”或“雅利安人”用作自称（来自海因里希·黑特里希的善意交流，在此我也要最真诚地感谢他）。在这个意义上，伊朗最后一位沙赫（Schah）穆罕默德·礼萨·巴列维国王（Mohammed Reza Pahlavi）

就采用了这一称呼：

> 来自巴列维家族的伊朗国王穆罕默德-礼萨从1920年代开始统治，他让伊朗议会给他起了一个“雅利安人之光”的皇家名字［……］，在自1935年以来伊朗民族主义的意义上，他使用了从法语重新引进的āryā一词，而在波斯语中从未以这种形式存在。（参见维基百科词条“Arier”，访问日期：2019年2月15日。）

雅利安人这个概念逐渐被转移到所有印度日耳曼人身上，最后以“非犹太人”的含义被用于19世纪和20世纪的德国种族主义意识形态中，带来了巨大不幸。在当今美国，仍然有一个激进的右翼种族主义运动，名为“白色雅利安人”。

“**众多独立的印度日耳曼语系语言**可以分为11个主要的分支——除了以碎片形式存在的语言之外”（《印度日耳曼语研究》中也可以看到以下概述）：

> 阿尔巴尼亚语族
>
> 安纳托利亚语族（包括赫梯语、卡里安语、卢瓦语、吕底亚语、利西亚语、帕拉语）
>
> 亚美尼亚语族
>
> 波罗的语族（古普鲁士语†；拉脱维亚语、立陶宛语）
>
> 日耳曼语族（包括丹麦语、荷兰语、英语、弗里斯兰语、

德语、哥特语†、冰岛语、挪威语、瑞典语）

希腊语族

印度–伊朗语族（包括阿维斯陀语†、波斯语、印地语、库尔德语、马拉地语、普什图语、梵语、乌尔都语）

凯尔特语族（布列塔尼语、高卢语†、爱尔兰语、塞蒂贝尔语†、康尼什语†、西姆语/威尔士语）

罗曼语族（包括法语、意大利语、加泰罗尼亚语、葡萄牙语、罗马尼亚语、西班牙语）或意大利语族（包括拉丁语†、萨伯利亚语†）

斯拉夫语族（如保加利亚语、波兰语、俄语、塞尔维亚–克罗地亚语、斯洛伐克语、斯洛文尼亚语、捷克语、乌克兰语、白俄罗斯语）。

吐火罗语族†

“此外，还有一些所谓的‘瓦砾语言’或‘残余语言’（如弗里吉亚语、色雷斯语）。”

这些语言或语族有一个共同的源语言，即“原始印度日耳曼语”（Urindogermanisch）。这可以用语言比较和重构的方法来确定，据此，重构的结果并不是实际的口语，而是“真正的重新建构”。从今天口语使用的印度日耳曼语和那些以书面形式流传下来的印度日耳曼语的对应关系中可以得出结论，这样的源语言是存在的。最重要的相似之处（参见 Hettrich 2006a）在于屈折系统，即变格和变位，以及某些基础词汇，其中包括亲属关系和身体部位的称谓，以及某些基础活动的表达方式，如“吃”“喝”“走”或“站”以及个位数词。

从这一切来看，印度日耳曼语系语言的一个基本语言类型学特征是**屈折变化或叫综合语言结构**。词与词之间的句法关系主要由后缀或前缀来表达，这可能是动词之后或之前的词通过重音换音因而与词根合并融合从而形成了固定的屈折形式，比如在早期中古德语里，代词“du”（“你”）的首辅音变成了其前面动词的第二人称单数变位的固定部分（古高地德语 *gibis*, 中古高地德语 *gibest*, ‚*gibst*‘ < *gibistu*）。这种屈折变化原则在梵语中被广泛使用，这一点通过比较动词形式如 *dāsyāvahe*（词干 *dā*“给予”的第一人称双人将来时中动态），[①] 和它的新高地德语转写：wir beide werden für uns geben（“我们二人将会彼此给予”）加以说明。在许多印度日耳曼语系的语言中——并非都以相同方式——都发展出了大量的屈折变化范畴：多达八个格，三种数，三种语态（主动、被动和中间语态），四种句式，七种时态。在词干内部，单词重音的换音和去重音被用作屈折标志，后来在日耳曼语中发展为强变化动词根音节元音的换音系统（希腊语 λείπω–λέλοιπα–ἔλιπου，古高地德语 *rîtan–reit–giritan*）。

一些语法现象可被视为印度日耳曼语系语言的特征：

（1）变格和变位中的特殊词尾，以标记某些功能，如标记格或人称形式（参见表 1；根据 Krahe 1954, 9 和 1970, 37）。

（2）根元音的规律性变化，用于构成动词的时态词干，也用于构词（换音）（参见表 2）

① 中动态 Medium 又叫中间语态，表示主语所表达的人物是为自己而进行的动作，语义上近似于反身结构，多存在于梵语和古希腊语。

表 1：语言比较样本，动词“sein”的第三人称单数和第三人称复数形式，动词“tragen”的第一人称复数和第三人称复数形式；注释：“斯拉夫语 *ь* 是短音 *i*，斯拉夫语 *ъ* 是一个低沉的轻元音，斯拉夫语 *ǫ* 是鼻音化 *o*。哥特语 *aí* 是短音 *e*。” Krahe 1970, 37。

人称形式	古印度语	希腊语	拉丁语	哥特语	古斯拉夫语
第三人称单数	*ás-ti*	*ἐσ-τί*	*es-t*	*is-t*	*jes-tь*
第三人称复数	*s-ánti*	*ἔντι*	*s-unt*	*s-ind*	*s-ǫtь*
第一人称复数	*bhár-ā-mas*	*φέϱ-ομες*	*fer-i-mus*	*baír-a-m*	*ber-e-mъ*
第三人称复数	*bhár-a-nti*	*φέϱ-ο-ντι*	*fer-u-nt*	*baír-a-nd*	*ber-ǫtь*

表 2：六种印度日耳曼语系语言中的换音示例：

语言	现在时	完成时及过去时
印度日耳曼语	**uért-e-toi* “（他 / 她）转身”	**ue-uórt-e* “（他 / 她）已经转身”
希腊语	ἄγω (agō) “我带领”	ἦχα (ächa) “我已带领”
拉丁语	*agō* “我行动”	*ēgī* “我已行动”
哥特语	*wairþa* “我变”	*warþ* “我变过”
古高地德语	*werdan* – (*ich*) *wirdu* “（我）变”	(*ich*) *ward* “（我）变过”
新高地德语	(*ich*) *werde* “（我）变”	(*ich*) *wurde* “（我）变过”

在词汇的基础上可以推断出一些文化特征：“新石器时代或新石器时代晚期的农耕和畜牧文化的图景”（Hettrich 2006a）呈现出来。诸如 Palme（“棕榈”）这样的热带植物词汇的缺失表明，原始

语是温带气候地区使用的。最后，词汇范围也可以为印度日耳曼语的年代划分提供线索：原始语，以及从原始语进化而来的各种语言，已经有了一套发达的术语用来描述“马车和犁及其零部件”（Hettrich 2006b）。可比较克鲁格（Kluge 2011, 966 和 741）中的两个词条：

Wagen（“车”）

阳性名词，标准词汇（8 世纪），

中古高地德语 *wagen*，古高地德语 *wagan*，古萨克森语 *wagan*。来自日耳曼语 **wagna-* 阳性，意为“车”，以及克里米亚哥特语 *waghen*，古北欧语 *vagn*，古英语 *wægn*，古弗里斯兰语 *wein*。是在动词 **bewegen** 中出现的词根的具体化。同一基础上的平行形式是古印度语 *vahana-* 中性，意为“交通工具，船”，古爱尔兰语 *fén*，“一种车”以及不带 *n* 的希腊语 *óchos*，古教会斯拉夫语 *vozŭ*，意为“车”。

同样还有荷兰语 *wagen*，新英语 *wain*，新瑞典语 *vagn*，新冰岛语 *vagn*。

Rad（“轮”）

中性名词，标准词汇（8 世纪），

中古高地德语 *rat*，古高地德语 *(h)rad*，古萨克森语 *rath*，古弗里斯兰语 *reth*。来自前德语 **raþa-* 中性，意为“轮”。来自印度日耳曼语 **roto-*（以及其他词干组成）意为“轮，车”，以及古爱尔兰语 *roth*，拉丁语 *rota*，立陶宛语 *rātas*（单数

“轮”，复数“车”），古印度语 *rátham*（“战车”）。也许可归类于在古爱尔兰语 *reithid*, *rethid*“跑”中出现的 **ret-*“跑”。

轮、车和犁的出现可以追溯到公元前 3500 年左右的欧洲和西亚的温带地区。由此可以得出结论，在公元前 4000 年中晚期，原始印度日耳曼语仍然非常统一，能够用自己的统一的构词手段对新事物进行命名。

根据对硬腭塞音的不同处理，印度日耳曼语习惯上被分为两组。在东部语组（印度日耳曼语系、伊朗语族、亚美尼亚语族、波罗的语族、斯拉夫语族、阿尔巴尼亚语族）中，部分 *k* 和 *g* 音由类似于 *sch* 和 *ž*（法语 *j*）的咝音代表，而西部组（凯尔特语族、意大利语族、希腊语族、日耳曼语族、伊利里亚语、威尼斯语）则保持这些音不变。因此，印度日耳曼语单词 **ḱm̥tó-*（“百”）在拉丁语（*centum*，读作 *kentum*）、希腊语（ἑκατόν/*hekatón*）、凯尔特语（古爱尔兰语 cét）中保留了不变的 k 音，而哥特语 *hund*、古高地德语 *hunt*（“百”）的首音也指向了最初不变的前日耳曼语 *k*。另一方面，在东部组中，我们发现最早的时候就有 *sch* 或 *s* 音（古印度语 *śatám*，古伊朗语 *satəm*，立陶宛语 *šimtas*，古斯拉夫语 *sūto*，俄语 *cmo*/*sto*）。然而，随着赫梯语和吐火罗语的发现，**腭音类语言**（**Kentum-Sprachen**）和**咝音类语言**（**Satem-Sprachen**）之间的这种划分变得令人质疑，这两种亚洲腭音类语言更应该属于另一组。另外，在这个辅音分组中，可以追溯到古代日耳曼语、斯拉夫语、波罗的海语和托克逊语之间更紧密的关系，而两种腭音类语言——意大利语（拉丁语）和希腊语的关系可能并不如此紧密。

在西部组内，日耳曼语族与**意大利语族**亲缘关系更紧密。例如，我们可以看到显著的词形对应关系，如拉丁语 *tacere* 与哥特语 *þahan*（意为“沉默”），拉丁语 *ducere* 与哥特语 *tiuhan*（意为“拉拽”），拉丁语 *paucus* 与古高地德语 *fôh*（意为“少量的”），拉丁语 *longus* 和古高地德语 *lang*，拉丁语 *com-munis* 和古高地德语 *gi-meini*，拉丁语 *dicere* 和古高地德语 *zîhan*，以及后缀相同的对应关系如拉丁语 *vir-tus*（*virtutis* 的属格）和 *senec-tus*（*senectutis*），哥特语 *mikil-duþs*（意为“大小”）和 *ajuk-duþs*（意为“永恒”）。和希腊人一样，意大利人只是在相对较晚的时候才从北方进入他们的历史定居地，因此也有理由认为他们曾是日耳曼人的邻居，因此在语言上才有了亲缘关系。

日耳曼语也与**凯尔特语**有关系，凯尔特人在历史上曾居住在德国西南部边境，这可以通过一系列相同词汇看出来，然而，这些词汇至少部分地给人以二次借用的印象，因此与其说是来自语言亲缘性，不如说是来自短暂的文化影响。比如日耳曼语的 **rīkaz*（哥特语 *reiks*，意为“统治者”）可能是借自凯尔特语的同义词 *rīg*，并且发生了音变，而 *rīg* 又可追溯到印度日耳曼语词干 **rēg-*“国王”（参见拉丁语 *rex*，*regis*）。而印度日耳曼语的 *ē* 在凯尔特语中根据音变规律变成了 *ī*，在日耳曼语中，如果它从印度日耳曼语 **rēg-* 直接变化而来，起初得到保留，那么应该变成 *ā*。来自凯尔特语的古老借词还有古高地德语 *ambahti*（“衙门，官方”），哥特语 *andbahts*（“奴仆”），它们与拉丁语来源中已知的凯尔特语 *ambactus*（“奴仆”）完全对应。其他惊人的相似之处，可能部分是由于借用，部分是由于古老的亲缘关系，包括日耳曼语 **aiþa-*（“盟誓”），古爱尔兰语 *oeth*（共同基

础形式 *oito-）；日耳曼语 *gīsla-（“俘虏”），古爱尔兰语 gîall（来自 *gheislo）；日耳曼语 *tūna-（“圈地，定居地”，新高地德语 Zaun），高卢语 dunum，对比英语 town；日耳曼语 *marha-（“马”），古爱尔兰语 marc；古北欧语 reid（“马车”，日耳曼语 rīðan“驾车、骑马”），高卢语 rēda。在凯尔特语和日耳曼语的命名中也存在显著的相似性。这些借词和共同点所涉及的领域表明，在罗马统治之前，凯尔特人和日耳曼人之间存在着密切的政治和经济联系。在最早的罗马人对中欧定居者的描述中，甚至在日耳曼人（Germani）这个名称首次出现时，凯尔特人和日耳曼人几乎无法相互区分开来。

2. 日耳曼语

大概直到南欧的印度日耳曼人进入历史书写的高光时代很久以后，才发生了一个语言事件，使得日耳曼语的印度日耳曼语前身成为了一个独立于其他印度日耳曼语的特殊语言：这就是日耳曼语辅音音变或第一次辅音音变，它全面重塑了辅音系统，特别是涉及到塞音（参见表 3）。

表 3：印度日耳曼语和原始日耳曼语塞音表

印度日耳曼语	原始日耳曼语	
塞音	塞音	
浊 *b d g*	清	*p t k*
清 *p t k*	擦音	
浊 +	清	*f þ χ*
送气 *bh dh gh*	浊	*ƀ đ g*

日耳曼语辅音音变创造了一个新的塞音表。塞音的数量减少，浊塞音消失了。与此相反，出现了两个系列的擦音（参见表 4）：

表 4：日耳曼语辅音音变词例（来自 Krahe 1969, 1, 82 ff.）

	希腊语	拉丁语	vs.	哥特语	古高地德语
b	βαίτη “皮毛裙”	–		*paida*	对比巴伐利亚语 *pfoad*
d	δέμω “建造”	*domus*		*timrjan*	*timbran*
	πούς, ποδός “足”	*pes, pedis*		*fotus*	*fuoz*
g	γεύομαι “花费，品尝”	*gustare*		*kiusan*	*kiosan*
	ἀγρός “耕地”	*ager*		*akrs*	*ackar*
p	πορεύομαι “走，旅行”	*portare*		*faran*	*faran*
	–	*nepos*		–	*nevo*
t	τρεῖς “三”	*tres*		*þreis*	*drîe*
	–	*vertere*		*wairþan*	*werdan*
k	καρδία “心”	*cor, cordis*		*hairto*	*herza*
bh	φύω “生”	*fui*		*bauan*	*bûwan*
	νεφέλη “云，雾”	*nebula*		–	*nebul*
dh	θύρα “门”	*foris*		*daur*	*tor*

续表

	希腊语	拉丁语	vs. 哥特语	古高地德语
	–	*medius*	*midjis*	*mitti*
gh	–	*hostis*	*gasts*	*gast*
	στείχω “走，迈步”	–	*steigan*	*stîgan*

希腊语和拉丁语代表印度日耳曼语系的状态，[①] 哥特语和古高地德语代表辅音音变后的状态。

与日耳曼辅音音变相关的是**维尔纳法则**（Vernersche Gesetz）[②]：新发展出来的日耳曼语清擦音 *f*、*þ*、*χ* 和继承的 *s* 只有在（印度日耳曼语）主重音紧接在它们之前时才会被保留。在所有其他情况下，擦音都会浊化，随后变成了德语中的浊爆破音 *b*、*d*、*g* 以及 *s* 变成 *r*。

由此就解释了 *Vater* 和 *Bruder* 的并列存在。这两个词的齿塞音都可以追溯到印度日耳曼语的 *t*，但词重音位置的不同解释了发展方向的不同：希腊语 *πατήρ/patér* vs. *φράτωρ/frátor*。[③] 然而，维尔纳

---

① 即未发生音变的状态。

② 维尔纳法则是丹麦人卡尔·维尔纳（Karl Verner）在 1875 年发现的第一次音变的例外规则。印度日耳曼语中词源相关的词之间的辅音关系看似不规则，其原因在于词重音的位置自由不定，在第一次辅音音变之后，日耳曼语中出现的清擦音 [f, þ, χ, s] 到古日耳曼语时，如果位于浊音语境且为中音或者尾音，并且其前面紧邻的元音不是主重音，他们就相应地变为浊擦音 [ß, ð, γ, z]。例如，印度日耳曼语 pater 与哥特语 fadar。

③ 在 Vater“父亲”的派生过程中，印度日耳曼语 / 希腊语的 t 演变为浊擦音 ð（哥特语 fadar），因为重音位于齿音之后；相反在 Bruder“兄弟”的演变过程中，印度日耳曼语的 t 根据第一次音变规则变成了清擦音 þ（θ）。这样的音变可以归因为重音位置不同导致的气压不同，音系学称之为音位分裂。

法则首先通过“语法变换”（grammatischer Wechsel）[①] 获得了结构上的重要性（该重要性保留至当代德语）。如果我们以古高地德语为例，这就是 /f/ 和 /b/、/d/ 和 /t/、/χ/ 和 /g/ 以及 /s/ 和 /r/ 的有规律的交替，特别是在强变化动词的屈折变化表中（参见表 5）。

表 5：语法变换动词屈折变化表

古高地德语 vs. 动词不定式	古高地德语 第一人称复数过去时	新高地德语
heffan	*huobum*	
snîdan	*snitum*	*schneiden – schnitt, geschnitten* “剪”
ziohan	*zugum*	*ziehen – zog, gezogen* “拉”
kiosan	*kurum*	(*er*) *kiesen – erkor, erkoren* “选择”

辅音音变大多只与特征变化有关，还没有与系统变化相关，日耳曼语当然还不能代表一种独立的语言。维尔纳法则后来一直在起作用，这表明，在 *ptk* 音变之后，印度日耳曼语词重音位置仍然自由不定。然而，日耳曼语在第一次音变后所拥有的丰富的摩擦音（也称为狭窄音、摩擦音或擦音）[②]，即使在那时也是一个典型特征。

---

① 雅各布·格林用“语法变换”（grammatischer Wechsel）来说明第一次辅音音变中出现的例外。同样的印度日耳曼语始发辅音演变为不同结果（浊擦音和清擦音），在现代德语中可以辨认出这些演变结果是词源上有联系的词内部之间的辅音变换，如：g 与 h 之间的变换 *ziehen – gezogen*（不定式—二分词），d 与 t 之间的变换如 *schneiden – geschnitten*，f 与 b 之间的变换如 *dürfen – darben*（与 *bedürfen* 同源）（动词—动词），s 与 r 之间的变换如 *Verlust – verlieren*（名词—动词）。根据维尔纳法则，导致这种语音演变的原因是：印度日耳曼语词重音位置自由不定。

② 狭窄音（Engelaute），指通过口腔发音部位收缩成窄缝形成发音，出现了摩擦就是擦音（Frikative）。摩擦音（Spiranten）即狭窄音和擦音。

对于音变发生的年代问题，可以通过 *Hanf* 这个词来证明，该音变过程在公元前 5 世纪还没有发生或还没完成。这个词（古高地德语 *hanaf*，盎格鲁–撒克逊语 *hænep*，古冰岛语 *hampr*）可以追溯到日耳曼语词干 **hanapa-*，是希腊语 *κάνναβις/kánabais* 的变音形式。然而，在希腊语中，这个词是色雷斯–斯基泰语的借词，直到希罗多德的时代（公元前 5 世纪中叶）才进入希腊语。日耳曼民族不可能在希腊人之前知道这个词。为了证明音变是在公元前 3 世纪或 2 世纪，即与罗马人第一次接触时完成的，人们指出了这样一个事实：日耳曼语中的罗马借词没有发生第一次辅音音变，而拉丁语文献中的日耳曼语名字和词汇无一例外地都发生了音变。

第二个对语言结构发生重要影响的语言事件是日耳曼语的重音变化。尽管在意大利语和凯尔特语也发生过类似变化，但日耳曼语重音变化的后果使其成为日耳曼语的一个基本特征。它改变了语言的构成因素，不仅仅（如音变那样）单纯在语音领域产生影响。在印度日耳曼语系中，词重音可以停留在任何一个屈折音节或首音节上：拉丁语 *Róma – Románi – Romanórum – Romanorúmque*。与之相对，日耳曼语则将重音放在词的首音节上。有时（如维基百科“原始日耳曼语”词条）人们可以读到，日耳曼语重音定位于词干或词根音节。事实并非如此，带前缀的名词在重音定位时已经构词形成了；[①] 可比较的动词是后来形成的，因此重音在词干音节上（参见表 6）。[②]

① 即重音已在前缀上。

② 即重音在后面，不在前缀上。

表 6：古高地德语中的重音定位

前缀名词	前缀动词
古高地德语 *b**î**-/b**i**-spel*, 新高地德语 *B**ei**spiel* 古高地德语 *b**i**-derbi*“使用”；“有益的”，新高地德语 *b**ie**der*（“正直的”）	古高地德语 *bi-f**a**llan*，新高地德语 *be-f**a**llen* 古高地德语 *bi-spr**e**hhan*，“谴责，诽谤”，新高地德语 *be-spr**e**chen*
古高地德语 ***ur**-loub*“许可”，新高地德语 ***Ur**-laub*	古高地德语 *ar-/ur-/er-l**ou**ben*，新高地德语 *er-l**au**ben*
古高地德语 ***ur**-teil*, 新高地德语 ***Ur**-teil*	古高地德语 *ar-/ir-/er-t**ei**len*，新高地德语 *er-t**ei**len*
古高地德语 *w**i**der-sprahha*, 新高地德语 *W**i**derspruch*	古高地德语 *wider-spr**e**hhen*，新高地德语 *Wider-spr**e**chen*

由于这个原因，我们今天仍然说 ***U**rkunde* 或 ***A**ntwort*。[①] 在中世纪的诗歌中出现了德语化的地名，其形式也是由于重音固定导致的：

德语 Bern“伯尔尼” < 罗曼语 Verona“维罗纳”[②]

① 即重音位于首音节。

② 德语中 *Verona* 首音节重读（意大利语是第二个音节重读）。随着时间的发展，轻读的元音慢慢失去音色，导致最后整个词语缩短了或者个别的音节消失了。这样，外来词慢慢融入到德语的语音系统。如：拉丁文 *Finestra* 变成德语 *Fenster*。*Verona* 也是这么一个例子。这种现象在没有文字的时代很普遍，因为没有普通发音标准。另外，在很多欧洲的语言当中 *b/v* 的发音很像（毕竟都是唇辅音），往往只能按照语境区分出来。外来词的词源、语意和语境一般不太清楚，很容易理解错了（*Bern*“伯尔尼” – *Baeren*“熊”, *Ravenna*“拉文纳” – *Raben*“乌鸦”），因此发音受到外语的影响。据传说，伯尔尼（Bern）建城人哲林根公爵贝托尔德五世（Berchtold V. von Zähringen）很喜欢 Dietrich von Bern（伯尔尼的狄特里希大帝，史诗《尼伯龙人之歌》中人物）。但是 Dietrich von Bern 中的 Bern 指的是 Verona（维罗纳），而非

德语 Raben“乌鸦”　　<　　罗曼语 Ravenna“拉文纳”

在当代德语中，部分地区分布出现了更强德语化的外来词，与那些带有尾音节重音的外来词并存：比如 *Kaffee* – *Kaffee*（奥地利德语）或拼写也不同的 *Tunnel* – *Tunell*（奥地利德语）。

日耳曼语的重音变化对日耳曼头韵诗歌的发展也很重要。尽管在那些没有一贯使用首重音的语言中，头韵（Stabreim）也发挥着文体上的作用，但它只有通过集中使用强音、高音和意义音才能达到突出的重要性。因此，今天在德语中仍然存在的大量押头韵的套话（*Haus und Hof*“全部家产”，*Kind und Kegel*[①]“全家”，*singen und sagen*“唱和说（不一样）”，*gang und gäbe*“常见”）可以看作是日耳曼语重音变化的一个余波。它们大多起源于古老的德国法律语言，偶尔也会在格言或广告语、书籍、电影和歌曲标题中重新出现。

重音变化对非重读音节的进一步弱化也产生了深远的影响。由于发音的能量集中在首音节上，尾音节的元音和辅音地位在古日耳曼语中已经削弱了，这个过程后来在日耳曼语和德语发展的各个阶段都有重复或延续。比如，我们再也找不到任何一个非重

（接上页）伯尔尼。因为 Bern 从中世纪初就是意大利城市维罗纳（Verona）的德语名称。罗马帝国解体之后，维罗纳（Verona）像意大利北部其他城市（如 Ravenna“拉文纳”）一样，被伦巴第和巴伐利亚等日耳曼部族统治，因此跟德语国家有一段共同的历史，从此进入了德语国家的历史记载。有人把新建城市按照另外一个城市命名在中世纪并不罕见。但是也有不少学者怀疑这种说法，认为瑞士伯尔尼（*Bern*）这个地名来自于古凯尔特语。

① Kegel 指小妾的孩子、私生子或孤儿。

读 *i* 的痕迹，而这是印度日耳曼语系中 *mi* 动词（*mi*-Verba）[1] 的尾音的特征（参见希腊语 *τίθημι/títhēmi*“我放置”，印度语 *bhárā-mi*“我负担”与古高地德语 *salbôm*“我膏”）。此外，标志命令式第二人称单数的 *e* 也脱落了（拉丁语 *lege*，希腊语 *λέγε/lege*“读！”，哥特语 *bair*, 古高地德语 bir，盎格鲁-撒克逊语和古北欧语 ber“带上！”）。这种弱化的趋势持续不断发生（见 III, 2 和 IV, 1）。“Tag”（“日”）的第四格复数形式发展自印度日耳曼语 **dhogons*, 哥特语 *daganst* 通过古高地德语 *taga*，最后到中古高地德语和新高地德语 *Tage*，在某些德语方言中甚至发展成了 *dag*。我们在近代仍然可以发现，自 19 世纪末以来，在许多情况下与格后缀 *-e* 消失了，在当今的口语中，*wir haben* 通常被弱化为 *wir ham*，从因果上讲，这些都不属于语言史上某一时代的特殊现象，而仍然是日耳曼重音变化的结果。

重音集中在首音节也是如此多的语音演变的深层原因，日耳曼语在时空的不同发展阶段上，根音节元音发生了变音、加长、单元音化或双元音化。

所谓“变音”（Umlautung）是与尾音节元音弱化关联的效应，其音变方式是词干音节元音受到其后音节元音质量的影响。早在古日耳曼语时代，*i/e*、*u/o*、*iu/eo* 等位置变体（音位变体）就是这样产生的，前者是 *i*、*j* 或 *u* 在下一个音节或鼻音 + 辅音之后的情况下产生的。与之相反的过程（*e*，*o* 代替 *i*，*u*，当 *a*，*e*，*o* 位于其后音

---

① 原始印度日耳曼语中的一类动词，该名称来源于现在指示性主动动词的第一人称单数形式，人称标记是 -mi。

节）被雅各布·格林称为“元音降变”（Brechung）[①]。这种组合性音变在“音位变体对”[②]中仍有残余影响，如 *nehmen/nimmst*（古高地德语 *neman/nimist*），*ober-/über*（古高地德语 *obar/ubir*）和（渐旧）*fliegen/fleugst*（古高地德语 *fliogan/fliugist*）。只有当引起这种变化的语音环境条件由于尾音节弱化而消失时，这些音位变体才成为一个自己的音位（关于 *i-* 变音参见 III, 2；关于第一次单元音化和双元音化参见 II, 1, 文末）。

尾音节衰落也导致了屈折系统的损失——或者更谨慎地说：通过总结各个单一语言抽象重建出来的印度日耳曼语系“原始语”的丰富的屈折词尾在日耳曼方言中无法找到（但对于没有流传下来的日耳曼语的印度日耳曼语前身则完全无法证明），即使在早期文字记载中也没有。无论是印度日耳曼语的夺格和位置格，还是名词的双数，在日耳曼语中都没有存活下来；在变位中，所有形式，诸如在日耳曼语中被希求式[③]代替的虚拟式，不定过去时[④]、未完成时[⑤]、未来时、被动态等，除了一些不明显的残余，都已消亡。另一方面，出现了新的屈折可能性，其中一些在印度日耳曼语中已经以初级形式存在，但在日耳曼语中充分发展为语法范畴。*i-* 和 *n-* 变格对

---

① “元音降变”（Brechung），即 Vokalsenkung，指由于同化作用而产生的元音变化，如在哥特语中后接字母为 r 和 h 时，受此辅音低舌位的影响，前面的 i 或 u 下降为 e 或 o。

② Alternationspaare，指语境决定的音位变化。

③ 希求式，Optativformen，表达可以实现的愿望。

④ 不定过去时，一种表示完成的体（Aspekt），有时专指过去时的完成体。

⑤ 未完成时，指延伸到现在的过去时时间段，指过去时的未完成体，完成时是完成体。

阴性属形成单独的范式，*n-* 词干也对中性属形成范式。形容词屈折变化的一个新收获是，从印度日耳曼语的 *n-* 词干中诞生了弱变化，这些 *n-* 词干主要用于指代人，因此也用于构成名词化的形容词。在日耳曼语中，这个过程进展得如此之快，以至于从每个形容词都可以通过 *n* 形成变体形式。就动词而言，我们注意到，作为日耳曼语的新变化，印度日耳曼语的换音形成了一个真正的系统，它主导了强动词的屈折变化，并出现了一种全新的动词屈折类型，即带有齿音语素的弱变化。

一般来说，在进一步发展过程中，由重音决定的屈折消失占了主导地位。屈折变化范畴内的衰落或消亡，正如我们在当今德语属格或虚拟语气中仍然可以观察到的那样，这绝不意味着"语言衰落"或"语言贫瘠化"（参见导论）。屈折变化方式出于语言经济原则而减少主要是通过使用全新方法来得到弥补：助动词如 *werden, sein, haben, würden* 用于被动态、未来时、完成时、虚拟语气，这个替代的过程在中古时期已经完成；或者用介词取代格（如 *ich erinnere mich seiner > an ihn, Vaters Haus/Das Haus des Vaters > das Haus von Vater*）。人称代词的必要性（古高地德语 *nemames, nemant* > 新高地德语 *wir/sie nehmen*）以及冠词的形成（古高地德语 *gebâ, gebôno, gebôm* > 新高地德语 *die/der/den Gaben*）也是自有书面记载开始就逐渐固定下来的全新方法，目的是接管已经丢失或变得无法识别的屈折词尾原有的语法功能。语法的重心越来越多地从带词尾的词形变化转向带伴随词的词组搭配，由此也就产生了更为精细的语义区分（动词的行为方式[①]、通过介词表达的逻辑关系等）。这就是**分析型语言结构**的语言类型学倾向，它在英语、弗里斯兰语和荷兰语中的表现比德语更突出。在这方面最明显的是南非荷兰语，这是移居南非的荷兰人的语言，如今是南非共和国的 11 种民族语言之一（参见附录中的文本示例 11）。这种发展的原因或至少是加速发展的因素是日耳曼语的重音变化。

通过比较各种日耳曼语而推断出的日耳曼语族共有常见词汇，与印度日耳曼语相比也显示出明显的差异。许多常见的日耳曼语词干在其他印度日耳曼语中找不到，特别是在法律和战争词汇中，如 *Adel*（贵族）、*Dieb*（小偷）、*dienen*（效忠）、*Ding*（物）、*Sache*（事）、*Schwert*（剑）、*Schild*（盾牌）和日耳曼语的“战斗”相关词汇组成部分如 *hild-, gunþ-, haþu-, wīg-*，它们尤其在人名中得以延续。此外，在与航海船只相关的词汇中（如 *See*“海”，*Haff*“泻湖”，*Schiff*“船”，*Segel*“帆”，*Steuer*“舵”），很容易联想到海上日耳曼人，与此相关，有些表示空间方位的名称后来被法语等其他语言从日耳曼语中借用。同样引人注目的是，这么多以首字母 *p-*（高地德语 *pf-*）开头的日耳曼词很难用词源学来解释，尤其是根据语音规律预设的印度日耳曼语 *b-* 非常少见。于是就产生了这样的问题，这种日耳曼语词汇是基于前印度日耳曼语的底层语言（例如被征服的原住民的语言）[②]，还是

---

① Aktionsarten 动词的行为方式，体，动词语义的时间结构或内容体，比如动词的静态 *besitzen*（拥有）与动态 *blühen*（开花），表示过程的持续体 *arbeiten*（工作）和非持续体 *aufarbeiten*（做完）。

② Substrat，底层语言，在语言接触与语言混合过程中，那些被入侵占领者的语言覆灭了的当地土著民族的语言以及反过来对入侵者语言的影响，比如凯尔特语在罗曼语言中的残余或者低地德语在柏林留下的影响。

在印度日耳曼语共同体的时代和日耳曼语的传播初期（基督诞生前后）之间的两千年过程中自己创造出来的词汇？

3. 罗曼语的影响

古罗马和希腊作家在为我们提供关于日耳曼尼亚最古老、最精确的信息的同时，也为我们提供了日耳曼语的第一个证据。因此，我们在恺撒那里发现了 *urus*“原牛”，*alces*“驼鹿”，在塔西佗那里发现了 *framea*“矛”，*glaesum*“琥珀”（与新高地德语 *Glas*“玻璃”有关），在普林尼那里发现了 *ganta*“鹅”和（通过凯尔特人为中介的）*sapo*“脂粉”（新高地德语 *Seife*“肥皂”源于此）。罗马人和日耳曼人之间通过贸易、俘虏、奴役或定居等方式的密切接触，特别是在日耳曼尼亚的罗占区，必然会导致双方的语言交流。日耳曼语对拉丁语的影响，特别是在下层人口中的影响，比文字资料所显示的还要大，这一点从众多日耳曼语词汇中可以看出，这些词汇从通俗拉丁语传播到整个罗曼语地区（除了罗马尼亚的大部分地区）。[①] 其中包括武器名称，如古法语 *brand*，意大利语 *brando*，意为“剑”（古北欧语 *brandr*，盎格鲁 撒克逊语 *brand*，中古高地

① 除了罗马尼亚语以外，所有属于罗曼语系的语言都或多或少受到过日耳曼语的影响。这几种语言之间虽然不存在直接的自然关系，但是由于共同历史和频繁的交流而具备不少系统性的共同之处。这种情况与西欧语言尤其是法语和意大利语截然不同。而围绕罗马尼亚的国家全属于斯拉夫语系（和匈牙利语）的语言，跟日耳曼人没战争，也没有多大的文化交流。由于地理位置和历史的缘故，罗马尼亚语受到了斯拉夫语，希腊语，土耳其语等语言的影响。几百年来在东南欧出现了所谓的巴尔干语言联盟（包括保加利亚语，阿尔巴尼亚语，希腊语）。

德语 *brant*）；古法语 *heaume*，意大利语 *elmo*，意为“头盔”；古法语 *gonfalon*，意大利语 *gonfalone*，意为“旗帜”，来自日耳曼语 **gunþ-fanan*“战旗”（古高地德语 *gundfano*）。大量颜色名称从日耳曼语进入罗曼语，这一点也非常引人注目，如意大利语 *bianco*，法语 *blanc*“白色”；意大利语 *bruno*，法语 *brun*“棕色”；意大利语 *grigio*，法语 *gris*“灰色”（在词源上对应德语 *Greis*）；意大利语 *biavo*，古法语 *blou*“蓝色”；意大利语 *biondo*，古法语 *blond*“金色”（源于德语 **blunda*，自有书面记载以来就不再被证实，17 世纪从法语借回德语）。日耳曼语在这一领域的影响，或许可以解释为：这些词汇表达了时尚，因为我们有明确的证据表明，罗马妇女欣赏日耳曼妇女的红金色头发，并将其用于假发。另外需要指出的是，至少在北方的日耳曼民族中，从本地植物中提取美丽而耐用的染料的技艺至今仍处于很高水准，而且很可能是基于古代的经验。

对罗马人及其文化的认知对日耳曼人及其语言发生的影响，比日耳曼语对拉丁语的影响更大。据估计，德语从罗马拉丁语中借用了大约 550 个词。值得注意的是，只有少数借词属于**战争领域**：

> Pfeil（来自拉丁语 pilum“箭”），Kampf（campus“战场”），Wall（vallum“城墙”），Pfahl（palus“桩”），Straße（via strata“道路”），Meile（milia passuum“英里”）

关于国家和法律的词汇也是少数：

> Kaiser“皇帝”（拉丁语 Caesar“恺撒”），Kerker（carcer“牢

狱”)，古高地德语 kôsa（causa“诉讼”），Zoll（通俗拉丁语 Toloneum“关税”）

当然原本应该还有很多借词，可惜它们在民族大迁徙之后没能幸存下来。

然而，更多的是保存下来的借词，指向和平交流的各个领域；比如**贸易领域**：

kaufen 买（拉丁语 caupo“老板”），Pfund（pondo，“磅”夺格），Münze（moneta“硬币”），Markt（mercatus“市场”），eichen（aequare“校准”），Kiste（cista“箱子”），Karren（carrus“车”）

来自古罗马**园艺和酿酒业**的例子：

pflanzen, pfropfen, impfen, pflücken, Birne, Kirsche, Pflaume, Pfirsich, Kohl, Zwiebel, Rettich, Kümmel, Wein, Becher, Kelter, Bottich usw.

意为：种植、嫁接、接种、采摘、梨、樱桃、李子、桃子、卷心菜、洋葱、萝卜、香芹、葡萄酒、酒杯、榨汁机、桶等

由于罗马人将**石质建筑**引入德国，这个领域的词汇我们也拜其所赐：

Mauer, Ziegel, Kalk, Mörser, Pfeiler, Pforte, Fenster, Kamin,

Kammer, Keller, Küche
意为：墙，砖，石灰，臼，柱，门，窗，壁炉，房间，地窖，厨房

还有其他许多，比如罗马人**室内装潢家居词汇**：

Tisch, Schrein, Spiegel, Pfanne, Trichter, Kerze, Kissen usw.
意为：桌、神龛、镜、锅、漏斗、蜡烛、靠垫等

在德国西部和南部的方言中，今天仍然可以发现许多这样的罗马拉丁语残余，据此，甚至罗马经济地理学的空间关系也可以反映在今天的词汇地理学中。

在莱茵河和多瑙河沿岸的日耳曼行省地区，日耳曼语-拉丁语双语现象的盛行还表现在**构词元素**的借用上：后缀 *-ārius*（古高地德语 *-âri*, 中古高地德语 *-ære*, 新高地德语 *-er*），它在今天对于各种指称人物的名词仍旧有着构词能力。以借词为榜样，如古高地德语 *zolenari*（拉丁语 *tolon[e]arius*“税务官”）早在哥特语中就被用于从本土语词干中构造新词（*bōkāreis*“文书”）。罗马人的职业专业化对日耳曼人来说是如此之新的东西，以至于他们也获得了这种造词手段（参见现代法语和拉丁语影响时期的后缀 *-ist*, *-eur*, *-euse*, *-ologe*, *-ianer*）。然而，“野蛮”的日耳曼人似乎很少接触到来自罗马高等文化领域、比如来自艺术和知识领域的拉丁语词汇。*schreiben*（*scribere*）“写字”、*Tinte*（*tincta*）“墨水”和 *Brief*“信件”（*brevis libellus*）可能起源于日常行政和经济实践经验。**一周七天的名称**

证明了日耳曼人对罗马人的宗教世界的更深入探究，不仅有直接拿来的（如英语 *Saturday*，荷兰语 *zaterdag*“星期六”来自拉丁语 *Saturni dies*“农神日”），还有直译的：*Sonntag*“星期日”译自 *dies Solis*（“太阳日”），*Montag*“星期一”译自 *dies Lunae*（“月神日”），有些翻译甚至是由相对应的日耳曼神的名字取代了原文中的罗马神名：*Dienstag*“星期二”是根据战神 **Thingsus* 命名的（拉丁语 *dies Martis*“战神日”），英语 *Wednesday*“星期三”①，荷兰语 *woensdag* 根据奥丁神 *Wodan* 命名（拉丁语 *dies Mercurii*“墨丘利日”）②，*Donnerstag*“星期四”根据雷神 *Donar* 命名（拉丁语 *dies Jovis*“朱庇特日”），*Freitag*“星期五”根据奥丁神后 *Fria* 命名（拉丁语 *dies Veneris*“维纳斯日”）。我们可以发现，这些译仿（Lehnübersetzungen）大多出现在基督教排斥日耳曼人神系传统之前，因此它们是基督教化之前罗马人和日耳曼人之间宗教文化接触的明证。

可以理解的是，罗马人的借词并不是同时传到日耳曼人那里的。最古老的也许是 *Cäsar*（古高地德语 *keisar*）“恺撒”这个名字，当它被采用时，拉丁文的 æ 仍然作为双元音发音，类似于日耳曼语的 *ai*（直到公元 1 世纪），当时拉丁语中硬腭元音之前的 *c* 还没有变成 *ts*。然而，所列举的许多词都显示出较新的拉丁语语音发展的痕迹，如古高地德语 *ziagal*，其词干双元音的来源不是古典拉丁语形式的 *tegula*，而是根据罗曼语语音规律发展的 *tēgula*。在哥特语

① 德语的 *Mittwoch*（“星期三”）源于古高地德语 *mittiwehha*，是模仿教会拉丁文 *media hebdomas* 的委婉表达，意为：一周的中间之日。德语这样构词很可能是为了避免提及奥丁神名。

② 二者在带领亡灵进入阴间的功能上一致。

中众多的拉丁语借词中，有一些可能是在哥特人还与其他日耳曼部落比邻而居时采用的，即不是直接来自罗马人，而是来自德国东部的日耳曼部落，而这些部落又从他们在西部的部落亲属那里学到了这些拉丁语借词。由此可见，早在2世纪初，当哥特人离开维斯瓦河畔的家园时，至少诸如哥特语词 *asilus*（驴），*pund*（磅），*wein*（葡萄酒），*mes*（桌子）等词应该已经在整个日耳曼地区广泛流行。日耳曼语中个别借词的古老程度也可以从以下事实中推断出来：其中一些借词在日耳曼语 *a-* 变格（即这些词所进入的位置）尚未失去其尾音 *a* 的时候传入了芬兰语（参见芬兰语 *viina*“烧酒”，*punta*“磅”，*kattila*“壶、锅”）。

4. 日耳曼方言

日耳曼语在所谓“**原始日耳曼语**”阶段到底是什么样子的，没有任何文学语言的遗迹可以为我们提供证据。但我们可以做一个大致的推断，通过比较历史上的日耳曼方言，也根据古代作家笔下的日耳曼词汇和名字以及最古老的鲁讷铭文（Runeninschrift），这些铭文保存了比稍后的哥特文书面记载和后来的日耳曼文学遗迹更原始的发音状态。这些语言的痕迹在方言层面的区别仍然很小，以致于无法确定其中一些是属于晚期北欧语还是西日耳曼语支方言。这一点在著名的加勒胡斯金角（Goldhorns von Gallehus）的鲁讷铭文中尤为明显。这是一个制作于5世纪上半叶的金角，1734年由一个农民在日德兰的加勒胡斯发现。金角上描绘了人和动物，还包含鲁讷铭文。由于金角在1802年被毁，我们只能参考1734年档案员约阿希姆·理查德·保利（Joachim Richard Paulli）笔下的一份报告和一张图纸（参见 Grimm 2008）：

图 4：加勒胡斯之角。照片由丹麦国家博物馆提供，绘图：Georg Krysing。

图中底部显示的是鲁讷铭文；“现代”的音译和转写将这些字用间隔空格分开。原文用四个叠加的点作为词的分隔符（在此重现为类似冒号的符号），人称代词“我”与下面的名字相连。字母 *R* 代表的是源于原始日耳曼语的浊音 *s* 产生的音（写作 *z*），有别于 *r* 的发音。

ᛖᚲ ᚺᛚᛖᚹᚨᚷᚨᛊᛏᛁᛉ : ᚺᛟᛚᛏᛁᛃᚨᛉ : ᚺᛟᚱᚾᚨ : ᛏᚨᚹᛁᛞᛟ

ek hlewagastiR : holtijaR : horna : tawido

铭文意为：“我，来自霍尔特家族的赫利瓦加斯特［来自霍尔特村？］，制作了这只角”。如果该碑文是以哥特语流传下来的，那么它将会是这样的：**ik hliugasts hultiggs haúrn tawida*［哥特语 *gg* 相当于 *ng*, *aú* 为短音 *o*］；古冰岛语：**ek hlēgestr høltingr horn táþa*［尖音符重音（如 *á*）在古北欧语中代表发长音］；古萨克森语：**ik hlēgast holting horn tōida*。在通过历史语音学和词源学推断出来的原始日耳曼语，它将是：**ekam hlewagastiz hultingaz hurnam tawidōm*［*u* 也有可能用 *o* 替代］。因此，该鲁讷铭文介于原始日耳曼语和北海 / 波罗的海地区现存的日耳曼方言之间，但在时间上更接近日耳曼方言书写传统的开端（哥特语《乌斐拉圣经》*Wulfila-Bibel*①，4 世纪中期；古萨克森语：9 世纪；古冰岛语：12 世纪以来的拉丁字母）。也就是说鲁讷文是较晚的"共同日耳曼语"。从鲁讷文中重建的原始北欧语是很有问题的。这种刻在木头、骨头、金属或石头等物体上用于祭祀的铭文，大约从公元 200 年左右一直延续到中世纪盛期，大约在公元 800 年左右采用 24 个字符（即所谓的老弗萨克文 *FUÞARK*），之后只有 16 个字符，也就是更不精确

---

① 乌斐拉，Wulfila，又作 Ulfilas，最著名的"哥特地区基督徒的主教"，在多瑙河畔哥特人地区传教达四十年之久（342—383）。他将《圣经》翻译成哥特语，即《乌斐拉圣经》，这是一部极为重要的语言文化遗产。西哥特人是第一个在向南方迁徙过程中整体接受了基督教信仰的日耳曼部落。他们接受的是亚略派信仰，反对公教立场。跟随乌斐拉的哥特人形成了东部日耳曼地区的传教中心，公元 4 世纪东哥特部落也接受了亚略派基督教信仰，并一直坚持到东哥特王国灭亡。哥特人视亚略派为本民族的信仰，其信仰特征是圣子基督耶稣仅仅与圣父相似，而非永恒性；拒绝希腊人的三位一体和逻各斯论；在宗教仪式中使用日耳曼语；部落教会领导即国王，负责主教提名与召开主教会议；神职人员属于贵族，且担任随军司铎；地主可通过建立教堂来建立属于自己的教会（Eigenkirchentum）。信仰亚略派基督教的西哥特人在 410 年攻陷罗马，后迁徙到高卢南部和西班牙，公元 419 年，西哥特人建立了第一个在罗马领土上的独立的日耳曼人的国家——西哥特王国。

了。然而，在只有少数发起者才能参加的这种祭祀仪式行为中，语音和语法的准确性根本不重要。

不能排除鲁讷文大师出于古老的传统，长期固守共同日耳曼的“高层语言”（参见 Heinrichs 1962），而与此同时方言差异早已出现在没有记录的日常生活口语中（下层语言中）。只有在民族大迁徙时期，当旧的社会关系松动或解体时，这些个性化特征才可能更强烈地爆发显露出来，类似于现代海外移民中下层阶级语言特征非常迅速地体现出来（参见南非荷兰语、殖民地法语等）。在民族大迁徙开始之前，即 3 世纪哥特人从维斯瓦河河口撤到俄罗斯南部之前，没有证据表明日耳曼语被划分为方言群（参见 Kuhn 1955）。

传统的北、东、西或南日耳曼语的划分决不能理解为旧的谱系树形图理论意义上的整齐划分。所谓的西日耳曼语只是出于历史语法和词源学的目的而抽象出来的概念。它与北日耳曼语的交错关系显然非常密切，特别是在日德兰半岛。尽管如此，西日耳曼方言与原始日耳曼语相比，还是显示出一系列共同的变化，其中最引人注目的是位于 *j* 前的辅音双写，而在其他辅音前，例如 *r*，有时也出现双写的情况；例如古北欧语 *sitja*“坐”，盎格鲁-撒克逊语 *sitian*，古萨克森语 *sittian*，古高地德语 *sitzen*；哥特语 *akrs*，北欧语 *akr*，盎格鲁-撒克逊语 *æcker*，古萨克森语 *akkar*，古高地德语 *ackar*。

西日耳曼语共同点还包括从日耳曼语的 *ð* 过渡到塞音 *d*（古北欧语 *faðir*，盎格鲁-撒克逊语 *fæder*，古萨克森语 *fadar*，古高地德语 *fatar*“父亲”）。西日耳曼语屈折形式的一个显著的语态特点表现在强变化动词过去式的第二人称单数的构成，它不像在哥特语和北欧语那样显示出其他单数形式的换音音阶和结尾 *t*（哥特语 *gaft*，

古北欧语 *gaft*“你给”），而是在元音阶段跟随 / 加入复数：盎格鲁-撒克逊语 *géafe*，古萨克森语 *gâbi*，古高地德语 *gābi*，都指向西日尔曼语的 **gabi*。

在西 / 南日耳曼地区，可以区分出以下三个方言组（根据 Maurer 1952 定居组的命名）：

1. **北海日耳曼语**（das Nordseegermanische），弗里斯兰语和 400 年左右从石勒苏益格南部迁徙过来的盎格鲁-撒克逊人的语言都属于该语言，而沿海地区的北部低地法兰克方言和最古老的古萨克森语（古低地德语）也与之存在千丝万缕的联系。这一组的特点首先是在所有清擦音之前丢掉鼻音，并伴有补偿延长音[①]（不仅是在 *h* 之前，*h* 前鼻音消失是所有日耳曼语的现象）：古高地德语 *finf*, 盎格鲁-撒克逊语，古弗里斯兰语和古萨克森语 *fīf*“五”，古高地德语 *uns*，盎格鲁-撒克逊语，古弗里斯兰语和古萨克森语 *ūs*。此外，位于硬颚音之前的 *k* 的咝塞擦音化[②]（英语 *church*，弗里斯兰语 *sziurke*），在中世纪的低地德语地名中也有零星发现。目前还不清楚，这个方言组是产生于移民前的因盖沃人（Ingwäonen，塔西佗、普林尼语）中的宗教狂热群体（参

① 补偿延长音，一个音段的消失脱落会引起相邻音节音段延长以便保持音量关系平衡，比如印度日耳曼语中软腭摩擦音前的鼻音在日耳曼语中消失了，然而元音却补偿性延长了：**branhto* 变成 **bra:hta*，古高地德语 *brahte*。

② Zetazismus，咝塞擦音化，腭音前面的 *g* 和 *k* 过度成为咝音如 [s] [z] [ʃ] [ʒ]，拉丁语 *caseus* [k-]“奶酪” > 古英语 *cēse* [tʃ-], 英语 *cheese* [tʃ-], 西弗里斯兰语 *tsiis*（对比德语 *Käse*，荷兰语 *kaas*）。

见 Frings 1957），还是在盎格鲁-撒克逊人中的一群移民穿越北海南部后才产生的（参见 Kuhn 1955）。

2. **威悉-莱茵-日耳曼语**（das Weser-Rhein-Germanische），在考古学上大概可以理解，但在语言学上很难理解，这一方言组与其他的组很难区别，其中只有法兰克方言（相对古老的）后来在法兰克人夺取北高卢的土地和撒克逊人的南扩后仍然存在。它们被追溯到伊斯特沃人（Istwäonen，塔西佗语）或者说伊斯特人（Isträonen，普林尼语），根据地名和第二章中提到的带有 *p-* 发音的单词，它们被认为是威悉河和下莱茵河之间地区的前日耳曼人（凯尔特人、伊利里亚人？）的遗迹（参见 Kuhn 1955）。
3. **易北河日耳曼语**（das Elbgermanische），操该语的一群部落，从下萨克森州东部和图林根州向南迁移，分布在图林根人、阿雷曼人、巴伐利亚人和伦巴第人中。较早的研究试图将他们与赫尔米诺人（Erminonen，塔西佗、普林尼语）联系起来。因此，后来的高地德语在易北河日耳曼语的基础上发展起来。

II.

早期中古德语

1. 高地德语和低地德语

当罗马人接触到日耳曼部落居住区时，日耳曼人所定居的地区向西被莱茵河与凯尔特人隔开，向东延伸到后来的斯拉夫和马扎尔地区[①]相当远，并且仍然包括斯堪的纳维亚的南部地区。**民族大迁徙**使得这一地区向西部和南部的推移，越来越多的日耳曼部落涌入了罗马人在德国南部和西部的省份，夺取了对高卢和意大利的控制权，并占领了英格兰的相当一部分，除了东日耳曼人在地中海地区的征服延伸得太远并且很快就灭亡了。这个大面积的日耳曼人大迁徙地区不可能再保持一个统一的语言区域，特别是随着北方旧的部落关系的断裂和全新的族群的形成。那些向南推进得最远的西日耳曼、东日耳曼部落，即阿雷曼人、巴伐利亚人和伦巴第人，他们当时经历了影响大部分辅音系统的音变，这对高地德语与其他西日耳曼方言的分离以及对低地德语的命运具有决定性意义：**第二次辅音音变或曰古高地德语辅音音变**，[②]与第一次辅音音变有明确的亲缘关

① magyarisch，马扎尔人，即匈牙利人。

② 第二次辅音音变，也称为（古）高地德语辅音音变，发生在日耳曼大迁徙之后，这次音变导致古高地德语从其他日耳曼语和方言中分离出来。1. 清塞音 *p*、*t*、

系，也可以从语音上解释为是第一次辅音音变的结果。它由两个语音转换组成，即强辅音和弱辅音转换（参见表 7-9）。

表 7：根据元音进行的强辅音转换①

新高地德语单词	古高地德语对应词	古高地德语音位	前古高地德语音位	古萨克森语对应词	（新）英语对应词
essen	*eȥȥan*	/ȥ(ȥ)/	/t/	*etan*	*eat*
beißen	*bîȥan*			*bîtan*	*bite*
was	*waȥ*			*wat*	*what*
offen	*offan*	/f(f)/	/p/	*opan*	*open*
greifen	*grîfan*			*grîpan*	*gripe*
auf	*ûf*			*ûp*	*up*
machen	*mahhôn*	/χ(χ)/	/k/	*makôn*	*make*
brechen	*brehhan*			*brekan*	*break*
ich	*ih*			*ik*	*I*（古英语 *ic*）

表 8：在词首以及在词中和词尾的辅音后或在重叠结构中的强辅音转换②

新高地德语单词	古高地德语对应词	古高地德语音位	日耳曼语音位	古萨克森语对应词	（新）英语对应词
Zunge	*zunga*	/ts/	/t/	*tunga*	*tongue*
Herz	*herza*		/tt/	*herta*	*heart*
setzen	*sezzen*			*settian*	*set*

（接上页）*k* 因位置不同分别变为塞擦音（Affrikat）或者清摩擦音：在词首以及在词中和词尾的辅音后或者在重叠结构中变为塞擦音；在词中或者词尾的元音后变为清摩擦音。2. 浊塞音 *b*、*d*、*g* 变为清塞音。3. 清摩擦音 *Θ* 变成浊塞音 *d*：如 *brother* vs. *Bruder*。

① 清塞音 *p*、*t*、*k* 在词中或者词尾的元音后变为清摩擦音。

② 清塞音 *p*、*t*、*k* 在词首以及在词中和词尾的辅音后或者在重叠结构中变为塞擦音。

续表

新高地德语单词	古高地德语对应词	古高地德语音位	日耳曼语音位	古萨克森语对应词	（新）英语对应词
Pfad	*phad*	/pf/	/p/	*pad*	*path*
helfen	*helphan*		/pp/	*helpan*	*help*
Apfel	*aphul*			*appul*	*apple*
Korn	*chorn*	/k χ /	/k/	*korn*	*corn*
Werk	*werk*		/kk/	*werk*	*work*
wecken	*wec(c)hen*			*wekkian*	古英语 *weccen*

表 9：弱辅音转换 ①

新高地德语单词	古高地德语对应词	古高地德语音位	前古高地德语音位	古萨克森语对应词	（新）英语对应词
Tochter	*tohter*	/t/	/d/	*dohtar*	*daughter*
Wetter	*wetar*	/tt/	/dd/	*wedar*	*weather*
binden	*bintan*			*bindan*	*bind*
alt	*alt*			*ald*	*old*
bitten	*bitten*			*biddian*	*bid*
(ge)bären	*peran*	/p/	/b/	*beran*	*bear*
sieben	*sipun*	/pp/	/bb/	*sibun*	*seven*
Leib	*lîp*			*lîf*	*life*
Sippe	*sippa*			*sibbia*	古英语 *sib*
Gast	*kast*	/k/	/g/	*gast*	*guest*
steigen	*stîkan*	/kk/	/gg/	*stîgan*	古英语 *stîgan*
Tag	*tac*			*dag*	*day*
liegen	*likkan*			*liggian*	*lie*

日耳曼语的清塞音 *p*，*t* 和 *k*，在词首以及在词中和词尾的辅音后或者在重叠结构中变为塞擦音 *pf*, *(t)z* 和 *kch*。在其他位置，即在词中、

① 浊塞音 *b*，*d*，*g* 变为清塞音。

元音之间或者词尾的元音后变为清摩擦音，即 *f(f)*、*ȝ(ȝ)*（一种 s 音，与古日尔曼语的 *s* 不同）和 *hh/ch*。

在更广泛的意义上，第二次辅音音变还包括 8 世纪到 11 世纪由南到北发生的从 þ 到 d 的变化：早期古高地德语，古萨克森语 *thing* 到 *ding*。[①]

然而，最完全的第二次辅音音变只出现在最南部的诸方言如阿雷曼语、施瓦本语、巴伐利亚方言和东法兰克语中，它们共同构成了南德方言区。越往北发展，系统的一致性和均质性就越差。各个地区与第二次辅音音变理想情况的对比为我们提供了一个德语方言的分类标准：中部德语区是南德方言区和低地德语区之间的过渡地区，一个语言区的特征向北逐步减少，而另一个语言区的特征不断增加。

南德方言和低地德语可以借助于主导形式进行对比。中部德语方言——当我们谈到中世纪早期的中部德语时，我们指的是西中部德语方言，东中部德语方言那时几乎还不存在——显示了过渡性方言的所有特征（参见表 10）。

表 10：西中部德语作为过渡区域（见 König 2004, 64）

南德方言	莱茵法兰克方言	（西）中部德语 摩泽尔法兰克方言	利普里安语	低地德语
zeit（时间）	zeit	zeit	zeit	*tid*
wasser（水）	wasser	wasser	wasser	*water*
schlafen（睡）	schlafen	schlafen	schlafen	*schlapen*
machen（做）	machen	machen	machen	*maken*
dorf（村）	dorf	dorf	*dorp*	*dorp*

① 即清摩擦音 *þ* 变成浊塞音 *d*，又如英语 *brother* 之于德语 *Bruder*。

续表

南德方言	莱茵法兰克方言	（西）中部德语摩泽尔法兰克方言	利普里安语	低地德语
das（这）	das	*dat*	*dat*	*dat*
apfel（苹果）	*appel*	*appel*	*appel*	*appel*
pfund（磅）	*pund*	*pund*	*pund*	*pund*

低地德语，包括中古早期的古低地法兰克方言和古萨克森语，并未参与辅音音变。根据今日情况来看，低地德语区指音变线以北的地区，这条音变线起于亚琛以南法语区边界，涵盖包括科隆在内的一个大弧形，然后在杜塞尔多夫南部的本拉特跨越莱茵河，自此处向东南发展，再从罗塔尔山脉向东北方向延伸到波兰语边界（该音变线在德语语言地图中被称为“本拉特分界线”〈Benrather Linie〉或“*maken/machen* 分界线”；“于尔丁分界线”〈Uerdinger Linie〉或“*ik/ich* 分界线”则更偏北一些）。①

自古高地德语时期以来方言的边界部分地发生了变化，因为南部德语的语言形式在很大程度上向北推进。高地德语和低地德语之

① 本拉特分界线（Benrather Linie）是高地德语和低地德语的分界线，以莱茵河沿岸地区杜塞尔多夫南部小镇本拉特命名。这条等语线（Isoglosse）也被称为“*maken/machen* 线”（maken/machen-Linie），因为这条线的北边——即低地德语区，辅音 */k/* 没有发生音变，即没有变为 */ch/*（“*maken*”），而在这条线南面——即高地德语区，辅音变化较为彻底，*/k/* 变为 */hh/* 或者 */ch/*（“*machen*”）。这条分界线形成于古高地德语时期，即第二次辅音音变时期。第二次辅音音变从南往北呈减弱趋势扩展，最西北是于尔丁分界线（或称为“*ik/ich* 线”）。没有参与第二次辅音音变的本拉特分界线以北地区，就是低地德语区。本拉特分界线以南地区分别为积极参与了第二次辅音音变的南德方言和部分参与了第二次辅音音变的中部方言（即中部德语区），它们被统称为高地德语（Hochdeutsch）。

间的现代分界线部分地是新近才产生的。对于古高地德语时期，人们认为其分界线位于莱茵地区南端，在图林根地区则直到 13 世纪埃尔富特-耶拿以北地区仍未发生辅音音变。同样的情况应该也适用于其他各种音变分界线。近代方言边界的形成在很大程度上与中世纪后期的政治领土历史和交通状况密切相关（参见 Cox/Zender 1998）。

下图清晰展示出当代西中部德语方言的分布情况：

地图 1：莱茵河扇形区（据 **Beckers 1980, 469**）

各个西中部德语方言之间的界线（“等语线”）在一定程度上形成了一个扇形，因此这束等语线或由它们划定的区域就被称为“莱茵河扇形区”（Rheinischer Fächer）。

古高地德语辅音音变的发生也是德语方言分类的基本标准：

地图 2：德语区和荷兰语区（据 Goossens 1980, 446）。该地图显示了 1900 年左右的德语方言区（不包括语言岛），这源于乔治·温克（Georg Wenker）于 1900 年左右首次对德意志帝国、奥匈帝国和瑞士的德语方言进行了记录。

我们可以根据第二次辅音音变来描述德语区的构成：（1）南德方言是真正的德语，它展现出了所有音变发生后的形式；（2）低地德语是一种独特的语言类型，它原本并非德语方言区概念，只是在现代早期经过社会语言学发展之后才被“降级”成了方言区；（3）

中部德语是南德方言和低地德语之间的过渡区。

然而，人们必须谨慎对待“德语”（Deutsch）一词。约尔格·里克（Jörg Riecke）断言道：“确切地说，在中世纪，本拉特分界线以北地区未发生过辅音音变的语言还不能算作德语的变体，而是一种独立的语言，即萨克森语。”（Riecke 2016, 13）这里涉及的只是“低地德语”还是“萨克森语”的称谓问题。另一方面，在其地图“历史德语区”（同上，248）中，里克将“低地德语”[①] 的界线一直画到了敦刻尔克，却并不承认后来发展为荷兰语的低地法兰克方言。在里克的这张地图上，中部德语最远可达上西里西亚，甚至柏林也被标记为中部德语，所以“历史德语区”可能指的是较晚年代。里克接着写道：“直到现代早期，从前的萨克森方言区［……］才再次［？］进入德语语言史书写的视野，因为南部德语在马丁·路德的高地德语《圣经》翻译之后扩散开来，并取代了北部的萨克森语”（同上，13）。然而，萨克森语并没有被“取代”，就像我们一直都知道的那样，路德《圣经》翻译当然也不是导致以高地德语为基础的统一德语缓慢而确定地“超越”了萨克森语的唯一原因。尽管如此，诸如“古高地德语”这种术语也不能仅仅从字面上理解：“我们所说的古高地德语是指德语的最古老时期，其最新的发展阶段就是当代德语。”（Braune/Reiffenstein 2004, 1）因此，古低地德语和中古低地德语都可以毫无疑虑地归入“德语”的范畴（关于里克著作可参考书评 Bentzinger 2016）。

如地图 2 所示，当今德语方言可归为七大组：西部低地德语、

① 原书注：[sic!]（原文如此！）

东部低地德语、西中部德语、东中部德语、北部南德方言、西部南德方言和东部南德方言（参见表 11）。

表 11：德语方言的分类

西部低地德语 北部低地萨克森方言 东法利亚语 西法利亚语	**东部低地德语** （低地普鲁士方言） （东波美拉尼亚方言） 梅克伦堡-波美拉尼亚方言 勃兰登堡方言
西中部德语 利普里安语 摩泽尔法兰克方言 莱茵法兰克方言	**东中部德语** （高地普鲁士语） （西里西亚语） 上萨克森方言 图灵根方言
北部南德方言 东部法兰克方言 南部法兰克方言	
西部南德方言 施瓦本方言 阿雷曼语	**东部南德方言** 巴伐利亚-奥地利方言

上表中之所以将低地普鲁士语、东波美拉尼亚语以及高地普鲁士语和西里西亚语置于括号内，是因为二战后这些地区讲德语的人口被迁出了。然而，在上西里西亚，德语仍然以语言岛方言的形式存在。

古高地德语辅音音变是德语历史上被最广泛讨论的语言发展进程之一，但还不能说是引起争议最大的进程。严格地讲，长期以来，中部德语音变形式的传播力量是否是从南往北逐渐减弱，或者中部德语的音变是否是自发的，一直未达成一致意见（参见 Wolf 1981, 30 及以下）。例如，芬内曼（Vennemann，1984）希图重建一个包含完整日耳曼语在内的音变过程，这样就会产生一种高地日耳曼语（即只包括高地德语）和一种低地日耳曼语（即日耳曼尼亚的其他地区，参见 Wolf 2006, 2007, 2008）。"过渡地区"（Übergangslandschaft）这个概念其实可以解答此处所涉及的所有问题：在方言学中，人们可以随处观察到两个（方言）核心区域之间产生的过渡地带；由此，中部德语即可被解释为南德方言和低地德语核心空间之间的一个过渡地带。

像古高地德语辅音音变这样的语音演变过程其实涉及一个很长的时间段。我们可以假设以 500 年为估值，但还可能会有几百年的浮动。

高地德语和低地德语的分化不仅是由第二次辅音音变造成的。高地德语的中古早期阶段，即古高地德语，也以**元音变化**为特征。在 8 世纪和 9 世纪，日耳曼的长元音 *ō* 和 *ē* 被双元音化为 *uo* 和 *ia*（古高地德语 *bruoder*，新高地德语 *Bruder*"兄弟"；古高地德语 *hıaz*，新高地德语 *hieß*"称"；古萨克森语 *brôðar, hêt*）。相反，在**古低地德语 / 古萨克森语**中，日耳曼双元音 *au* 和 *ai* 早在有文字传承之前即已变为了 *ô* 和 *ê*，这一现象甚至在古高地德语中未曾出现单元音化的地区也出现了，这就是为什么即使在今天高地德语 *Baum, Stein* 也与低地德语 *bōm, stēn* 有差别。古萨克森语形态上的发展也更接近于盎格鲁-撒克逊语，而非高地德语。动词复数人称词尾已合并为一种单一的复数形式（如：古萨克森语 *wi/gi/sia* *farad*“行驶”，盎格鲁－撒克逊语 *we/ge/hī farað*；古高地德语 *wir farames, ir faret, sie farant*）。第一人称和第二人称代词的第三格和第四格之间的区别已消失（如：古萨克森语 *mi/thi*，盎格鲁－撒克逊语 *me/ðe*；古高地德语 *mir, mich/dir, dich*），这也可以解释为什么如今很多讲普通话的柏林人仍然会把 *mir* 和 *mich*、*dir* 和 *dich* 搞混。由于其与北海日耳曼语的天然联系和影响，在逐渐拆解屈折语言类型方面，低地德语从一开始就比高地德语走得更远，高地德语在这方面仍然是日耳曼语中最保守的。

2. 德语语言意识的产生

从墨洛温王朝的克洛维一世（Chlodwig I.，466—511）开始，法兰克人在中世纪早期的德国发挥了最为重要的作用，这不仅体现在政治上，更体现在文化上，因为法兰克人占领了罗马文化的大片土壤，并积极采用罗马制度。尽管墨洛温王朝的官方语言仍是拉丁语，但也不乏证据表明他们对法兰克方言也很感兴趣。例如，希尔佩里克一世（Chilperich I.，约 535—584 年）统治时期，拉丁字母中增加了四个字符（代表 *ā*、*ō*、*w*、*th*），以便更好地记录法兰克方言中词汇和名字。当法兰克人的法律以拉丁语成文时（《萨利克法典》[①]），重要的法兰克语**法律词汇**也被以词汇表的形式添加进去。该表被称为《法律用语词汇表》（*Malbergische Glossen*），因其古老而成为德语早期历史的重要来源，尽管这些

① Lex Salica，又译作《撒利大法》。

德语词汇材料被罗曼语抄写员严重扭曲了。通过加洛林王朝的法律编纂工作以及王室书信往来，法兰克人的法律词汇传到了德国，并取代了本地词汇（如 *urteil-* 和 *urkund-* 等词取代了 *tuom-*、*suon-* 和 *brief-* 等词）。法兰克人在宫廷和修道院的模范经营方式也使诸如 *Ziege*（"山羊"）取代了过去使用的 *Geiß*。研究法兰克人对德语的语言影响，特别是在莱茵河和美因河畔的西中部德语方言的形成方面的影响，由于高卢北部的西法兰克方言几乎没有书面记载而变得困难。

在墨洛温王朝，在摩泽尔河、斯海尔德河和塞纳河之间，法兰克人和高卢罗曼人之间的关系比以往任何时候都更为密切。**双语**肯定在那里盛行了几个世纪之久；因此，可能不仅仅是巧合，正是在这一时期，德语发生了一些重要的语言变化，这些变化在罗曼语中也有确切对应。其中包括冠词的出现，过去这在普通日耳曼语和拉丁语中都不存在；在这两个语言区，定冠词以指示代词来表示，不定冠词则以数词 *eins*（"一"）来表示。连 *Mensch*（"人"，拉丁语 *homo*，古高地德语 *Man*）一词向不定代词（法语 *on*，德语 *man*）的过渡也是两个语言区的共同点。与之类似的现象还包括用 *haben* 和 *sein* 助动的完成时的出现（法语 *j'ai vu, je suis venu*，德语 *ich habe gesehen, ich bin gekommen*）。

但是，我们不能认为复合时态形式只是简单地对罗曼语的模仿，包括在历史发展过程中出现的迂回被动态以及情态结构 *würde* + 不定式。首要的东西是，充分发展的拉丁语系统需要民众语与之对应，因为拉丁语基督教已经成为国教。因此，更多使用民众语的趋势几乎在所有西日耳曼和北日耳曼语中都可以发现，也包括在冰岛语中，尽管它与罗曼语毫无接触。而上文提到的罗曼语的迂回法，今天在法语中仍然存在，它支持了这种发展，可以说起到了催化剂的作用。

法兰克方言对形成中的古法语的影响，也促使法语方言分化为北部法语和法兰克-普罗旺斯语 / 普罗旺斯语。法语中的许多日耳曼借词（如 *hêtre* 对应低地德语和荷兰语 *heester*“山毛榉”；*jardin* 对应古高地德语 *garto*“花园”；*guerre* 对应古法语 **werra*）和法语的地名、人名（如 *Avricourt* 来自 **Eberhardi curtis* 和 *Thionville* 来自 **Theudonis villa*；*Gautier* 来自 *Walthari*, *Henri* 来自 *Heinrich*, *Baudouin* 来自 *Baldwin* 等）证明了法兰克贵族的统治以及（北部）甚至有法兰克农民聚居区的存在。西法兰克的法兰克-高卢罗曼共生在多大程度上促进了拉丁-罗曼语词汇借入德语，这一点还很难确定，因为在这个庞大的借词词汇库中难以区分晚期古罗马的通俗拉丁语、高卢-罗曼语和德意志教会拉丁语。无论如何，莱茵方言和荷兰方言中的大量借词证明了罗马行省-西法兰克文化的延续性。

西法兰克地区的日耳曼语和罗曼语的对立最终导致了**法德语言边界**的逐渐形成（直到 1200 年左右），并非通过政治上的语言斗争，而是通过不易察觉的地区平衡，与政治边界无关，或对此语言有益或对彼语言有益的双语现象就此结束。但这并不是我们自 1945 年以来所知道的那种现代意义上的“固定”的语言边界，而是可以双向渗透的语言边界（参见 Wolf 2009）。

在西法兰克的日耳曼语-罗曼语混合区，新的语言共同体意识首先得到了发展，并最终产生了“**德意志语**”（*deutsch*）一词。起初，法兰克人称自己的语言为 *frenkisk*（正如 865 年左右，魏森堡的奥特弗里德所记载的那样），称其罗曼语邻居所说的语言为 **walhisk*（取自凯尔特人部落名称 *Volcae*；后称 *Welsch*）。此外，还有一个词 **þeudisk*（古高地德语 *diutisc*，来自日耳曼语 **þeuda* 意为“人民”；对比 *Diet-rich, deuten*），用于拉丁语和民众语（sermo vulgaris）之间的对比，这个词从一开始（公元 786）到公元 1000 年左右（圣加仑的诺特克）只有中古拉丁语形式 *theodiscus*，副词 *theodisce*，也有的流传下来的形式带 -t-。这个词的语音形式（是 *eo* 而非 *iu*）表明了其西法兰克起源，北部法语单词 *tieis*（见于 11 世纪文献）和弗拉芒语单词 *dietsch*（见于 12 世纪文献；参考英语 *Dutch*“荷兰语”）（参见 Frings 1941，Weisgerber 1953）。

由于“法兰克”（*fränkisch*）作为政治概念和语言概念在西法兰克双语区不再一致，因为罗马人也称自己为“法兰克人”（参见法语 *France*，*français*），**þeudisk* 这个词因而成为了与 **walhisk* 相对的语言概念。由于东法兰克王国没有理由更改称谓（因为并不存在政治和语言上的概念不一致），概念对立是后来才出现的，而且很有可能还是受到了西法兰克的影响。*theodisce/diutisc* 的含义逐渐从“民众语”变为“日耳曼语”再变为“德语”（作为奥托帝国[①]日耳曼部族的语言）。*diutsch* 一词作为一个政治概念使用，当然也包括作为国家和人民意义上的概念来使用，最早是在 1080 年左右的《安诺之歌》（*Annolied*）中。

---

① 奥托大帝，Otto der Große，公元 936—973 在位，即奥托一世，东法兰克国王，神圣罗马帝国皇帝（962 年加冕），神圣罗马帝国太祖。

3. 德语书面语开端

从查理大帝[①]和他在亚琛宫廷里的法兰克-盎格鲁-撒克逊学者圈子的教育改革中，可以看到德国语言意识觉醒的痕迹。他的基督教帝国思想的实践包括以一种文字形式（加洛林小写）来统一书写，按照古典模式改革不规范拉丁文的使用，并对教会和学术中的古代文献进行语言学上的修订（“加洛林文艺复兴”）。此外，在较低的文化政策层面，还对教会和学校系统进行了改革。拉丁文和民众语之间的巨大鸿沟，以及神职人员和普通信徒之间的鸿沟，必须加以弥补。法兰克统治者在给主教、修道院院长和牧师的指示中亲自提升了民众语的地位，例如在 794 年法兰克福会议的决议中指出：“没有人应该相信只能用三种语言［指希伯来语、希腊语和拉丁语；N.R.W.］向上帝祈祷，因为上帝在每一种语言中都受到敬拜，如果公正地请求，人们就会听到。”[②]这一要求随后在第一部德语诗歌中得到了回应，即魏森堡的奥特弗里德创作的《福音书》[③]，在那

---

① 查理大帝，Karl der Große，公元 768—814 在位，又译作查理曼，法兰克王国加洛林王朝的第二代君主，自称“罗马人皇帝”。

② 原文为拉丁语：ut nullus credat, quod nonnisi in tribus linguis Deus orandus sit, quia in omni lingua Deus adoratur et homo exauditur, si iusta petierit.

③ 魏森堡的奥特弗里德（Otfrid von Weißenburg，约 790—875）是已知第一位古高地德语诗人，他创作的《福音书》（*Evangelienbuch*，拉丁语 *Liber evangeliorum*）作于 870 年左右，是第一部押尾韵的古高地德语诗歌。奥特弗里德第一次引入了拉丁语文学所采用的格式严谨，每个诗行词尾音节都有对韵的尾韵，共有 7400 句诗。

里，诗人以法兰克人的民族自豪感，用充满激情的问句来完成他德语诗歌创作的冒险：

Wánana sculun Fránkon / éinon thaz biwánkon, ni sie in frénkisgon bigínnen / sie gotes lób singen?
(‚Warum sollen denn die Franken allein davon ablassen, auf Fränkisch das Lob Gottes zu singen? ‘[①]
[Wenn andere Völker es in ihrer Sprache längst mit reiner Kunst getan haben?])[②]

查理大帝对其法兰克母语的浓厚兴趣由其传记作者艾因哈德[③]记录了下来。然而，撰写一部德语语法书的计划未能实现，他命人采风整理的日耳曼英雄诗歌集如今也已散佚，因此，作为查理大帝推广普及民间语（Volkssprache）仅存的具体标志是他亲自制定的表示月份和风向的日耳曼语称谓，这也是国家语言规范的第一个例证。而最为重要的事实是，在查理大帝及其继任者[④]的治下，在他大力推行教会教育的背景下，**德语书面语诞生**了。在德国南部的爱尔兰-伦巴第文化圈中已经有了书面文化的开端，例如出自弗赖津教区的

---

① 意为：为什么只有法兰克人不能用法兰克语歌颂上帝？

② 意为：当其他民族早已用他们本民族的语言以纯艺术的方式这样做了？

③ 艾因哈德（Einhard，770—840），法兰克王国史家，加洛林文艺复兴代表人物，所撰《查理大帝传》作于公元 9 世纪，是关于查理大帝的最早史料。

④ 指查理大帝的儿子虔诚者路德维希（Ludwig der Fromme，713—840 在位）和孙子日耳曼人路德维希（Ludwig der Deutsche，843—876 在位）。

Abrogans，这是现存最古老的德语书。[①] 但它只是一部供学者使用的拉丁语-古高地德语同义词汇编，用于习得一种娇揉造作的拉丁文风。对德语本身的兴趣只在盎格鲁-撒克逊的传教士圈子里才凸显出来，在查理大帝的教育政策中也体现出来。由于查理大帝在整个帝国的法令中要求人民用自己的语言学习基督教教义，因此，对最重要的教会文本的**德文翻译**的需求可以说就成了官方推行的事务。正是在这一时期，主祷文、使徒信条和告解文的译本在德语世界的各个地方产生，当然还有系统的《圣经》译本、德语布道文和改编的神学著作。此外，还有大量的作品显然是为修道院教学服务的，例如，拉丁语-德语词汇表，以及忽略德语语言习惯、逐字逐句直译原文的翻译（Interlinearversionen），以便以这种方式更接近拉丁语原文。

我们也可以把个别世俗文本的翻译，如《萨利克法典》的译文残片与查理大帝在其行政领域的努力联系起来。而最重要的是，流传下来的一整套最古老的德语**诗歌**都直接或间接地与加洛林王室成员有关。古萨克森语的《救世主》（*Heliand*）[②] 也许要归功于虔敬者

---

① *Abrogans*（又作 *Abrogans deutsch, Codex Abrogans*）是现存最古老的德语书和古高地德语书面文献。这是一本成书于 765 年的拉丁语-古高地德语同义词汇编，包含有 3239 个古高地德语单词和 3670 个拉丁语单词，它的命名源于其第一个词条：abrogans（= dheomodi “恭顺的”，“敬畏的”）。这本书是羊皮纸手抄本，由于是在廉价的羊皮纸上书写的，因此据推断这本书当时很可能是在修道院内部传播使用，主要用于辅助阅读拉丁文《圣经》。

② 《救世主》（*Heliand*），古高地德语 Heliand 即 Heiland，作于公元 830 年，是保留迄今最早用古萨克森语写的文学作品，是一部长行押头韵的史诗，共约六千诗行。据传说，这部作品的产生源于虔诚者路易希望《圣经》向普罗大众开放，因此让僧侣用民间语言德语创作基于《旧约》和《新约》的故事，于是产生了这部描写《创世记》和耶稣生平的书，关于救世主生平部分基于塔提亚恩的《四福音合璧》。

路德维希的宗教热情，他希望把基督教教义带给新皈依的萨克森人；魏森堡的奥特弗里德的《福音书》是献给日耳曼人路德维希的，而《末日之火》（*Muspilli*）则记录在一本祈祷书上，同样为该亲王所有。《路易之歌》（*Ludwigslied*）歌颂了西法兰克国王路易三世的一次胜利，他也属于加洛林家族。

鉴于这些事实，人们难免会提出下述问题：加洛林王室对最古老的德语文学的明确影响是否会以某种方式反映在早期德语书面语形式上？其答案或可如下：即存在一种作为标准而凌驾于所有方言之上的所谓"**加洛林宫廷语**"。做出这一推测的原因是《伊西多尔》（*Isidor*）的翻译，它在正字法和内容方面都很出色，还有蒙斯《马太福音》（*Monseer Matthäusevangelium*），就此可推断出其与阿尔昆（Alkuin）亚琛宫廷圈的文学关系。[①] 这些文本的语言形式是中古法兰克方言和莱茵法兰克方言的混合体，可能还带有阿雷曼语的痕迹。有学者（特别是 Matzel 1971）认为它是中古法兰克上层社会语言写就，且非常接近莱茵法兰克方言。加洛林王朝的权力中心位于亚琛、梅斯（Metz）、美因茨和施派尔（Speyer）之间。艾因哈德来自美因河地区，并从富尔达修道院学校来到亚琛。艾因哈德所著《法兰克王国编年史》中的古高地德语词汇和专有名词以及《斯特拉斯堡誓言》（*Die Straßburger Eide*）和《路易之歌》（*Das Ludwigslied*）也都符合上述情况。查理大帝对月份和风向的命名当然不只是为了对抗罗曼语；早期德国部落方言的多样性也可能是导致其发生的重要因素。

---

① 阿尔昆（Alkuin），中古英格兰学者，公元 782 年受查理大帝之邀在加洛林宫廷作太傅，在亚琛宫廷建立学校。

然而，与其说当时存在的是一种“宫廷语”（Hofsprache），不如说它更像是一种**共同语的趋势**。因此，古高地德语流传下来的书面记载并不能代表部落方言的真实使用情况。在许多修道院里，书面方言绝不是周围地区实际使用的白话。僧侣们经常从很远的地方赶来进行交流。例如，我们从奥特弗里献给美因茨、康斯坦茨、圣加仑的题词中以及从借给弗赖津修道院的书中可以知道，书籍在修道院之间被来回传阅。《救世主》的语言不是源于某些民间语言的“真正的古萨克森语”，而是一种在细节上略微接近法兰克方言高地德语的文学语，其背后或许是一种萨克森贵族中亲法兰克派的超地域语言。真正的古高地德语口语的唯一证据，是巴黎手稿中的“古德语对话”，与它相比，修道院的翻译文本和诗歌近乎文雅的宫廷语。松德雷格（1961）根据圣加仑的文献记录证明，许多粗糙的方言特征在古高地德语专有名词的誊清稿中被规避了，取而代之的是保守的标准化拼写方法。巴伐利亚方言的特点是 *es* 和 *enk*（第二人称代词复数的主格宾格和与格），这是日耳曼双数形式的残余（参见哥特语 **jut*，*igqis*），一直残留到今天，直到巴伐利亚方言写作传统开始的几个世纪后才出现在书面上（*ez*，*enc* 从 1280 年起零星出现）。

这种语言社会学分层的早期迹象并不令人惊讶。当国家和教会开始大范围书面交流，从而开启了德语书写，一个新的语言史时期开始了——类似于后来印刷术的发明。强制人们用文字记录重要和复杂的想法，已然给野蛮生长的方言带来了一些统一性和正确性的新标准。然而，加洛林时代的德语写作和阅读的萌芽只是一种最初的尝试，到了奥托王朝时期又陷入了遗忘。圣加仑的诺特克（Notker von St. Gallen），在 1000 年左右为他使用“野蛮”德语的冒险行为向一位主教道歉（像奥特弗里德一样），他对他的加洛林王朝前辈一无所知。许多世纪以来，拉丁语仍然是德国人的事实书面语和教育语言。

4. 德语词汇中的基督教内容

基督教是德国开启书写文化的前提条件，它也带来了德语词汇的精神变革。新的信仰以各种方式和途径传到德国。在莱茵河或多瑙河畔的罗马殖民者中当然也不乏基督教徒。在特里尔，有证据表明基督教从罗马时代一直延续到法兰克时代。从教区的语言使用情况来看，一些从其语音结构（如第二次音变）判断非常古老的借词已进入德语，例如：*Kirche* 来自通俗希腊语 κυρι(α)κόν (*kyri[a]kón*), *opfern* 来自拉丁语 *operari*, *Bischof* 来自希腊语 ἐπίσκοπος (*epískopos*), *Samstag* 来自通俗希腊语 σάμβατον ([*sámbaton*]，希腊语 σάββατον [*sábbaton*])。就其希腊语的起源而言，这些词很可能是通过高卢进入德语的，因为在位于德语区边界的罗马行省居住的基督徒中，显然有不少希腊人。在一定程度上，从语音形式上也可以发现这些词还是以通俗拉丁语作为中介进入德语的（例如 *Bischof, Samstag*）。

然而，巴伐利亚方言中的一些希腊语借词也显然受到过**哥特语的影响**：*Ertag*“星期二”（希腊语 ἀρεως ἡμέρα [Áreōs heméra]“战神之日”），*Pfinztag*“星期四”（希腊语 πέμπτη ἡμέρα [pémptē hēméra]“第五日”），古高地德语-巴伐利亚方言 *Pherintag*“星期五”（希腊语 παρασκευή [paraskeué]“前夕”）。当德语单词 *taufen*（“洗礼”）和 *fasten*（“斋戒”）在哥特语中能完全找到与之对应的

单词 *daupjan* 和 *fastan*，或当 *Heidin*（“女异教徒”）这个词在哥特语中用 *haiÞno* 表示时，这几乎不可避免地引出如下结论：尽管这些德语词汇可能很早以前就已存在于原语汇之中，但正是通过哥特语的影响，使它们获得了特定的基督教含义。同样重要的是，德语的 *Pfaffe*（“神职人员”）与拉丁语的 *papa*“教皇（Papst）”含义并不一致，但与哥特语的 *papa*“神职人员”（希腊语 πάπας *[pá-pas]*）含义一致；该词又与其东方对应形式同义，俄语的 *Pope* 一词就是在此基础上产生的。

根据较早的研究假设，哥特人在德国南部进行传教活动的可能性不大，因为哥特基督徒作为亚略派教徒（Arianer）[①] 非常宽容，[②] 所

---

① 亚略派指公元 4 世纪围绕亚历山大里亚长老亚略（Arius，250—336）形成的基督教派别。亚略是著名圣经学家路济安（Lucianus de Antiochia）的门徒，是严格的“附属论者”，认为圣子耶稣基督的本性附属于圣父的本性，否认圣子的永恒性，因此在亚历山大主教会议上被斥为异端。但是亚略的思想也得到了一些公教主教的支持，尽管君士坦丁大帝曾竭力维持帝国宗教和谐，然而也没能阻止教会的争论与分裂。在民族大迁徙过程中，几乎所有的日耳曼部落都以亚略派的形式接受了基督信仰。其中，东哥特人或汪达尔人直到部落灭亡一直都在坚持亚略派信仰；西哥特人，施瓦本人和勃艮第人直到很晚才转向公教正统信仰。因此，基督教派信仰的差异也给日耳曼人和罗曼人之间造成过严重冲突。直到法兰克人接受了公教正统基督信仰后，亚略派才彻底失势。从公元 6 世纪末开始，西哥特人也逐步接受了罗马公教。东哥特人在公元 4 世纪左右受西哥特人的影响接受了亚略派信仰并一直坚持到王国灭亡。

② 公元 4 世纪，受西哥特人的影响，东哥特人接受了亚略派基督教信仰并一直坚持到东哥特王国的灭亡。公元 489 年，东哥特国王狄奥多利大帝（Theodoricus Magnus，454—526）率领东哥特大军进入意大利北部，并推翻了日耳曼军事领导奥多阿克尔（Odoaker）对意大利的统治（476 年奥灭亡西罗马帝国）。狄奥多利大帝也是法兰克国王克洛维的内兄。信仰亚略派的狄奥多利大帝建立了一个领土广阔的东哥特王国，他保护了罗马文化，在宗教上持宽容态度，并不干涉正统派公教徒的宗教生活，因此也得到了正统派的支持。

以他们几乎没有传教意识。此外，巴伐利亚大公家族自 6 世纪中叶以来就一直信奉天主教。也许巴伐利亚人在 5 世纪就已在帕诺尼亚（Pannonien）[①] 对哥特式基督教 [②] 有了粗浅了解。然而，由于阿雷曼语的部分方言中存在这种词汇（如 *Pfaffe*），因此也有可能是上意大利地区的伦巴第人传播的，他们在 8 世纪之前一直是亚略派教徒。[③] 这些词中有一些一直保留到法兰克-天主教时期，[④] 这也许与**凯尔特基督教传教士**在德国南部留下的德国教会词汇的早期形式有关。[⑤]

---

① 帕诺尼亚，今匈牙利地区，公元 1—4 世纪罗马帝国位于中欧地区的行省，公元 450 年后，信仰亚略派基督教的东哥特人曾在帕诺尼亚定居，后迁至意大利。

② 哥特式基督教即亚略派。

③ 伦巴第人在 568 年从帕诺尼亚侵入并征服了意大利，他们在多瑙河地区从其他日耳曼族人那里接受了亚略派基督信仰。589 年，来自巴伐利亚的公主特欧德林德（Theodelindis）嫁入伦巴第王室，她带来了公教信仰，其子也接受了洗礼，直到 680 年，公教在伦巴第取得了胜利，意大利的伦巴第人也逐渐与当地的罗曼人融合为一体。因此，作者此处说伦巴第人“在 8 世纪之前一直是亚略派教徒”有待商榷。

④ 法兰克人（即萨利人 Salian）大约在 450 年从莱茵河北部地区向西南地区迁徙，在克洛维一世的领导下征服了高卢地区。公元 496 年的圣诞节，克洛维一世与三千侍卫一起在兰斯受洗，在并没有进行强制性归化的情况下，整个法兰克族都接受了公教的正统信仰，此举巩固了墨洛温王朝的统治。随着法兰克人向阿雷曼、勃艮第、图林根和巴伐利亚的扩张，这些地区也完成了基督化。在罗马帝国早就消失了的亚略派在日耳曼人那里得到了延续，直到法兰克人将公教传给他们，因此法兰克王成为正统信仰的主保，可以在同一个宗教基础上对所有德意志部落进行统一，日耳曼人也借此得以接触古典文化和罗马的政治文明，使得西欧的文化和政治进步成为可能。

⑤ 罗马帝国的对外扩张和欧洲大陆的民族大迁徙都没有影响过爱尔兰。基督教很早就从威尔士地区或高卢西部地区传入了爱尔兰。公元 431 年，罗马教宗派遣了第一位爱尔兰主教。真正使爱尔兰接受基督信仰的是圣帕特里克（St. Patrick），在公元五世纪，爱尔兰成为“基督宗教的国”。爱尔兰的教会是以隐修院为基础的教会，隐修士是信徒牧灵者，他们认为“无家”是一种苦修方式，因此也喜欢去国外传教，爱尔兰隐修传教士的足迹遍及苏格兰、高卢、日耳曼和意大利地区。

然而，只有盎格鲁-撒克逊人首先实现了彻底的基督教化并形成了教会组织，他们在加洛林宫廷的保护下、在教皇的授权下在德国传教。[①] **盎格鲁-撒克逊人**的传教也在德语中留下了痕迹。例如，将 *spiritus sanctus* 翻译为 *heiliger Geist*（“圣灵”）就很可能是受到盎格鲁-撒克逊语的影响。在古代南部德语的记载中，这个概念被译为 *wîho âtum*（意为“圣气”），后来与盎格鲁-撒克逊语 *sē hālga gāst* 相对应的 *heilago geist*（“圣灵”）才在南部德国传播开来。关于 *evangelium*（“福音”）这个概念，在古高地德语文本中有 *gotspel*（“神的信息”），这是在盎格鲁-撒克逊语中得到了新释的译仿 *gōdspel*“好信息”，它在古高地德语中应该是 **guotspel*。然而，许多盎格鲁-撒克逊语教会词汇只是大致仿照了拉丁语的例子，从长远来看，它们无法与凯尔特基督教传教区的南部德语教会语言中那些更精确的对应词相抗衡。对于拉丁文的 *misericordia*（“仁慈”），在古高地德语中各有一个北方的和一个南方的词与之对应：*miltherzi*（盎格鲁-撒克逊语 *mildheort*）和 *armherzi*（哥特语 *armahaírtei*）。类似的例子还有 *huldi* 和 *ginâda* 之于拉丁语的 *gratia*，或者 *ôdmuoti* 和 *deomuoti* 之于 *humilitas*。南德教会词汇具有惊人的生命力和优势，其原因可能在于，尽管盎格鲁-撒克逊人是一个圣统制秩序教会系统的较为成功的组织者，但凯尔特基督教在深厚的虔敬和博学上，与传教士的语言有着更紧密的关系，所以

① 罗马教宗大额我略（Gregorius Magnus）从 6 世纪末开始向英格兰地区派遣本笃会院长奥古斯提努斯（Augustinus）传福音，使英格兰地区成为最早接受基督信仰的地方。盎格鲁-撒克逊人的教会和国家社会关系密切，而且他们对圣彼得的继承人——罗马教皇感恩戴德，并且和爱尔兰隐修士一样积极在欧洲大陆传教，这也进一步影响了法兰克人进行教会改革，为法兰克人带来了追求知识和书写的动力。

他们的词汇就保留下来了。富尔达教会手稿中出现的盎格鲁-撒克逊语的仿形（Lehnbildung）[①] *ôdmuoti*（盎格鲁-撒克逊语 *eaðmōd*）是古高地德语 *ôdi*，盎格鲁-撒克逊语 *eað*（“轻松地、愉快地、亲切地、高兴地”）的衍生概念，因此其意义是“仁慈”或“愿意”，不像南德方言 *deomuoti* 那样接近拉丁-基督教的 *humilitas*（“谦卑、顺从、敬畏”）概念，后者与哥特语 *þius*（“仆从”）和古高地德语 *dionôn*（“服侍”）同源，表达一种服侍上帝的态度，指的是对全能之神的顺服。

早期德语词汇的基督教化更多地发生在借仿词（Lehnprägung）[②] 领域，即借助于德语词汇的组成部分和构词手段来仿造外来词构造德语新词。德语词汇借用类型可以进行如下区分：

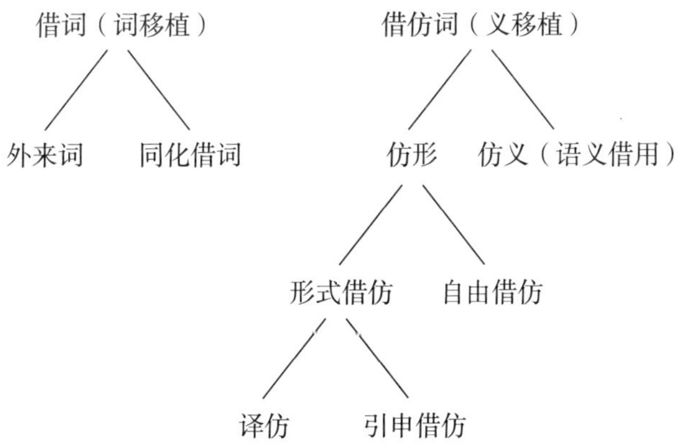

图 5：德语词汇借用类型（根据 Betz 1974）

① 仿形，Lehnbildung，即受到外来语影响构成新词，可以分为形式借仿（Lehnformung）和自由借仿（Lehnschöpfung），其中形式借仿又可分为直译借仿（Lehnübersetzung）和引申借仿（Lehnübertragung）。

② 借仿词（Lehnprägung），是各种形式的语义借用的总称，具体分类见图 5。

德语中来自拉丁语或希腊语的借词数量并不多，主要涉及教会生活的外部领域，如：*Kirche*（教堂），*Kapelle*（小教堂），*Priester*（神父），*Propst*（修道院院长），*Bischof*（主教），*Pfründe*（受俸神职），*Kloster*（修道院），*Münster*（大教堂），*Zelle*（隐庐），*Mönch*（僧侣），*Abt*（大修道院院长），*Regel*（教规），*Messe*（弥撒），*Kreuz*（十字架），*segnen*（祈福），*opfern*（祭祀），*predigen*（布道），*Pfingsten*（圣灵降临节）等。另一方面，关于救世教义和属灵生活的术语则通常使用本土词汇或新造词汇，如：*Gott*（神），*Schöpfer*（造物主），*Heiland*（救世主），*Gnade*（慈悲），*Glaube*（信仰），*beten*（祷告），*Seele*（灵魂），*Demut*（谦卑），*Beichte*（忏悔），*Buße*（赎罪），*Gewissen*（良知），*Erlösung*（救赎）等。

目前尚难以估量，教会拉丁语词汇究竟在多大程度上影响了德语精神思想领域的词汇发展，作为构造新词的（仿形）和词义变化（仿义）[①] 的准绳。据估计，在早期古高地德语总体词汇中，借词占比大约 3% 左右，仿形占比 10%，仿义占比 20%（参见 Betz 1974）。一些仿形是对拉丁语词的直译（如 *ubarfleozzida*“过剩”译自拉丁语 *superfluitas*），有些则是更自由的引申借仿（如 *hôrsamî*“顺从”，引申自 *hôren*“听从”，来自拉丁语 *oboedientia*），还有的则是完全自由的模仿构词，而并没有直接仿照拉丁语词汇的形式或内容（比如 *unmezwizzo*“无所不知之人”对应拉丁语 *philosophus*）。而 *Gott*（上帝）这个词属于仿义。古高地德语 *got*，哥特语 *guþ* 在日耳曼语

① 仿义（Lehnbedeutung），指一个词受外来语影响而获得新义项，导致该词改变含义或者扩展含义，如古高地德语 *toufen*（“浸入”）受希腊语 *baptizein* 的影响变成了“洗礼”的意思。

中是一个表示神圣存在的词，是中性的，也可有复数；拉丁语 *deus* 和与此相关的人格化的神的观念使它变成了阳性，同时也被赋予了基督教一神论的含义。

用德语写作的僧侣们与拉丁语词汇和基督教世界观的斗争是艰巨的，而且总是需要新的探索性的翻译尝试。仅就 *temptatio*（引诱）而言，在古高地德语中就有十种不同的借仿词：*freisa*、*corunga*、*kaspanst*、*(ir)-suochunga* 等。即使在中古高地德语也是多词并行出现；只是从路德开始，*Versuchung* 才最终被普遍接受。至少圣加仑的诺特克，这位伟大的概念解析者，已会用 *wist* 来翻译拉丁语的 *substantia*（物质）一词，*wist* 是神秘主义词汇 *daz wesen*（*sîn*）、*die wesenheit* 的前身，此外他还有意识地对拉丁语 *prudentia*（睿智）、*sapientia*（智慧）和 *scientia*（科学）进行了区别翻译，即分别译为 *fruotheit*、*wîsheit* 和 *wizzentheit*。尽管早期德语的仿形和仿义只有大约三分之一保留到了中古高地德语，其余的均已被遗忘，但早期德语译者的努力仍是德语作为学术语言的首次成果丰硕的开端，我们可以认为，在当时的修道院课堂和神学讨论中许多专业词汇至少以非正式的德语口头形式得到了传播。尽管如此，“官方”的科学语言仍然是拉丁语，这种情况一直持续到现代早期（参见下文 III，4 和 IV，6）。

一直到现在都在稳步增加的抽象名词的构词是从早期德语教会神学散文中已相当丰富的后缀开始的：*-heit*、*-tuom*、*-unga*、*-ida*、*-î*。各种类型从句的逻辑从属关系句法也是以拉丁语为模板开创的。当时，德语在语言内容方面，至少在学术语言层面上而言，已经迈出了成长为古代精神世界语言的第一步。

III.

中古德语和晚期中古德语

1. 语言领域的变化

如果把中世纪早期的大陆日耳曼诸方言称作德语的前身，即古高地德语和古低地德语（此时也必须把古荷兰语算在内），那么我们可以说，德语区在古高地德语早期首先经历了相当大范围的缩减，因为西法兰克帝国基本上成了单一语言的罗曼语区。在从阿尔萨斯经洛林、卢森堡和布拉邦特到佛兰德斯的过渡区，日耳曼语-罗曼语的边界至今仍与政治边界不尽相同。在奥托王朝时期，一场面向东方的征服和迁徙运动开始了，最初由巴伐利亚向东的几次大规模进军，就已彻底确立了多瑙河地区直至马奇河和莱塔河的德意志性，从而产生了今天仍与巴伐利亚方言具有亲属关系的奥地利德语。当易北河、萨勒河和波希米亚森林以东的西斯拉夫领土被纳入奥托帝国后，就出现了以农民和市民为主体的**德意志东部定居区**，但直到 12 世纪开始才有了经济-历史结构的变革（如土地扩建、货币经济）。出于领土关税利益考量，各地（包括原有地区在内）有计划地建立了新的垦荒定居点和城镇。在 12 和 13 世纪，来自包括荷兰在内的原德意志部落地区的新移民和新居民陆续迁往东部领土，远至东普鲁士和西里西亚，以或大或小的移民岛形式一直到特兰西瓦尼亚，因为那里有新的就业机会和自由。由此，通过新移民的融合与语言补偿，形成了大片新的德语方言区：梅克伦堡-西波美拉尼亚语、东波美拉尼亚语、下普鲁士语和上普鲁士语（东普鲁士西南部的东中部德语方言）、勃兰登堡语、上萨克森语、西里西亚语和苏台德语。特别是东中部德语（部分为图林根语，主要为上萨克森语和西里西亚语）的出现，对现代德语语言和文学史的发展产生了决定性影响。

这些地区的**西斯拉夫方言**在中世纪晚期便普遍消亡。捷克人幸免于此，因为德意志人在波希米亚和摩拉维亚的定居仅限于周边地区和语言岛，捷克人从一开始就在中世纪帝国内保持了高度的政治独立。斯拉夫语的残余在萨尔茨韦德尔旁的汉诺威文德兰（波拉布语）一直存留到 18 世纪，在包岑和科特布斯周围的卢萨提亚（索布语）一直保存至今。在 20 世纪，后波美拉尼亚东部的卡舒比人、东普鲁士南部的马祖里亚人和上西里西亚东部的波兰人仍然基本上使用双语。德语区的东扩在许多个世纪中悄然进行着。语言和政治冲突一般只发生在 19 世纪以后，但在波希米亚，早在胡斯战争（1419—1436）时就已经发生了。

大量的地名（如 *Stettin, Berlin, Pankow, Cottbus, Leipzig, Chemnitz, Dresden, Bautzen, Görlitz* 等）**和姓氏**（*Noske, Jahnke, Nuschke, Porsche, Nowak, Mucke, Kretschmar* 等）以及东德方言中的斯拉夫借词（如上萨克森语 *Kummet*“颈轭”，*Dese*“和面槽”，*graupeln*“下冰雹”，*Kretscham*“客栈”）见证了东德意志地区曾经的斯拉夫居民。然而，大部分进入新高地德语书面语的**斯拉夫语借词**并非源自东德的斯拉夫底层语言，而是来自中世纪晚期邻近地区的斯拉夫语，甚至包括俄语：*Droschke*“马车”，*Grenze*“边界”，*Gurke*“黄瓜”，*Halunke*“恶棍”，*Jauche*“粪肥”，*Peitsche*“皮鞭”，*Preiselbeere*“蔓越莓”，*Petschaft*“印章”，*Quark*“凝乳”，*Säbel*“军刀”（这个词最初来自匈牙利语，通过波兰语进入德语），*Schmetterling*“蝴蝶”，*Trabant*“卫兵”，*Zeisig*“黄雀”。同样，*Kutsche*“马车”是从马扎尔语进入德语的，而 *Dolmetscher*“口译”，*Husar*“轻骑兵”则是通过马扎尔语从土耳其语和塞尔维亚-克罗地亚语进入德语的。

2. 语音变化和形态变化

在古高地德语时期，高地德语的元音系统发生了变化，这标志着从古高地德语向**中古高地德语**的过渡。一个非常模糊的时间标准是 ***i-* 变音**（***i*-Umlaut**），即：当一个词的根音节元音后或尾音节出现 i 或 j 时，该元音就会发生变音，其语音特征会与 *i* 音同化。因此，在古高地德语中，位于 *i* 或 *j* 前的 *a* 就变音为 *e*（如：哥特语 *satjan*，古高地德语 *setzen*；哥特语 *gasteis*［发音为 *gastīs]*，古高地德语 *gesti* vs. 单数 *gast*）。就其他可变音元音而言，变音在中古高地德语文本中才被发现。但是各种迹象表明，其实在古高地德语时期它们就已出现变音（当时 *i*，*j* 仍到处保留），只不过在书面上未作标记而已，因为还没涉及到音位。因此，在中古高地文本中可见 *â* 变为 *æ*（古高地德语 *mâri*“著名”，中古高地德语 *mære*），*o* 变为 *ö*（古高地德语 *mohti*“想要”，中古高地德语 *möhte*），*ô* 变为 *œ*（古高地德语 *skôni*‘“美丽”，中古高地德语 *schœne*），u 变为 ü（古高地德语 *suntea*，中古高地德语 *sünde*），*û* 变为 *iu*（发音为长音 ü；古

高地德语 *Hûti*“皮”，中古高地德语 *hiute*），*uo* 变为 *üe*（古高地德语 *gruoni*，中古高地德语 *grüene*），*ou* 变为 *öu*（古高地德语 *Gouwi*“区”，中古高地德语 *göu*）。由于 *i-* 变音在其他日耳曼语言中也是很早就发展起来的，也许它可以被视为受到日耳曼重音变化的影响（见 I，2），因此它很难被用于德语历史的分期划分。另外，在中古高地德语语法和文本规范化拼写中常见的字母 *ä*、*ö*、*ü*，也是在很晚的时候才确立的（来自 *á å* 等），部分直到 16 世纪才得到普及。但可以确定的是，从古高地德语到中古高地德语语音系统发生了变化：在古高地德语中，变音元音仍然只是分布互补的位置变体，即取决于随后音节的元音（如：古高地德语 *festi*“可靠的”，形容词，与 *fasto*，副词 > 新高地德语 *fast*；古高地德语 *skôni*“美丽的”，与古高地德语 *skōno*，副词 > 新高地德语 *schon*），而在中古高地德语中，它们已是可区分意义的音位了（如：中古高地德语 *veste*，形容词，对比 *vaste*，副词 > 新高地德语 *fest*，*fast*；中古高地德语 *schœne*，形容词，对比 *schône*，副词 > 新高地德语 *schön*，*schon*）。

在前德语时代，在日耳曼语的 *e* 和 *i*、*o* 和 *u*、*eo* 和 *iu* 的关系中，已经发生了类似的原始位置变体的音位化现象（见 I，2 关于“元音降变”）。在音位化之前，制定音位发音目录时必须将这种音位变体与音位区分开来。因此，古高地德语的重读元音系统有 16 个音位（根据 Moulton 1961）：

i	u	i:	u:	iu	io	ie	uo
e	o	e:	o:			ei	ou
a		a:					

然而，由于 *i-* 变音，音位 a、o、u、a:、o:、u:、iu、uo、ou 都有音位变体，但还不需要在书面上标示出来：æ, ö, ü, æ, œ, ü:, iü, üö, öü。可以确定的是，音位化发生在所谓“首次元音变音”（Primärumlaut）[①] 之时（例如古高地德语 *setzen*，*gesti*），因为这里发生过变音的音位变体在语音上已经接近了过去的 *ë* 音，甚至“超过”了它直到变成一个强长音 *e*。当所谓“第二次元音音变”（Sekundärumlaut，如中古高地德语中的 *mägede*），即在组合条件下保留下来的 *ä* 音阶，仍然与 a 可互相替代时，首次元音音变的 *e* 则作为音位变体接近于过去的音位 *ë*（但还没有与之完全重合），因此在书写中也写作首次变音元音。在根音节后可导致变音的 *i* 音弱化或消失后（*fasto*, *festi* 到 *faste*, *feste*），对立的非变音 ≠ 变音的功能负荷变得太大，所以这十个变音的音位变体就逐渐成为音位。[②] 因此，在 *iü* 与 *ü*：（仍写成 *iu*）和 *io* 与 *ie*（写成 *ie*）重合之后，**中古高地德语语**音系统于是就从古高地德语的 16 个音位变成了 24 个音位（根据 *Moulton 1961*）：

i	ü	u	i:	ü:	u:	ie	üe	uo
e	ö	o	e:	ö:	o:	ei	öu	ou
ë								
ä		a	æ		a:			

① 首次元音变音（Primärumlaut），指发生在古高地德语时期的 *i-* 变音，区别于在中古高地德语时期才出现在书面上的第二次元音变音（Sekundärumlaut）。

② 意为：在根音节后可导致变音的 *i* 音弱化或消失后，前面的元音变化不能理解为元音未变化的音位变体，即元音变体发展成独立的音位。在这种情况下，已变音和未变音的两种元音承担了区分不同词语的功能。

这种引人注目的元音系统发展归根结底是由**尾音节衰减**导致的，而并非主要由 *i-* 变音的初始全腭音化过程引起。

非重读元音的弱化也不能作为对语言发展进行精确周期划分的标准。在位于任何一个音节上作为次重音的全元音 a、i、o、u 仍然是典型的古高地德语发音，而在中古高地德语中只有 e，与新高地德语一样，发轻音（即央元音）ə；例如：古高地德语 *zeichanunga*，中古高地德语 *zeichenunge*；古高地德语 *gibirgi*，中古高地德语 *gebirge*。这种由日耳曼语音发展导致的变化在早期古高地德语的语言下层中已经可以找到第一个明确证据（即“圣加仑古文献”，根据 Sonderegger 1961），而在晚期中古高地德语手稿中还找不到完全变化的证据；事实上，今天在瑞士德语区南部仍有一些方言还经常能分辨出古高地德语的尾音节全元音（如：至高地阿雷曼语，特别是罗莎峰地区的瓦尔泽方言）。尽管这种语音变化从整体上看在口语中延续了 1200 多年，而在大多数流传下来的书写形式中，它还是具有从古高地德语向中古高地德语的过渡特征。然而，在书面语中还不能明确指出这一转变的具体时间点，而只能大致确定语音变化发生在 11 世纪中叶到 12 世纪中叶这个区间，这段时间也被称为“早期中古高地德语”。

这种元音平整化的后果也体现在屈折变化上，例如对于弱变化动词来说，古高地德语动词在 *-en*、*-ôn* 和 *-ên* 上的区别被废除（即都变成中古高地德语统一的不定式词尾 *-en*），副词也常与形容词同音化（古高地德语 *reino* – *reini*，中古高地德语都是 *reine*），这就导致副词不再具备明显的形态特征。**名词屈折变化**方面存在两种变化：除了现有冠词和属性形容词作为屈折标记的作用在增加之外，尾音节弱化也导致了屈折类别的重组。在**古高地德语**中，按照传统分类方法，根据印度日耳曼语主元音（*o*, *ā*, *i*, *u*；日耳曼语，*a*，*ō*，*i*，*u*）仍然可以按尾元音来分类，这些尾元音在很大程度上是根据名词格进行区别的；例如古高地德语强变化阳性名词变格（参见表12）：

表 12：古高地德语强变化阳性名词变格

	***a*- 变格**	***ja*- 变格**	***wa*- 变格**	***i*- 变格**
单数主宾格	*tag*	*hirt-i*	*sēo*	*gast*
属格	*tag-es*	*hirt-es*	*sēw-es*	*gast-es*
与格	*tag-e*	*hirt-(i)e*	*sēw-e*	*gast-e*
工具格	*tag-u*	*hirt-(i)u*		*gast-(i)u*
复数主宾格	*tag-a*	*hirt-a/e*	*sēw-a*	*gest-i*
属格	*tag-o*	*hirt-(i)o*	*sēw-o*	*gest-(i)o*
与格	*tag-um*	*hirt-im*	*sēw-um*	*gest-im*

由于尾音节元音弱化，中古高地德语中，根据屈折词尾已经难以区分屈折变化的格内和格间差异。古高地德语的屈折词尾整体上减少到了三分之一左右。古高地德语的七个词尾元音到中古高地德语只剩下了 <e> 或 [ə]，并且由于 *-m* 向 *-n* 的过渡，名词词尾中可能出现的辅音数量也减少为 *s*、*n*、*r*（在古高地德语时期已如此）。不言而喻，工具格这种格位类别在这个变化过程中也完全失去了意义，它对系统来说变得完全无关紧要了。但我们也不能用尾音节脱落这一纯粹的历时性事实来看待词尾衰退的后果；重要的是在中古高地德语的新的共时性语言状态下的相关差异。再次以强变化阳性名词变格为例（参见表13）：

表 13：中古高地德语强变化阳性名词变格

	Ia	Ib		IIa	IIb
单数主宾格	*tag/tac*	*stil*	*hirte*	*gast*	*apfel*
属格	*tag-es*	*stil-s*	*hirte-s*	*gast-es*	*apfel-s*
与格	*tag-e*	*stil*	*hirte*	*gast-e*	*apfel*
复数主宾格	*tag-e*	*stil*	*hirte*	*gest-e*	*epfel*
属格	*tag-e*	*stil*	*hirte*	*gest-e*	*epfel*
与格	*tag-e n*	*stil-n*	*hirte-n*	*gest-e-n*	*epfel-n*

混合类名词，如 *nagel* 和 *zaher*，在此忽略不计。因此，作为格语素，在中古高地德语中只有辅音 *-s* 和 *-n* 参与格的构成，词尾 e 不再成为格的区别性特征，只是在某些词组中作为常见的词干扩展出现，而在 a 子类的主格和宾格单数时词干扩展为零。尾音中的这个 *-e* 不再是一个实际的屈折结尾，这一点也可以从以下事实看出：恰恰是这些 *-e* 后来（见 IV，5）变得濒危，然而其消失或任选变体（比如与格单数）也并不会影响整个变格系统。尾音节从古高地德语的具有相关性到中古高地德语的不再重要，这一发展代表了语素边界的转变（参考 Stopp/Moser 1967）。第 I 类和第 II 类是根据复数中是否变音来进行区分的，这也是系统性变化（即语素边界转变）的一个事实。在其音位化（即可区分词义）之后，变音成为一种新的、形态上的功能，甚至在未变音的词中也是如此（例如 *vogel, stap*）。现在，强变化名词和弱变化名词的区分特征是强变化名词单数中的属格 s，而弱变化名词则是 *-(e)n*。整个系统的变化使中古高地德语更接近于新高地德语，而新高地德语只是延续了由此开始的发展。在古高地德语和中古高地德语之间，由于尾音节的弱化产生了决定性的一步，使得德语的变格系统脱离了印度日耳曼语

的变化规律。

尾音节衰减也对**构词**产生了影响。由于元音的弱化，过去的后缀变得无法辨认，不得不用更清晰的后缀来替代：古高地德语形容词 *skôni*（美丽的）和名词 *skon-î*（美），这两个词在中古高地德语里面都是 *schœne*，这也就是为何 *schœn-heit* 这样的构词类别是必要的；或者古高地德语 *geba*（礼物），*geb-o*（赠与者），这两个词在中古高地德语里面都是 *gebe*，这也就是为何增加了 *gebære* 这种构词类型。阳性和阴性的人名和动物名在古高地德语中仍然可以通过两种结尾范式的直接对立来区分：*hêrro*（主人），*hêrra*（女主人）。当结尾只有 *-e* 时，就需要另作区分。于是人们发明了新的区分方式，后来在不断的新的语音强化中建立了一个带有后缀 *-in*、*-în*、*-inne*（*herr-in*、*vriund-în*、*weber-inne*）的系统。其实在尾音节弱化之前就存在这些后缀，但在尾音节弱化之后它们的使用率大大增加。这些从阳性名词派生出来的阴性词与其对应的阳性词形成了从属性的隐秘对立[①]（$X + Ø \neq X + in$）；因此，从语言系统的形式主义角度来看，这种区分直接导致了时至今日都显而易见的阴性名词的从属地位，即便当它没有阳性对应名词时亦然（*Wöchnerin*“产妇”，*Oberin*“护士长”）。

尾音节的元音弱化也对诗歌风格产生了影响。早在 9 世纪，魏森堡的奥特弗里德就为他的《福音书》引入了**尾韵**，而没有使用日耳曼语的头韵（如古萨克森语的《救世主》仍在使用的那样）。但由于古高地德语的尾音节元音众多，押韵的可能性仍很有限，因

① 即阴性名词从属于阳性名词。

此人们往往不得不用次重读押韵（*rédinà: óbanà, hórtà : wórtò*）或只用同音词（*irdeílit : gimeínit*）。现在，所有非重读音节经过平整化统一为元音 *e*，这为德语诗歌提供了多种押韵可能性。中古高地德语的典型韵律，如 *minnen : sinnen* 在古高地德语中还不可能出现（古高地德语还是 *minnôn, sinnan*）。直到现在，德语中严格的纯韵（reiner Reim）艺术才成为可能，从费尔德克的海因里希（Heinrich von Veldeke）开始，押纯韵对宫廷诗人来说具有约束力，至今仍是诗歌艺术的一种特殊形式。

3. 骑士诗人语言与骑士阶层语言

德语语言史上一个新纪元的开始，很少表现在语音变化上，而更多地从语言之外的对语言社会学关系的影响上展现出来。中古早期德语主要体现在上层僧侣尚显不足的写作尝试上，随后的中古高地德语是得到了贵族支持的语言文化。霍亨史陶芬王朝[①]的宫廷骑士精神打破了僧侣阶级的教育垄断，作为新贵，宫廷骑士渴望基于精神的伦理道德，并积极培养社交能力，超越旧有的战争政治特权的社会性。大约在 12 世纪中叶，出现了两部译自古法语的诗歌，即《罗兰之歌》（*Rolandlied*）和《亚历山大传奇》（*Alexander-roman*），作为骑士史诗的处女作，这两部作品都有强烈的宗教倾向，但内容上仍以世俗为主。在 12 世纪下半叶，法国骑士精神的影响

① 霍亨史陶芬王朝（Hohenstaufen, 1138—1254）是中世纪德意志皇权统治的辉煌时期，这一时期是德国文学史上第一个伟大的古典时期，即骑士–宫廷文学时期。

开始全面展开，不仅决定性地重塑了中世纪德国的生活方式和文学，而且还对语言产生了深刻的影响。

新方向的一个外在标志是大量的**法语借词**在这个时候通过骑士阶层语言进入德语（14 世纪大约有 2000 个），其中只有一小部分至今仍在使用：*Abenteuer*“历险”，*Harnisch*“铠甲”，*Lanze*“长矛”，*Plan*“计划”，*Preis*“奖赏”，*Rotte*“群”，*Tanz*“舞蹈”，*Turnier*“比武”，*pirschen*“潜伏”，*Turm*“塔”，*Juwel*“珠宝”，*Rubin*“红宝石”，*Kristall*“水晶”，*Flöte*“笛子”，*Posaune*“长号”，*Reim*“韵律”。当时法语影响之深远还可以从以下事实中看出：中古高地德语 *-îe* > 新高地德语 *-ei*（例如 *prophezîe, vilanîe*“无礼行为”）和来自法语不定式词尾 *-ier* 的德语动词词尾 *-ier(en)*（例如 *parlieren, loschieren*“住宿”，*regnieren*“统治”），这些名词和动词词尾后来也被用来在德语词干基础上构造新词（*jegerîe, buoberîe, zegerîe*“胆怯”；*hovieren, stolzieren, halbieren*）。而且这两个后缀在新高地德语中仍有造词能力：*Auskunftei, Wortklauberei, buchstabieren, lackieren*。后缀 *-lei* 也是在这个时候借自古法语 *loi*（*mancherlei, allerlei*）。最重要的宫廷词汇是仿自法语的借仿词（Lehnprägungen）：*hövesch* 借仿自 *courtois*, *ritter* 借仿自 *chevalier*, *dörper* 借仿自 *vilain*。第二人称复数的称呼形式（中古高地德语 *irzen*“用您称呼”）就是这样开始流行的，几个世纪以来一直是德语中的礼貌称呼形式；“Siezen”（用您称呼）从 16 世纪起才逐渐确立。

荷兰在骑士文化传播的过程中发挥了重要的中介作用，因为它与法国有着古老的联系，特别适合作为一个过渡性国家。除了起源于法国的宫廷外来词之外，在中古高地德语中还可以找到一小部分荷兰语借词，这些借词都很容易被认为是高级骑士语言词汇，例如：中古高地德语 *wâpen*（新高地德语 *Wappen*“徽章”，最早源于低地德语，对应着高地德语 *Waffe*“武器”），*ors*（*ross* 的低地德语和荷兰语变体，可对比英语的 *horse*），*dörper*（“村民、不讲礼貌的人”，新高地德语 *Tölpel*“蠢货”）。直到 12 世纪高地德语中还不存在的宫廷修饰语如 *klâr*、*kluoc*、*gehiure*、*wert* 以及 *Kleid* 和 *troben* 也都来自帝国的西北部。一些法语借词的语音结构也表明它们来自荷兰。法语单词 *dance* 并没有作为 **danz* 被采用到中古高地德语中，而是以高地德语化了的形式 *tanz*（高地德语 *t* 取代了荷兰语 *d*），也就是说这个法语单词在跨越音变边界时完成了一次修正。[①]*Vlæmen*（“说弗拉芒语”）被德国骑士认为是有风度的表现。法国北部的宫廷文化首先在富裕的弗拉芒人城市地区发展起来，然后才和新兴的史诗一起进入帝国其他地区。林堡人费尔德克的海因里希通过其作品的高尚精神以及精致的诗歌形式艺术，已经被他的同时代人（如斯特拉斯堡的戈特弗里德）视为德语宫廷诗的典范和开端。另一条路线，即从普罗旺斯到德国南部的路线，只对骑士爱情诗（Minnesang）来说很重要，但骑士爱情诗所受法语的影响远不及来自法国北部的宫廷传奇（der höfische Roman）所受法语的影响。

费尔德克的海因里希的主要作品《埃奈德》（*Eneit*）[②] 也提出了

---

① 法语单词 *dance* 受荷兰语的影响，在进入中古高地德语时，荷兰语的 *d* 被纠正为高地德语的 *t*，即这个法语单词变得比它自己“更正确”（hyperkorrekt）。

② 《埃奈德》（*Eneit*）是“德国宫廷史诗之父”费尔德克的海因里希根据法国人对罗马诗人维吉尔史诗《埃涅阿斯纪》的改写本完成的德语版宫廷史诗，作于 1170—1180 年间。

一个问题，即是否存在一种中古高地德语书面语，或者说是否存在一种不同地区骑士圈之间进行交流所使用的共同语言。从费尔德克的作品中可以看出，在其只限于小读者圈交流的短小诗歌中，他并不避免使用带有明显的下莱茵-林堡语色彩的韵律，但在《埃奈德》中，他几乎避免了所有在高地德语看来属于不纯的韵律。例如，他将 *tît* “Zeit”（时间）与 *wît* “weit”（宽广）押韵，但从不与 *wît* “weiß”（白色）押韵；或者他将 *lîden* 与 *snîden* 以及 *rîden* “reiten”（骑）与 *tîden* “Zeiten”（时）押韵，但从不将 *lîden* 与 *rîden* 押韵，因为这种荷兰语韵律在翻译成高地德语（*lîden*，*rîten*）时是不纯的。同样出于对高地德语读者的考虑，他也在史诗中避免使用低地法兰克方言的特有表达方式，例如形容词 *blîde* “froh”（高兴），这个表达他在抒情诗中会毫不犹豫地使用，却不会在史诗中使用。但应该指出的是，我们这里说的并不是一种共同语的雏形，而是一种文学语言，比如费尔德克使用的是带有典型马斯兰-西中部德语-图灵根方言特征的（Maasländisch-Westtmitteldeutsch-Thüringischer Präprägung，参见 Schieb 1970）文学语言，他还尽力使其在语言区北部获得最广泛的受众。

费尔德克的海因里希非常重视自己的作品能被其受众理解，这一点还表现在他在使用外来词方面相对克制，可能是正确地意识到法国元素在高地德语中还不是那么广为人知，所以如果他不加选择地盲目使用他所熟悉的外来词，很容易引起高地德语读者的反感。总而言之，他以一种相对中立的语言形式来写《埃奈德》，这种语言形式可以大致同等程度地满足下莱茵荷兰语和高地德语读者的要求。然而，值得注意的是，他不仅仅考虑到了离他最近的德语方言，即莱茵方言，因为在他避免使用的押韵类型中，也有那些在这个语言区和在他家乡同样不会引起反感的韵律类型，他的考虑可能首先是针对图林根的骑士读者群，他在那里生活和写诗了很长时间。而在个别情况下，只有假设他也知道并考虑到南德方言的一些特征，才能理解他对韵律的选择。

中古宫廷诗人刻意避免使用**方言韵律**的事实，这一点在哈尔贝斯塔特的阿尔布莱希特（Albrecht von Halberstadt）的作品中也得到了明确的证明。他来自低地德语区，但用高地德语写作。这样的现象可以在一批中古高地德语诗人中发现。例如，一个阿雷曼诗人如果使用对他来说很顺口的 *kam* : *nam* 或 *gân* : *hân* 韵来写作，那么他就必须准备好接受来自巴伐利亚读者或听众的批评——中古高地德语文学主要是通过口头传诵——因为在巴伐利亚方言中，这对韵就会变为 *kom* : *nam*，gên : *hân* 而显得高度不纯。因此，我们在奥埃的哈尔特曼（Hartmann von Aue）身上看到，他起初不假思索地使用了 *kam*- 韵，但后来却坚决避免再用这些韵。在其他方面，主要的方言特征也在宫廷诗中得到了避免，这些特征可以从古高地德语一直延续到今天。因此，对于奥埃的哈尔特曼或福格威德的瓦尔特（Walther von der Vogelweide）来说，没有任何语言特征能显示出他们来自偏僻闭塞的小地方。因此，宫廷诗人是有意识地推敲语言使用，以便使之适应受众的要求。

那些在如今**低地德语区**产生的诗歌，或由低地德语诗人写的诗，证明了中古高地德语诗歌语言的广泛使用。与费尔德克一样，这些诗歌也特别避免了使用低地德语韵律；但与他不同的是，他们很多时候用的韵律只是纯正的高地德语诗韵，这些诗韵在他们的母语方言中却完全不纯。当时，在低地德语区王公贵族的宫廷里，应该使用的是高地德语，因此可以看出，在中世纪，高地德语对低地德语方言的压制已经在酝酿之中。雷根斯堡的贝托尔德（Berthold von Regensburg）在一次布道中曾提到，低地德国人在与“高地南方人”交流时，经常要用后者的语言说话。

如果可以通过德国中世纪的公文书写证明人们在许多情况下使用“他人的语言”（参见 Schützeichel 1967，Heinrichs 1962），就可以认为宫廷骑士诗人和他们的受众对不同方言区的语言特征有广泛的了解，因为在与总人口相比人数很少的骑士团内，存在着最多样化形式进行的活跃交流。来自帝国各个地区的骑士经常在帝国大会和战争行动中会面，在宫廷节日庆典和比赛中见面，建立亲属关系，在这些活动之后，经常发生骑士获得远离故土采邑和财产的情况。来自下法兰克的费尔德克的海因里希和南德人埃申巴赫的沃尔夫拉姆（Wolfram von Eschenbach）和福格威德的瓦尔特都曾在图林根宫廷服务，当时图林根宫廷的文学创作达到了鼎盛时期，这在后来结集的《瓦尔特堡歌唱比赛》（*Sängerkrieg auf der Wartburg*，13 世纪下半叶）和与之相关的传奇中得以呈现。福格威德的瓦尔特则凭借政治格言诗在霍亨史陶芬帝国政治高层活跃，在维也纳巴本贝格和图林根宫廷、在帕骚大主教身边或霍亨史陶芬和维尔芬霍夫宫廷里也都有他的听众。霍亨史陶芬时期，大一统帝国观念占统治地位。分离主义倾向和地域狭隘性与霍亨史陶芬帝国的骑士精神格格不入。因此，在贵族的语言使用中实现某种超区域平衡的先决条件已经具备。这种宫廷式的中古高地德语不仅存在于书面文字中，也是一种活生生的、切实被使用的

骑士阶层口语，这一点可以从以下事实中看出：法语借词并非取自各自诗歌的法语原文，而是取自口头习惯。他们不是根据字母拼读进行德语化，而是根据听觉进行德语化，有规律地进行语音替换（例如，带 *sch* 的 *loschieren* 就来自法语 *logier*），并部分地保留了法语重音（*-ieren, -îe*）。尽管我们不愿做出这么极端的判断，事实仍然是，中古高地德语诗歌主要是**吟诵诗歌**，即以口头方式呈现，以语音方式接受。

当然，卡尔·拉赫曼语文学传统的大多数文本版本的“规范化”书写向我们暗示的“经典的中古高地德语”并不存在。充其量有一个超区域平衡趋势的开端，如果这些开端没有在霍亨史陶芬文化盛期之后走向衰败的话，它可能会逐渐导致从上层语言中形成德语语言的统一。还必须指出的是，宫廷诗人使用的德语不仅倾向于纯粹的空间平衡，它也正处在成为“高雅语言”（“gehobener Sprache”）意义上的**标准语**（**Hochsprache**）的路上。粗俗语，如污言秽语或以 *-ede*（古高地德语 *-ida*）结尾的源于形容词的抽象名词被避免使用，这些用法还可以从古高地德语以及今天的方言口语中看到（*lengede* “Länge［长度］”，*wermede* “Wärme［温暖］”）。宫廷式中古高地德语从语体角度说是一种精英群体的社会方言（Soziolekt），[①] 或是一种具有精选词汇的特定群体内部的文学功能方言（Funktiolekt），[②] 但不是任何一种上层阶级的日常使用的语言。一

① 社会方言（Soziolekt，Gruppensprache），社会语言学概念，指具有社会某群体或阶层的语言特征的语言变体。

② 功能方言（Funktiolekt），指适用于某一特定交际范围的具有特殊功能的语言变体。

些在英雄史诗中还生气勃勃的古老表达方式，在宫廷诗歌中显然已消失：*recke*“勇士”，*degen*“英雄”，*wîgant*“斗士”，*balt*“勇敢的”，*ellentrîch*“无畏的”，*mære*“著名的”，*gemeit*“快乐的”，*dürkel*“穿透的”。注重纯粹结构的宫廷史诗同样敌视地方性诗歌传统的语体特点，如名词后的属性形容词后置（*der helt guot*）。另一方面，宫廷诗显示出对词语的强烈创作倾向，尤其是大量肯定不是日常用语的新合成词：*herzemœre, minnekraft, minnenmuot, trügevreude, wortheide, wunschleben, herzebœre, hôchgemüetic, lachebœre, minnenblint, trûresam, durchzieren, entherzen, überzaln*。[①] 伦理价值观领域的词汇也通过不同的抽象形式构词法得到了充分的发展：*sælde, triuwe, stæte, mâze, zuht, vuoge, hôher muot*。[②] 诸如斯特拉斯堡的戈特弗里德（Gottfried von Straßburg）的《特里斯坦与伊索尔德》中的 *edelez herze*（高贵心灵）这样的神秘形式，只能与 18 世纪感伤主义的 *schönen Seele*（美丽灵魂）这样的文学语言创造相提并论。一种自命不凡的委婉风格体现在对无人称表达、人称短语、被动结构和委婉反语的偏爱中（*dô was lützel trûren*“那里 / 那时没有哀痛”，即“无忧 / 大喜”）。

在这种特质中，如在宫廷的称呼和问候形式中，可以感受到宫廷社会中某些具有修养的谈话风格，如神秘主义者马格德堡的梅西特希尔德（Mechthild von Magdeburg）所谓 ***hovesprâche**, die man in*

---

① 意为：心痛，爱的力量，爱的勇气，无常之乐，语田，幸福生活，震撼人心的，高尚的，宜笑宜乐的，爱的盲目，悲伤的，装饰，气馁，多付（钱）。

② 意为：恩典，忠实，坚固的，适度，教养，联合，振奋。

dirre küchin nit vernimet。[①] 因此，从自发的口语到甄选的**教养语言**（**Bildungssprache**）的第一步在当时就已迈出。在拉丁语和法语在宫廷和受教育者中长达几个世纪的统治之后，直到18世纪，它才在德语中再次出现。从封建主义的阶层语言到现代标准语言发展的连续性（如在英国那样）在德语中没有也不可能存在，因为“宫廷诗人语言”不是作为一种社会方言，即并非作为一个阶级的语言出现在我们面前，而是作为一种文学语言，即作为与文学进行交流所使用的和文学中的交流语言。

4. 德意志神秘主义的语言成就

在德语语言的内容完善和精神化的进程中，中世纪晚期在**神秘主义文学**这一特殊领域取得了重要进展，对现代德语来说，这一影响可能比骑士德语的影响更为深远。许多神秘主义者，特别是在早期，大都来自贵族阶层，因此对宫廷诗人的语言艺术和表达精神–心灵的词汇耳濡目染，从而给他们用德语进行冥思苦想带来了某些先决条件（马格德堡的梅西特希尔德，埃克哈特大师，约翰尼斯·陶勒）。在以前主要由拉丁语写作的题材中，这种面向德语的新转向便具有了某种贵族性的反教会的特征，并与宫廷诗人的语言社会学解放紧密相关。在德意志神秘主义者对上帝的体验中，宫廷生活和骑士爱情诗的观念有时会以隐喻的方式回归：在与上帝结合之中得到的灵魂的神秘迷狂是梅西特希尔德所谓的 *eine hover-*

① 意为：宫廷语，人们在厨房中听不到的语言。

eise, Gott ist der *hôhe fürste*, der im *himelischen hof* residiert, wo man *ze hove dienet* und die *hovesprâche* spricht. Die Seele ist *minnesiech, minnewunt*, sie ist die *brût*, die den himmlischen *gemahel triutet*。[①] 但这些只是早期神秘主义的表面风格特征，后来又更多地向市民方向回归。

神秘主义者对德语的真正贡献来自于他们对“不可言说”问题的严肃而深入的探讨。那些以前用拉丁语反复表达并在术语上得到了确立的内容，现在已经不足以充分表达上帝的不可思议（*unbegrîfelichkeit* Gottes）了。那些看似不可言说的内容（*unûzsprechelich* oder *wortelôs*）仍然必须通过不断创新的表达方式使其变得可以言说，而这只能通过母语来实现。在持续的新尝试中，神秘主义者竭力使他们的思想和内心体验变得易于理解。这些努力的结果是，德语语言因大量新词和短语而变得丰富，即使在今天，我们在谈论哲学或心理学话题时，几乎无法不用到源自神秘主义的表达。特别典型的是在以 *-heit, -keit, -unge* 和 *-lich* 上构成的抽象形式，例如：*enpfenclicheit*（敏感）, *geistekeit*（灵性）, *unwizzenheit*（无知）; *aneschouwunge*（观点）, *schuolunge*（形成）, *înbildunge*（想象）; *anschouwelich*（直观的）, *enpfindelich*（敏感的）, *wesenlich*（本质的）, *bildelich*（形象的）。

人在认知、体验其与上帝之间的关系是神秘主义的核心主题。神性“印在人身上”，“流入他”，“照亮他”，另一方面，人应该远

---

① 意为：天宫漫游，上帝是居住在天庭的天子，人效忠于之并使用宫廷语。灵魂因爱而得病受伤，她是与天上郎君订了婚的新娘。

离尘世，“隐退”，“全身心献给上帝”，以便最终与神性“融合”。这些来自神秘主义思想世界的例子足以表明，我们今天所使用的许多词汇，诸如*Eindruck*（印象），*Einfluss*（影响），*einleuchten*（洞察），*Einkehr*（沉思），*gelassen*（宁静的），*einförmig*（单一的），*gleichförmig*（单调的）都是源自这一思想体系，或者至少在获得现在的抽象意义之前，经历了神秘主义的影响。即使是像副词 *bloß*（只是）这样一个常见词汇、尽管今天已被淡忘，但也无疑要归功于其从形容词 *bloß*（裸的）的神秘主义含义衍生出来。对赤裸神性的渴望在神秘主义著作中不断反复出现。

神秘主义者大胆使用了名词化形式，初看还可能被误以为是典型的现代哲学家的新概念：*selbesheit*（自身性），*ichheit*（自我性），*dînesheit*（属汝性），*nihtheit*（虚五），*geschaffenheit*（创造），*gewordenheit*（形成），*genantheit*（命名），*daz niht*（虚空），*daz wâ*（何方），*daz al*（万有）。最后三个例子表明，神秘主义者使用了一种新的分析语构词手段：不仅通过添加后缀（*-heit*, *-ung*）来将词素（Lexeme，最小的相关词汇单位）名词化，而且还能通过将其用于相关词素的句法类别通常无法获得的句子成分角色来完成名词化（即构词法意义上的类转）。[①] 语言评论家认为属于现代名词化现象的动词不定式名词化也是用这种方式完成的，这其实早已被神秘主义者频繁使用过：*daz wesen*（本质），*daz sîn*（存在），*daz tuon*（行动），*daz hœren*（倾听），*daz anehaften*（附带），*daz minnen*（爱恋）——特别是大多与不定冠词 *ein* 一起使用。甚至哲

---

① 作为构词法术语的类转（Konversion）指一个基本词素或者是一个复合词干通过词类变化而构成新词。

学性的句子不定式（*das An-und-für-sich-Sein*，自在与自为存在）也已出现了，尽管还没有连字符，而且部分地使用了后置补语：*ein aller ding vergessen*（忘记所有表象），*ein sîn selbs vermissen*（迷失自我），*ein wol wârnemen des menschen inwendigkeit*（对人类内心世界的真实感知）。这种抽象的构词和附加并不是作为一种“语言时尚”或从个人的自我意志中产生的，而是从更高的思想对语言的要求中自发产生的。

在这个意义上，抽象名词（Abstrakta）不是具有抽象语义的词，例如通过将具体事物转移到精神灵魂领域（例如 *entrücken*，*Entrückung*“入迷”），而是语境决定的句法辅助工具，用于在新句子中恢复在其他句子成分角色中已经说过或假设的内容（抽象名词作为“句词”[Satzwörter][①]；参见 Porzig 1942；Brinkmann 1971；Erben 2006）。这里的“抽象”是一个形式语法过程：由动词的价位（Valenz）所制约的补足语（句子补语，如主语、宾语、副语）在由动词派生出来的抽象名词的重提中在表达上可被省略，而在内容上则被包含（参见 Stötzel 1966），例如：

> Ez ist zweierleie wizzen in disem lebene des êwigen lebens: daz ein ist, daz ez got dem menschen selber sage oder ez im bî einem engel enbiete oder mit einem sunderlîchen liehte bewîse; daz geschihet selten und wênic liuten. [...] Aber daz sagen möhte getriegen

① 句词（Satzwörter）指能够在句子以外独立出现的，具有句子性质的单个词。

und waere lîhte ein unreht lieht. (Meister Eckhart, ‚Die rede der underscheidunge ‘)[①]

在这里，第二句的谓语 *sage* 在第三句中再次出现，省略了 *got* 和 *dem menschen*，而以名词形式 *daz sagen* 作为句子的主语，这是精神生活语言中这种名词风格的句法必要性的典型例子。

神秘主义者的语言究竟是现代德国科学语言的准备，抑或仅仅是现代德国科学语言的早期相似性现象，这还是个问题。决定性的是，神学–神秘主义的冥想被理解为一种不同的科学。通过这"另一种神学"使得德语也成为一种神学的沉思冥想语言。但这"另一种神学"的受众还不是也不会成为科学受众。因此，德语获得了一种新的功能：它成为知识传播的一种媒介。男性和女性神秘主义者几乎感到有责任表达那些以前从未被言说过的体验；德语因此获得了新的表达维度（参见 Wolf 2012）。尽管很难说从神秘主义到 18 世纪德国哲学散文的新开端是否有着直接联系，但神秘主义者的语言成就至少通过布道文和《圣经》翻译对路德产生了影响，从而对新高地德语产生了影响。众所周知，马丁 · 路德很欣赏神秘主义布道文学，特别是陶勒的作品，根据他自己的说法，除了《圣经》和奥古斯丁的著作之外，他从自己编辑出版的

① 意为：在今生中有两种关于永生的知识。第一种是来自于上帝亲口对人所说或派天使转告或通过一种特殊的指点加以启示的。然而，这并不多见，只针对少数人。……但感召（即"上帝亲口说"）则可能还有虚假成分，很容易会是一种虚假的觉悟。（译文参考了荣震华译《埃克哈特大师文集》，北京：商务印书馆，2020 年，第 26 页。）

一部神秘主义的著作（作者被称为“法兰克福人”[①]）中所得，比从任何其他书中所得都要多。

5. 德语散文文学的开端

在中古高地德语时代，还发展出了独立的德语散文。在撰写原创文学作品时自由使用德语的想法，在当时并不像我们今天看来那么理所当然。一方面，古老的学术界强制要求用拉丁文写作，另一方面，那个时代盛行的复杂的押韵诗技巧也使得在文学散文中使用母语成为了一种有风险的挑战。12 世纪《信仰大全》（*Elucidarius*）的作者明确强调，如果不是他们的赞助人布伦瑞克大公海因里希（Herzog Heinrich von Braunschweig）促使他们放弃所有的诗歌修饰，他们原本是想用韵文来完成这部作品的，“因为他们要写的只是真相”。几十年后，**《萨克森之鉴》**（***Sachsenspiegel***）的作者埃克·冯·雷普戈（Eike von Repgow）也说，他最初是用拉丁文编写的这部法典，而把它翻译成德语也实属不易，只是在其赞助人曼斯菲尔德的霍伊尔伯爵（Hoyer von Mansfeld）的要求之下，他才敢于进行这项工作。

然而，在这些最初的尝试取得全面成功后，正如大量现存的手稿所证明的那样，用德语写作被广泛模仿，这为德语的使用开辟了一个极其重要的新领域。第一批用德语散文来描述历史的作品也

① 法兰克福人（der Franckforter），指马丁·路德编纂出版的《德意志神学》（*Theologia Deutsch*），因作者匿名，故被称为“法兰克福人”，据推测作者可能是一位法兰克福条顿骑士团的牧师。

出现在同一时期。第一部用低地德语写就的是埃克·冯·雷普戈的《编年史》(*Weltchronik*),而高地德语的作品则要到 14 世纪初才相继出现,包括埃克的巴伐利亚后继者以及与他差不多同时期的来自圣加仑的编年史家克里斯蒂安·库奇迈斯特(Christian Kuchimeister)和《上莱茵编年史》(*Oberrheinische Chronik*)的作者。所有这些作品都给人以相当流畅的语言印象,与古高地德语翻译散文的不同之处在于没有模仿拉丁文的短语和结构。这并不是说古高地德语的译者不会说德语或翻译。他们的方法完全不同:他们的作品与其说是翻译,不如说是注释;它们几乎不代表独立的德语文本,而只是作为理解拉丁文源文本的辅助工具而已。相比之下,中古高地德语和早期新高地德语的翻译散文具有完全不同的功能:这些文本是为了向那些不懂拉丁语或不想(只)用拉丁语来接受此类内容的受众传达知识。自 1220 年代以来,也有德语散文改编的押韵诗,我们可以从兰斯洛特传奇(Lanzelotroman)的片段中看到这一点。

自 13 世纪以来,德语**布道工作**一直在以特别的热情进行,并通过雷根斯堡的贝托尔德(Berthold von Regensburg)达到第一个高潮。贝托尔德的讲道中包含了引异听众发言的段落,除了“古德语对话”(见 II, 3)之外,这些文字可能是德语文学中最早的段落,我们可以将其视为对日常口语的再现或至少是模仿。

德语在**官署文件**中的使用,在较早的时代只发现了一些初步迹象,到这一时期也有了显著进展。1235 年,一部帝国法律,即《美因茨地区和平法令》(Mainzer Landfriede),首次用德语起草,尽管还有一个拉丁文版本;在这个案例中,德语版本也显示出在许多方面独立于拉丁文模板。到了 13 世纪,德国各地已逐渐打破了用拉丁文起草文件的习惯。从 14 世纪开始，**德语文件**的数量大幅增加。

在巴伐利亚路易统治时期（1314—1347 年），除了与教会的交流之外，**帝国官署**终于改用德语。这种从拉丁文到民众语的官方转变不应被视为皇权的大胆举措。相反，帝国对文字的使用变革反映了早已开始的自下而上的发展趋势。它也并非一场语言政治运动，如对抗教会的权力。拉丁语不仅是教会的语言，也是普世帝国无可争议的官方语言，这就是为什么拉丁语的统治在德国比在法国或英国持续的时间更长。即使是非常喜爱德语诗歌的霍亨史陶芬贵族，未曾想到在官方通信中采用民众语。对德语文件和德语商业语言的需求主要来自下层，包括城镇和地区官署。最早的孤例是 1135 年以来的科隆地籍簿。从 1220 年代开始，德语文书陆续出现在瑞士和上莱茵地区，随后在巴伐利亚，以及中莱茵、下莱茵地区最后扩展到东德和北德地区。

西南部德语散文的兴起与**城市的繁荣**和早期资本主义的蓬勃发展有关。在中世纪盛期和晚期的城市的狭窄围墙内，成千上万出身和营生都不同的人们共生在一起，远距离贸易和新的货币经济使人们有必要把以前以口头方式管理的公共事务的很大一部分记录下来，这就是为什么很快就产生了固定姓氏的需要。此外，传统的拉丁文文件形式和教会拉丁文词汇已经不够用了。全新的社会经济生活领域需要书面记录。在这里，德语并不是以牺牲和反对拉丁语为代价，而是与之并存（参见 Schmitt 1936）。这一过程不应该从教育社会学的角度来理解，即某一阶层的人，比如下层贵族或资产阶级，不再像以前那样精通拉丁语了。这一点倒是可以通过高级贵族来证明。在城市中居住的贵族、教士和市民以及教会和世俗文学教育、学校、政治和行政的密切交织，从最具影响力的政府官员的出身及其工作中可以清楚地看到，他们中的大多数人同时是公证人、学者（教师）、作家和宫廷诗歌（中古高地德语手稿！）的收藏家。这类人属于 *homo litteratus*，即受过全面教育的人，他们只是在形式上使用其宗教头衔（参见英语 *clerk*、荷兰语 *Klerk*“书记员”，来自拉丁语 *clericus*“神职人员”）。有三个人的名字可以代表众多已为人所知的例子：康斯坦茨的亨利希·冯·克林根贝格（Heinrich von Klingenberg），维尔茨堡的米夏埃尔·德·利昂（Michael de Leone），埃尔福特的鲁道夫·洛斯（Rudolf Losse）。（参见 Schmitt 1942）

所有这一切都是伴随着罗马法进入“德国”商业和日常生活而发生的：作为一种具备学理基础的法律，罗马法要求将几乎所有生活领域的内容都以书面形式固定下来；前面反复提到过的以握手来为交易“盖章”的行为已经不够了（尽管这种行为今天仍具有法律效力），所有一切都必须以书面形式记录下来（*verbrieft*“得到书面记录”< *brief*“证明文书”），写成文件，盖上印章，以供确认。而在城市中生活的人们对于学习拉丁语并用拉丁语做生意毫无兴趣。

这也意味着中古高地德语的诗歌语言可能与早期公文书面语存在某种连续性。正在形成的新高地德语书面语并不完全是公文的产物，它也在政府官员任教的城市学校中得到了进一步的发展。官员们对德语语言的影响可以与此后教授标准德语语法的教师和学者们联系起来（见 IV，5）。然而在 14 至 15 世纪，书面往来的需求如此之大，难免对字体、正字法和文风有所疏忽。人们从工艺美术行业所惯用的字体（如标准印刷体、尖角体 [Fraktur]、哥特式字体）转而使用商务斜体，这是一种为了快速书写而自由发展出来的字体。即使人文主义运动时期的字体改革已经通过更为整洁的圆体字重新启用了加洛林小写体，但商务斜体在16世纪留下的难以阅读的书写方式直到20世纪都是全国范围内推行的“德意志字体”（deutsche Schrift）[①]的典范（最终在20世纪40年代成为“苏特林体”[Sütterlin-Schrift]，以版画家路德维希·苏特林[Ludwich Sütterlin, 1865—1917]的名字命名，他在1911年代表普鲁士文教部制定了德国字体的学校变体）。1390年，纽伦堡新贵乌尔曼·施托默尔（Ulman Stromer）建立了德意志地区第一家造纸厂，他在其札记《我的家族与历史之小书》（*Püchel*[②] *von mein geslecht und von abentewr*）1390年6月24日的笔记中这样写道：“我，乌尔曼·施托默尔，在夏至日的施洗约翰节开始制造第一张纸，并开始在格莱斯磨坊架设轮子。克罗斯·欧伯瑟（Clos Obsser）是第一个前来工作的。”[③]从此，在德意志也可以从羊皮纸转向更便宜的书写材料；在此之前，纸张只能从意大利进口。书写材料不再是少数特权人士的奢侈品。

这种出现在城市中的教育的社会化也导致了文学品味的改变（中世纪晚期的“现实主义”或“自然主义”），这使得我们可以在

① 16—20世纪用于官方文件和学校教学的一系列字体的统称。

② Püchel，南德方言，意为Büchlein，“小书”，现在巴伐利亚方言仍旧称之为Biachl。

③ 格莱斯磨坊（Gleißmühle，原文为Gleßmul），原为用于加工粮食的磨坊，施托默尔将其买下后改造为造纸厂。施托默尔的这段记录中所谓“开始制造第一张纸”指的是开始造纸这一过程，这一过程本身包含了将磨坊改造为造纸厂的步骤。施托默尔的造纸厂是德意志第一家造纸厂，这点已有共识。

抄本中接触到德语词汇的全新领域。下层阶级日常生活中的词汇、俗语、咒骂和下流话有时会被写到纸上（特别是在1500年前后的“粗鲁文学”时代[①]），此外，中世纪末期，出现了越来越多来自各行业的**特殊语言**和**专业词汇**。经济上的转变促进了职业的专业化，而中世纪晚期严格的等级和行会制度是独立的社会方言出现的前提。因此，在14至16世纪，最早出现了矿工、商人、猎人的专业语言，以及骗子和流浪者的秘密语言（黑话），这些也是我们今天仍然熟悉的许多词汇的最初例证。在德语的历史上，来自专业词汇和社会方言的表达方式反复出现在普通大众的词汇中，但其原始含义通常有所改变，这种改变或是通过隐喻性的转义，或是由于非专业人员无法在技术意义上准确理解并使用这些词汇。

这些词汇与从其他语言中传入的借词拥有相近的社会历史意义；它们确切地表明，在这些词汇被纳入共同语言时，其源自的亚文化在社会经济中扮演了重要角色（有时是反作用）。从**矿工语言**中产生了 *Ausbeute*“利润”，*Fundgrube*“宝库”，*Schicht*“层”，*reichhaltig*“丰盛的，丰富多彩的”（原形容“含有许多贵重的矿石”），*Raubbau*“滥用”，*Belegschaft*“职工”，*tiefschürfend*“思想深刻的，透彻的”，*aufschlussreich*“富有启发性的，有教益的”等词汇。**猎人用语**提供了以下词汇：*berücken*“诱惑”（收网抓捕动物），*Fallstrick*“圈套”，*einkreisen*“包围”，*unbändig*“抑制不住的，极大的”（称呼不受绳索牵引的狗），*naseweis*“好管闲事的”（具有

① “粗鲁文学”（Grobianismus）指的是16至17世纪的一种文学风潮，用于描述一种意在讽刺同时代人粗野行为的文类，这种文类被称为“餐桌礼节书”（Tischzuchten）。

良好的嗅觉），*nachstellen*“跟踪”，*bärbeißig*“粗暴的，生硬的”，*nachsp*üren“追踪”以及其他许多词语。中世纪末期往后，**士兵语言**产生了异常巨大的影响，在不同时期都被吸纳进入共同语言：*Lärm*“噪音”（源于 *Alarm*“警报”，由意大利语词 all’ *arme*“拿起武器”而来，可能也受到法语的影响），*Nachdruck*“重点，强调，突出”（通过迫近继续一场已经开始的进攻），*Ausflucht*“借口；逃避”（通过逃跑摆脱险境），*Gelegenheit*“机会；场所”（搭建一个营地或要塞的方式），*Vorteil*“利益；优点”（本意指“分取战利品时预期分得的部分”，15 至 16 世纪通常表示“在敌人到达之前占据的有利位置”）。古德语**法律术语**中的许多表达方式也被吸纳进共同语言中：*aufschieben*“拉开，推开；推迟，拖延”（向更高级法院申诉），*sich beziehen*“与……有关，针对；援引”（原意相同），*überzeugen*“说服”（通过证据证明），*echt*“真的”，*sich entschuldigen*“致歉”（阐明自己无罪），*verantworten*“对……负责，承担责任”（在法庭上对质问进行答辩）。

然而，大多数传世的古高地德语和中古高地德语实际上只具有社会方言的特征，这一点不可忽视。如果我们能获得足够多来自社会下层的文本资料，可能会发现，过渡时期的德语（即“晚期中古高地德语”和“早期新高地德语”）并没有想象中那么丰富多彩，尽管中世纪晚期对书写的热情营造了这种假象，我们还会发现，新高地德语与所谓“经典”的中古高地德语相比，并不如预期中的那样新。实际上，在一些传承较为连贯的领域（例如宗教和法律语言），较新的词汇与奥埃的哈尔特曼或福格威德的瓦尔特所使用的中古高地德语之间的差距并没有那么大。

6. 中古低地德语、中古荷兰语、意第绪语

德意志南部的公文语言与商业语言最初更多是在小范围内，基于地方性或区域性的多样书写传统而发展起来的，而与此同时，在德意志北部，成功实现了书写的统一，覆盖了**汉萨城市同盟**的广大范围，从威斯特法伦到波罗的海国家，有时还包括了位于伦敦、布鲁日、卑尔根、维斯比、诺夫哥罗德等的边远贸易中心、使用低地德语的商站。只有东普鲁士西南部的条顿骑士团被排除在这个适用**中古低地德语**（**Mittelniederdeutsch**）的范围之外，骑士团中的许多骑士都来自东中部德语地区，而当地许多农民说高地普鲁士语，因此条顿骑士团中产生了一种高地德语的书面方言。

汉萨同盟城市之间贸易活跃，且新的市民不断迁入，这在很大程度上减少了中低地德语中的方言特征，特别是在 14 和 15 世纪，形成了一种低地德语的“书面语言”或至少是**低地德语商业语言**，这种语言逐渐成为北欧地区的通商语言。法律体系对这种商业语言的发展至关重要。新成立的城镇或那些希望改革其法律体系的城镇常常采用有声望的中心城市的“城市法”。例如，苏斯特、多特蒙德、吕贝克和马格德堡就通过这种方式在语言上产生了影响，这种影响力随着人们在面对法律疑难案例时常常参考这些城市的法律而得以持续。

中古低地德语在德语语言史上具有重要地位，因为它对其他语言区的影响是德语对外影响中最为显著的：斯堪的纳维亚语言，尤其是瑞典语，在那个时期吸收了大量低地德语借词，也有许多产生

于芬兰的中古低地德语文本得以留存。这一时期，低地德语也影响了高地德语，因为德意志北部的法律书籍和汉萨同盟贸易的影响力也扩展到了南方。例如，echt“真的”和 Gerücht“谣言”原本都是法律词汇，其语音结构明显表明其起源于低地德语：两个词都显示出低地德语（和荷兰语）从 *ft* 到 *cht* 的过渡（*echt* 来自 *ê-haft* 即“法律上的，合法的”，*Gerücht* 来自 *Gerüfte* 即“指控的呼喊”）。属于同一类型的还有 *Pranger*“耻辱柱，刑柱”一词（源自低地德语中的 *prangen*，中古高地德语中的 *pfrengen* 即“按，压”）。*Stapel*“仓库；堆，垛”源于下德意志的商贸用语，自 15 世纪以来也出现在中部德语的文献中。*fett*“肥硕的”是高地德语中 *feist* 一词的低地德语形式，该词向南部的渗透在 14 世纪开始有据可考，这可能与德意志北部的畜牧业有关。

除了高地德语之外，中古低地德语书面语也曾有可能成为现代文化语言，尤其考虑到还曾出现过相当多的中古低地德语文学作品（宗教文学、历史书写、娱乐文学）。然而，在 1500 年左右汉萨同盟衰落之后，低地德语的命运就不可避免地衰落了。面对主要以南部德意志地区为中心的帝国，低地德语缺乏领土上的支持，贵族们从宫廷时代起就强烈倾向于使用高地德语，出身王侯的官员们（如在安哈尔特、勃兰登堡）很早就开始用高地德语起草文件，城市同盟之间广泛使用的商贸语言从一开始就缺乏语言上的基础。恰恰是这一城乡之间以及书面语和口语之间的巨大差异，在很大程度上促成了高地德语书面语在宗教改革之后如此迅速地征服了广阔的区域。然而，这一过程早在 15 世纪就开始以语言逐渐同化的方式在莱比锡、马格德堡和柏林之间的地区进行。即便如此，路德的著作最初仍被翻译成低地德语。最后一本以低地德语书写的《圣经》是1621年在戈斯拉尔出版的。在北方，低地德语在市政文件中一直沿用到17世纪初。

中古荷兰语（**Mittelniederländisch**）展现了另一种中世纪晚期低地德语作为书面语的图景，其语言社会学背景与中古低地德语有所不同：在繁荣的佛兰德城市中，商务信函以及市民的散文和诗歌都是用同一种语言、且由同一群体书写。生活在13世纪后半叶的雅各布·凡·梅兰特（Jacob van Maerlant）就是这种受过全面教育的饱学之士的代表。以中古荷兰语写就的动物史诗《列那狐的故事》（*Van den Vos Reynaerde*）等诗歌和圣经译本如《耶稣的一生》（*Het Leven van Jezus*，该译本也间接影响了路德）属于中世纪德意志-荷兰文学最重要的作品之列。然而当时，中古荷兰语已经开始在书面语言上与德语的其他分支逐渐分化。下法兰克语方言发展出了与德语并列的独立书面语和标准语。在佛兰德，贵族们对于使用高地德语并无偏好（与德意志北部不同），并且中古荷兰语的地理和社会基础都比在汉萨同盟中广泛适用的低地德语要牢固得多，因此，中古荷兰语能够不间断地发展为现代荷兰语的文化语言。西班牙统治下的佛兰德城市衰落之后，许多荷兰南部的人带着他们的文化和语言向北迁徙。因此，从佛兰德的中古荷兰语（dietsch，请比较英语中的Dutch一词）很快发展出了荷兰语（Hollands，自1815年起其正式名称为Nederlands）。这种连续性及其地区绑定所带来的结果是，荷兰语作为一种通过说话和书写的密切互动而自然发展起来的语言，相较于新高地德语，保留了许多质朴的活力。

由此可见，荷兰语与德语的分离并不仅仅是16至17世纪荷兰在政治上脱离帝国的结果。虽然瑞士与帝国的分离远远早于荷兰，但仍与德意志保持着语言上的联系。瑞士缺乏对荷兰语发展起决定性作用的那种中世纪城市的独特文化。荷兰语对德语的影响（在中世纪晚期已经开始）可以从 *Matrose*“水手”、*Jacht*“快艇”、*Schleuse*“排水闸”、*Düne*“沙丘”、*Stoff*“材料；织物，料子”、*Packen*“包裹”、*Süden*“南方”（对应荷兰语中的 *Sund* 和 *Mittag*）等借词中看出来。

还须提到德语的另一种姊妹语言：**意第绪语**（**Jiddisch**）的发展（见附录中的选文 12），但它起源于高地德语。自中世纪早期起就生活在德意志的犹太人将德语视为通用语言。13 世纪以来，出现了以希伯来文书写的德语文本，这些文本最初和中古高地德语几乎没有区别，它们可能反映了德意志南部和中部城市中口语（这种语言未经其他方式保存下来）的许多内容。这些文本不易阅读，因为早期希伯来文字中不标元音，或标得不准确。由于被排除在德语书面语发展史之外，也由于 12、13 世纪犹太人聚集区（Ghetto）的建立以及许多犹太人向东欧的迁徙，德语的一个独立分支发展起来，这一分支并未参与 14 世纪以来德语所经历的各种发展，尤其是没有受到 16 至 18 世纪来自拉丁语、法语和学术规范的影响。因此，通过与意第绪语的对比，可以看出德语如果没有受到上述影响将会如何发展。尽管受到相当多来自斯拉夫语和希伯来语的影响，意第绪语至今仍保留了约 75% 的德语词汇，其中有些非常古老。19 世纪犹太人解放运动使得意第绪语在德国几乎完全消失了，但从 19 世纪末起，它在东欧以及在美洲的移民群体中发展成为一种文学语言。世界大战前，约有 1200 万人说意第绪语（占所有犹太人的三分之二以上），大屠杀之后存留下约 600 万至 700 万人，这些人主要分布在美国、苏联和刚建国的以色列，尽管意第绪语在这里并未被接受为官方语言。德语中的意第绪语借词有 *Stuss* “（贬，口）无意义的话或举动”，*Pleite* “（口）破产”，*mies* “（贬）（口）恶劣的，令人厌恶的”，*schofel* “（俗，贬）卑劣的；吝啬的”，*Schmiere* (stehen) “为非法活动或恶作剧望风”，*flöten* (gehen) “失去”，*schachern* “（贬）做投机买卖；讨价还价”，*schmusen* “（口，贬）奉承，讨好”，*schäkern* “（口，谑）说俏皮话；调情”，等等。这些借词（直接借用或通过黑话借用）的选择反映了数百年来德国人与意第绪语使用者的社会关系以及德国人对他们的态度，然而在过去两个半世纪里，这些意第绪语使用者已经不能代表大多数德国犹太人。意第绪语这一名称 *Jiddisch* 是语音上更为合适的名称 *Jidisch* 被取代的结果，*Jiddisch* 一词以英语中的拼法 *Yiddish*（以 *-dd-* 这一拼法作为 *-i-* 不发双元音的标志）为蓝本，这种写法在德语和意第绪语中原本是错误的，但现在已被采纳。

7. 高地德语公文体语言

中世纪晚期，在没有受到低地德语或荷兰语书面语发展影响的德国南部和中部地区，发生了一个语言平等化的过程，为（“民族语”或“标准语”意义上的）新高地德语**书面语和规范语**做了准备。依据现有资料来源，这一发展到目前为止只能在公文语言（更全面地说是商业语言；参见 Fleischer 1970）领域中被观察到。以下所述语音标准在这一过程中发挥了特殊的作用（见 IV，1）：

人们越来越多地倾向于将中古高地德语的长元音 *î*、*û* 和 *iu*（即 *ǖ*）写成**双元音** *ei*、*au* 和 *eu*，这一现象早在 12 或 13 世纪的巴伐利亚-奥地利德语中就已经能够得到证明；另一方面，原先的双元音 *ie*、*ue* 和 *üe* 则被在中部德语中占优势的**单元音** /*i:*，*u*，*y:*/ 所取代。还有一个标志也能说明中部德语的影响，即在较早的文书中经常出现的南德方言的 *p* 代替 *b*，*ch* 代替 *k* 的现象，现在都被中部德语的 *b* 和 *k* 淘汰了（参见第二次辅音音变，II，1）。然而，这种字位书写习惯的逐步扩散，特别是 *ei*、*au* 和 *eu* 在 13/15 世纪的广泛传播，并不需要与口语中的实际语音变化相关联。例如，上萨克森语和摩泽尔法兰克方言的**双元音化**现象一定是在此前就已逐渐独立发展形成的，与书写影响无关，因为 13 世纪从那里迁居到高地普鲁士（东普鲁士南部和西南部地区）和特兰西瓦尼亚[①] 的移民语言中就已有了这些变化的雏形。这一语音变化是基于语言内在因素（经历了多个过渡阶段的音节重音变化）而发生的一个多源过程，过去人们曾试图借助它来划定中古高地德语和新高地德语之间的时间界线，结果徒劳无功。有时在口语中发生的语音变化已出现了几个世纪以后，惯于固守旧书写传统的公文语言中才会出现这些变化，或者根本就不出现这些变化，就像英语在双元音化近 500 年后的今天仍然坚持用 i 来表示 [*ai*] 音一样。较早的研究（参见 Lindgren 1961；Kranzmayer 1956）认为，双元音化是从克恩滕和蒂罗尔[②] 开始，通过模仿，波浪式或放射状地在德国传播开来

① Siebenbürgen，今罗马尼亚中西部地区。

② Kärnten und Tirol，位于奥地利西南部。

的，但这只是该书写方式首次出现在书面语中时造成的欺骗性图景，它基本上与语音情况无关，因为音位和字位之间的关系是任意的（即费迪南·德·索绪尔所言“任意”）；此外，近期研究表明，即使是“新”书写方式的出现也不总是呈现出这一图景（参考 Reiffenstein 2000）。在蒂罗尔和克恩滕出现的早期双元音写法可能只与以下事实有关，即那里的书记员在德语–罗曼语双语环境中，较早地意识到了拉丁文字位 i 和 u 与民众语即德语和罗曼语中对应的语音变体在比例上的不平衡，并不得不通过双元音化来消除这一点（参见：Lüdtke 1968）。另一方面，这种地理分布也没有得到过确切的证明。

在研究新高地德语的书面语历史时，人们总会反复寻找那些可能曾对这一过程产生过决定性影响的地点、空间、人物或机构。这个问题对德语而言比对英语或法语更难把握。中世纪晚期，由于权力中心和权力集团的频繁更替，以及领主原则导致的帝国中央权力的削弱，使得共同语的发展受到了极大的阻碍。在德国并不存在一个能与巴黎或伦敦相提并论的、像它们之于英语和法语那样对德语口语和书面语的统一进程具有同等重要性的语言典范中心。“国王英语”（*king's English*）这样的概念在德国不可能发展出来。卡尔·米伦霍夫（Karl Müllenhoff）曾在其《8 至 12 世纪德语诗歌与散文选编》（1871）第二版序言中，尝试将通往德语书面语和标准语的道路描述为从“加洛林宫廷语”（见 II, 3）、经由奥托王朝、萨利安王朝及史陶芬王朝的相应发展和卢森堡王朝的布拉格公文语、直至哈布斯堡王朝的维也纳公文语其一及韦廷王朝的迈森公文语其二的连续发展过程，然而这一或许源于威廉时代早期对统一民族国家的愿景的尝试却以失败告终。

在巴伐利亚的路易四世统治期间，我们还不能确定**帝国官署**对语言标准化的影响。起初它也并没有能力施加这种影响，因为在其中工作的不仅有巴伐利亚人，还有来自其他方言区的人，他们在起草文书时都会毫不犹豫地使用各自不同的母语方言。此外，当时还和过去一样，从帝国官署发出的大量文件并不是以官员的语言写就，而是使用收件人的方言写就。那些申请特权的人习惯先提交一份文书草案，如获批准，则由官署确认而不进行语言上的修订。因此，这些文书所用的语言呈现出的图景过于丰富多彩，无法借其来实现一种超越个别方言的通用语言的标准化统一。

与之相对，老一辈的研究者如康拉德·布尔达赫（Konrad Burdach）推测，**查理四世的布拉格官署**培养了一种对书面语发展具有模范作用的公文传统（参见 Burdach 1893）。这位 1346 至 1378 年间在位的德意志国王和皇帝来自卢森堡家族，卢森堡家族的权力核心波希米亚也就格外适于一种介乎各个书面方言之间的通用语的形成，因为这里的居民只要是德国人，就都属于两个不同的方言区：北部由中德方言占主导，南部德语区的语言则源于巴伐利亚和奥地利，城市里居住的市民也都来自德国各地，在布拉格尤是如此。布拉格旧城区（伏尔塔瓦河右岸）依照巴伐利亚法判案，而在“布拉格小城”（Kleinseite，伏尔塔瓦河左岸）则遵循马格德堡法律，这也是城市人口构成多样性的典型表现。作为口语的布拉格德语可被定位到相当不同的时期：在胡斯战争导致城市捷克化之前，布拉格德语很可能还不具备 17 世纪以后那样明显的奥地利特征。

然而，路德维希·埃里希·施密特（Ludwig Erich Schmitt）的研究显示，查理四世的布拉格官署绝未培养形成统一的书写习惯（参见 Schmitt 1936）。即使在前文提及的双元音化现象中也看不出有什么明确的规则，大多数书记员和公证人根本不是波希米亚人，他们的出身地散布于从特里尔经美因茨直至纽伦堡一带，其中也有许多人来自巴伐利亚-奥地利地区。没有证据表明，这位在巴黎长大、会说多种语言的皇帝对德语有特别的兴趣，布拉格官署对迈森官署的影响也无法从书记员之间的关系中得到证明。布拉格公文语充其量只在文风方面产生了模范作用。受到意大利文艺复兴的影响，修辞元素备受重视，不仅皇帝自己，还有他身边的人，尤其是常年领导官署的约翰·冯·诺伊马克特（Johann von Neumarkt），他们都热情地拥护人文主义思想，自然也拥护从古典模范中习得的华丽修辞，当时这种修辞正在从意大利向整个拉丁语世界胜利进军。由于意大利文艺复兴在这一领域遥遥领先，将新文风运用到德语中的想法也愈加凸显。正如“说日耳曼语的贵族”（nobilis illius linguae germanicae）圈子中的一篇文章所言，对母语的日益重视促使人们即使在用德语写作时也不想放弃新拉丁语艺术散文的优势。但这一切并不能证明德语公文语在通用语书写规则方面得到过护养，布拉格早期人文主义只是德语思想史和语言史上的一段插曲而已。

由于文采尔一世和西吉斯蒙德统治期间卢森堡皇族权力的衰微，尤其是胡斯战争带来的动荡，帝国官署的影响力无论如何都被大幅削弱。在哈布斯堡的阿尔布雷希特二世和腓特烈三世的官署中，南德的影响当然更为凸显。因此我们在此经常会发现 *p* 代替了

b，*kch* 或 *kh* 代替了 *k*，或者巴伐利亚方言的 *ai* 代替了 *ei*。后来在**马克西米利安一世**时期，皇权得到了极大的扩张，其中也延伸到了低地德语区，建立一种帝国各地都能读懂的统一的公文语再次变得迫在眉睫。事实上，马克西米利安和他的官署长尼克拉斯·齐格勒（Niclas Ziegler）为促进典范德语拼写的形成所做的贡献受到了后世极高的评价。不出所料，这些统一的努力表现为对南部德语显著特征的压制，从而有利于中部德语。因此南德很快就形成了一种包括印刷体在内的书写传统，人们将其称为“**共同德语**”（**Gemeines Deutsch**），它在很长一段时间内都与新高地德语书面语发展中越来越为人普遍接受的东中部德语趋势构成竞争。然而“共同德语”的概念与其说是指语言的地理学特征，不如说是一种简单的、不受拉丁语影响的民众语风格。

20 世纪 30 年代的研究者们，即西奥多·弗林斯（Theodor Frings）、路德维希·埃里希·施密特（Ludwig Erich Schmitt）、恩斯特·施瓦茨（Ernst Schwarz）和海因里希·巴赫（Heinrich Bach），与康拉德·布尔达赫（Konrad Burdach）不同，他们强调东部地区的中部德语对书面语发展的重要性，部分人（弗林斯、施瓦茨）还以新开垦地民众语中的语言混杂现象代替了典范的皇室公文语言的地位。

人们不能将 15 至 18 世纪间以“**迈森德语**”（**Meißnisches Deutsch**）作为典范的东中部德语书面语式样的突出重要性归因于短命的布拉格官署的影响，语言地理学和文化社会学方面的先决条件是从韦廷家族的领地上自己诞生的。自 13 世纪以来，来自黑森、图林根、东法兰克以及部分来自莱茵兰和荷兰的移民都聚集于此地，上萨克森方言就是当时语言平衡化进程的产物。然而，韦廷官署的公文语言并非由这种“殖民地平衡语”（弗林斯语）直接发展得来，因为它从一开始就几乎完全避免了某些古老的上萨克森方言的特征，例如用 *ê*、*ô* 表示中古高地德语的 *ei*、*ou*（*bên* ‚Bein‘ 腿，*bôm* ‚Baum‘ 树），用 *î*、*û* 表示中古高地德语的 *ê* 和 *ô*（*schnî* ‚Schnee‘ 雪，*brût* ‚Brot‘ 面包），用 *a* 表示中古高地德语的 *e*（*racht* ‚recht‘ 法律或正义）。公文语言的平衡化是在书面语层面进行的，同时考虑到了图林根地区，那里至今都有部分地方尚未经历过这些语音发展（如双元音化），而韦廷官署的大部分书记员和公证人都来自于图林根（参见 Schmitt 1966）。迈森边区连接了图林根旧州和迈森新州，并向南北开放交通，莱比锡博览会在中世纪晚期已对纽伦堡-马格德堡一线的长途贸易来说相当重要，1392 年才被提升为大学的埃尔福特综合大学（Studium generale）在 13 世纪就已吸引了大量来自德国各地的学生。自宫廷时代起，图林根的教育生活及其学术宗教文献便相当出色，普鲁士条顿骑士团对东中部德语的书写习惯的坚持就能证明迈森的文化吸引力。

统一书面语的护养也与韦廷严明的官署有关。作为强人的新领地，迈森官话能以类似的方式在语言领域创造新事物，并对旧的帝国区域产生影响，就像哈布斯堡家族和（后来的）普鲁士在政治上所做的那样。新开垦地的地域广阔、传统匮乏及其居于南北德之间的中心位置，无疑促进了这一地区的共同语发展趋势。在成为典范的“迈森德语”的道路上，韦廷公文语自然也向南德皇室的“共同德语”做了部分让步。15 世纪之后，迈森德语中的那些南德方言影响（如小化后缀 *-lein*，也许还有允许双元音 *ei*、*au*、*eu* 同样进入书面语的决定）必不只与 15 世纪后期某些韦廷官署官员的纽伦堡和维尔茨堡出身有关。研究表明，中莱茵、法兰克直到雷根斯堡的官署（参见 Skála 1968）也都对语言的统一做出了贡献，或是独立于迈森德语，更早地完成了同样显著的平衡化进程。如果东中德解决共同语问题的办法只是某种独断专行的产物的话，那么人们无论如何也无法正确理解后来南德和西德越来越准备好要将迈森德语作为典范接受的这一现象。

德语语言史这一重要领域的研究发展反映了过去一个半世纪以来德国政治思想史的一个片段：1871 年米伦霍夫（Müllenhoff）的“皇帝”立场、世纪之交布尔达赫对此进行的“人文主义”改造、“新开垦地”—— 1930 年代的视角——以及弗林斯的论点“人民的、而非纸张和人文主义的创造”、苏联日耳曼学者米拉·古赫曼（Mirra Guchmann）后来通过反对市民的“官署立场”对此表示赞同——最后是（由施密特发起的）更为深入的公务用语研究（许茨艾歇尔 Rudolf Schützeichel, 贝施 Werner Besch, 弗莱舍尔 Wolfgang Fleischer, 斯卡拉 Emil Skála）。首先，他们（如弗林斯）通过细致的文书研究（带着对书记员和收件人的出身以及语音和文字之间关系的疑问）反对从现代方言与中世纪的关系中得出的印象主义结论。其次，他们认为萨勒河和波希米亚森林以西直到莱茵河畔的所谓旧州地区，尤其是中世纪晚期那里城市市民的经济生活，比柏林、莱比锡和布拉格从前的日耳曼学派更具有语言统一的影响力。

在 20 世纪的最后四十年里，人们对中世纪晚期的公文语言、公务用语和 / 或书面语展开了深入的研究，不仅关注书面语对口语的依赖关系，也强调了书面语本身的活力。观察表明，**东部高地德语**（Osthochdeutsch，涵盖“东中部德语”和“上东部德语”）的书面语，即“**书写方言**”（Schreibdialekte）或称“书面方言”（Schriftdialekte）明显趋于统一，甚至可以将其视为一个（尚未完全实现的）构建系统，它可以由已实现并被描述过的东中部德语、施瓦本语和巴伐利亚语子系统中推导出来（参见 Wolf 1975）。例如，对元音字素的子系统可做如下援引：

<i>　　　　<u>

<e>　　<o>

<a>

<ie>　　　　<ue>

<ei> <ai>

<eu> <au>

<ee>

单字即单个字母构成的字位的数量是十分明确的。它们是用于表示单元音的字符，而不管元音的长短，其中 <a>、<o> 和 <u> 也

可用作表示其对应的变音。合字会造成解释上的困难：<ie> 在南德方言文本中首先对应双元音 /iə/（*lieb*“亲爱的”，*dienen*“服务”），但也可以标示单元音长音 /iː/（*dieser*“这个”），尽管这在南德方言中很少见。与之相对，东中部德语则对 <ie> 进行重新解释：由于这一合字频繁出现在不包含中古高地德语中的通音 </ie/> 的单词里（*geschrieben*“成文的”，*friedlich*“和平的”），有理由认为 <ie> 已经完全变成了标示 /iː/ 的字符，换句话说，以前的双元音 /iə/ 经过单元音化成为了 /iː/。合字中的 e 也就被作为长度标记存在，类似于主要出现在东中部德语中的重叠形式 <ee>。在南德方言中，ee 没有成为字素，而主要被视作 <e> 的变体。然而，即使是在东中部德语中，与 <e> 相对的从 <ee> 发展为 <e> 的趋势也消失了。

<ue> 通常被作为带有区分标志的 u（ů、uͤ、ü、ú），主要出现在南德方言中，并在此与双元音 /uə/ 及其变音 /yə/ 相对应（*hueter/huͤter/hüter/húter*，偶尔也写作 *hůter*，“牧人”）。与此同时，使用这一合字的南德方言以及更多的是东中部德语文本都表明，<u> ≠ <ue> 的对立包含着一种新的功能：它不再标志着单元音≠双元音的对立，而越来越多地表示非变音≠变音的对立（*bruder* 单数 ≠ *brueder* 复数）。从这一点出发，首先特别是对那些不再需要字素来表示双元音系列 /iə yə uə/ 的书面方言来说，要彻底完成 <ue, ů, uͤ, ü, ú> 的功能转换只需要小小的一步：这个字素现在只表示单元音 /y/ 和 /yː/。此外，在书面史的进一步发展中，“通过在字素层面”进行区别，“字素 o 和 u 的功能负担（……）减少了”：*losen* ≠ *lösen*，*gute* ≠ *Güte*（Fleischer 1969, 230）。

如前所述，基于历史上那些具有影响力的书面方言，可以推断

出一个构建系统，作为发展的目标。这清楚地表明，与英语或法语不同，德语的语言统一是从书面语开始的。这就是为什么德语中至今仍有“书面语”的概念，以及表示标准发音的惯用语“nach der Schrift reden”（“照着书面语说话”）。关键在于，书写、书记员或书写机构都拥有不同的威望。我们可以确定出不同的书面语层级，这些层级以其不同的变体频率为特征：语言层级越低，变体的数量和出现频率就越高。在最高的书写层级上，各地的书写传统彼此间非常相似，尤其在“东部高地德语”的书面方言中尤为明显。因此，关键还在于人们从哪些书面方言中挑选出了哪些变体进入更高的书写层级，而这一过程往往受到书写社会学因素的影响。

这种由书面语推动语言统一的现象也是马丁·路德的出发点，他的圣经翻译在大多数语言层级上都具有规范性意义。

IV.

近代德语

1. 语音和形态变化

在向并无明确分界线的“早期新高地德语”这一语言阶段过渡时，中古高地德语丰富的**重音元音**系统通过音素 /ä, ë, e/ 合并为 / ɛ / 以及 /æ, e:/ 合并为 /e:/（例如：中古高地德语 *vrävele*, *rëht*, *setzen*, *lære*，*mêre* 变成新高地德语 *Frevel*, *recht*, *setzen*, *leer*, *mehr*）从而逐步得到简化。据此，语音特征的耦合也通过这种方式产生——e 音之外也同样——即所有长元音都发成闭元音，所有短元音都发成开元音（关于长开元音 /æ:/ 参见 IV, 5）。此外，通过“（早期）**新高地德语单元音化**” /ie, üe, uo/ 变为 /i:, y:, u:/（例如：中古高地德语 *lieb*, *brüeder*, *huot* 变为新高地德语 *lieb* [发音为 *li:p/b*], *Brüder*, *Hut*）也使得双元音的数量缩减。然而，这种系列演变也并没有导致与旧的长单音 /i:, y:, u/ 的重合，因为这些（可能更发音受限的）音被双元音化为 ae ≈ <ei, ai>, ɔe ≈ <eu, äu, oi> 和 ao ≈ <au> 了（“[早期] **新高地德语双元音化**”），并且，在新高地德语书面语中，而在高地德语方言中却没有发生的是，它们与中古高地德语的 <ei, öu, ou> 重合了（例如：中古高地德语 *wîde*“柳树”，*weide*“草地”在新高地德语中只有一个单词，分为两个意义

$_{1}$*Weide*，$_{2}$*Weide*；中古高地德语 $_{1}$*hiute*, $_{2}$*hiute*, *fröute* 变为新高地德语 *heute*，*Häute*，*freute*；中古高地德语 *rûm*, *boum* 变为新高地德语 *Raum*，*Baum*）。这使得元音系统从 24 个音位简化为 17 个音位（在后来的新高地德语中多了一个 /æ:/，于是共 18 个）：

ɪ	ʏ	ʊ	i:	y:	u:			
ɛ	œ	ɔ	e:	ø:	o:	ɑe	ɔe	ɑɔ
	a			ɑ:				

在当代德语中，*a* 音 /a/ 和 /ɑ:/ 在语音上似乎不再有区别，所以大多数现代发音词典只注有 [a] 和 [a:]。

中古高地德语短元音在开音节中的延长（如中古高地德语的 *vane*, *nemen*, *siben* 等变成新高地德语的 *Fahne*, *nehmen*, *sieben*），尽管它对音节重音和音节结构很重要，但对音位系统结构本身并无影响，对一些元音缩短来说也是如此，因为这些延长或缩短总会与其他延长和缩短发生重合。这种量变过程——如同其他音位重合——导致在某些情况下产生了同音异义词（如中古高地德语 *mâlen*, *malen* 到新高地德语 *malen*，*mahlen*）；规范语法学家对它们进行的选择性正字法区分（见 IV, 5）在语言结构上是无关紧要的。

辅音系统的巩固体现在**软腭鼻音** *ŋ* 的音位化上。在中古高地德语中，它只是 n 的一个位置变体（互补分布：*ŋ* 只出现在 *g* 和 *k* 前；*n* 从不出现在 *g* 和 *k* 前）。在中古高地德语中，例如在 *singen* 和 *jung* 中，*g* 仍旧发音（*siŋgen*，*juŋg*），这可以从音位组合 *ŋg* 由于所谓中古高地德语**尾音硬化**（Auslautverhärtung，尾音中强弱塞音之对立的中和)[1] 而被写成 <nc，nk，ngk> 的事实中得到证明，这一现象一直零星地持续到 16 世纪。另一方面，在新高地德语中，尽管保留了字母组合 <ng>，但人们只说 [ziŋən, juŋ]。现在，n 和 g 之间的分布关系不再是互补的了。这两种语音现在可以出现在同一语境中，而且是相互对立的，例如 <*Wanne ≠ Wange, sing ≠ Sinn*>。因此，软腭鼻音已经成为一个独立的音位。现在，直到那时还在系统中被隔离的鼻音，于是加入了塞音和擦音的相关关系束（Korrelationsbündel)，[2] 它已因中古高地德语的半元音 /w/ 和 /j/ 演变为新高地德语的浊擦音 /v/ 和 /j/ 而得到了丰富：

/p/	/b/	/f/	/v/	/pf/	/m/	
/t/	/d/	/s/	/z/	/ts/	/tʃ/	/n/
/k/	/g/	/ç, χ/	/j/			/ŋ/

该系统借此得以变得完整。新音位 /ŋ/ 在与没有该音位或其分布不同的语言的语际交往中带来了如下效果：例如，德国人很难正确发音 *English* 这样的英语单词或正确发音法语鼻腔元音，而许多外国人在说德语时，由于字母组合 <ng> 的误导，也会把德语音位 /ŋ/ 误读成 [ŋg]。在中古高地德语中，法语借词如 *tanz*、*aventiure*、*garzûn*、

① 尾音硬化，Auslautverhärtung，指德语音节尾音的塞音和擦音失去声音的过程和结果，属于一种语音同化现象，发生在古高地德语到中古高地德语的过渡时期，由于中和直接导致原有的音位对立消失了。

② 相关关系束，Korrelationsbündel，指多个音位相关关系的联结，其相关关系是由诸如“清”，“浊”以及“口腔音”和“鼻音”等特征来确定的。

schanzûn 中的元音鼻音化并没有被借用，而是被呈现为元音 +n（因为音 [ŋ] 在中古高地德语中只是一个音位变体），而在现代，在一些地区的口语中，在非鼻音化的元音上加入了软腭鼻音，但在标准现代语言中却没有（如 *Balkon, Terrain, Orange* 发音为 *ɔŋ, ɛŋ, aŋ*）。这表明 ŋ 的音位化可以在新高地德语的发音系统中自动发生作用。然而，在德语世界的大部分地区发音是 [balk'o:n]、[ter'e:n]、[or'anʃə]。

一个复杂的系统重组发生在齿龈音或齿擦音上。在中古高地德语中，存在着如下并列的情况：

/s/ < 日耳曼语 *s*,

/z/ < 日耳曼语 *t*（通过第二次辅音音变），

/ʃ/ < 古高地德语 *sk*.

此外，可能还有 /ss/，因为中古高地德语在擦音范围也包含有长辅音。

音位 /s/ 很可能是作为唏唏音（Schibilant）[1] 实现的，如从中古高地德语借入匈牙利语的 /s/，在这里中古高地德语 /s/ 被实现为匈牙利语的 <s>，发音为 [ʃ]。这一点我们也可以从借词中的语音替代（Lautsubstitutionen）[2] 中得到证明，如来自法语 *Orange* 的中古高地德语 *orense*，或地名 *Sebnitz*（在萨克森州）到索布语中变成了的

① 唏唏音（Schibilant），指按照咝音类推出来的音，指 [ʃ] 或者 <ʒ> 等咝擦音及相应的塞擦音。

② 语音替代（Lautsubstitutionen），指在外来语接受中，外来语在语音上适应本国语的过程和结果。

žaba，意为“青蛙”。

在中古高地德语中，/s/ 和 /z/（在规范化了的中古高地德语中通常被写成 <ʒ>）是两个音位，这一事实可以在代词屈折变化中看到：主格和宾格形式 *ez*/*eʒ* 与属格 *es* 相对。只有当这种对立被中和时，才不得不形成一个新的、更明显的属格形式：*dessen*。旧的形式 *es* 仍然保留在渐旧的某些惯用语中，如 *Ich bin es zufrieden*。除了这两个音位之外还有一个新的音位 /ʃ/，这个音位是在中古高地德语中从复合音位 *sk*（如古高地德语 *skôni*，中古高地德语 *schœne*）发展而来的，它也可能有一个中间过渡阶段 [sx]，这个音至今仍保留在威斯特法伦方言和荷兰语中。然而，过去发咝咝音的 s，其实与 ʃ 相近（就像今天荷兰语中的 *s* 一样）。因此，在这个领域存在着音位合一的危险。这种情况部分地发生了，与这个系统区域对立的重新分配有关：对于这两个 s 音来说，只有位于元音之间时，对立才得以保留，如 *reisen* ≠ *reißen*，*Muse* ≠ *Muße*，其对立发音特征为浊 / 弱音 ≠清 / 强音；今天在德语区的北部，浊音≠清音的对立仍然有效，而在德国南部则是弱音≠强音的对立。s 和 ʃ 之间的对立被保留下来，并在语音上得到强化，例如，*sein* ≠ *Schein*, *Rasse* ≠ *rasche*, *lass* ≠ *lasch*。只有位于词首的、辅音前的 s 变成了 ʃ（*Spiel*, *Stiel*, *Schrei*, *Schlag*, *Schnee*, *Schmutz*）。新高地德语的这一特点在外语教学和诸如 *stopp*, *Snob* 等词的借用时会造成困难，只在不来梅–汉堡–汉诺威地区没有这种问题，那里的人们——正如他们自己所说——*über den s-pitzen S-tein s-tolpern*。[①] <sch>（三个字母代表一个字位）

① 意为：绊倒在锋利的石头上。

的拼法在*ſt*和*ſp*没能确立下来，这与这两个字母组合的高频率以及它们在拉丁文中也会出现（这也为公文体文书所熟悉）有关。

在中古高地德语的现代版文本中，词尾弱辅音被“硬化”，即实现为强辅音或清辅音（“尾音硬化”）。较早的中古高地德语语法指出：“在‘经典’的中古高地德语中，在词尾以及音节末尾的强辅音之前，浊塞音会变成清塞音：*tac* – *tages*；*nîgen*“鞠躬” – 过去时 *neic*, *neigen*（其使役动词）– 过去时 *neicte*”（Paul/Schröbler/Wiehl/Grosse 1998, 130）。在新高地德语中，尾音硬化被保留在正音法中；但是它在书写上不再标记。然而，最近的研究（例如 Mihm 2004）表明，“尾音硬化”既不是一个统一的过程，也不是在中古高地德语的所有方言区有所贯彻。在当代德语中，也只有在北德正音法中被认为是规范，而南德则没有。新高地德语书面语则选择了忽略了尾音硬化的地区性拼写变体。今后中古高地德语文本编纂者必须更加关注手稿上出现的情况，而不是设想出来的中古高地德语规范。

由中古高地德语的尾音节弱化所引发的名词屈折变化这一发展趋势，在新高地德语中继续产生影响，使格的差异逐渐缩小，更加偏向数的差异（数字区分的强化）[①]。如果我们在中古高地德语中根据复数构成是否变音来进行分类，那么，在新高地德语中，这一数的原则因以下事实而变得更加复杂：通过添加新的词尾来构成复数词干从而创建了新的类别；然而，这并不意味着产生了全新

① 数字区分的强化（Numerusprofilierung），指通过清晰标示复数形式来加强数的区分。

的词尾 / 屈折变化，而只是从其他类别中借用或转化而来。在我们提到的强变化阳性名词变格的例子中（参见 III，2），类别数量由于复数词尾 *-er* 而翻番，它是从古高地德语类型的中性名词 *lamb – lembir* > 中古高地德语 *lamb/lamp – lember*（来自印度日耳曼语 *es/os* 变格；最初只有中性名词，主要用于家畜或宠物的语义类别）发展而来的（参见表 14）。

表 14：新高地德语强变化阳性名词变格

	I 1a	I 1b	I 2a	I 2b
单数主宾格	*Tag*	*Lehrer*	*Leib*	*Bösewicht*
属格	*Tag-es*	*Lehrer-s*	*Leib-es*	*Bösewicht-s*
与格	*Tag(-e)*	*Lehrer*	*Leib(-e)*	*Bösewicht*
复数主宾格	*Tag-e*	*Lehrer*	*Leib-er*	*Bösewicht-er*
属格	*Tag-e*	*Lehrer*	*Leib-er*	*Bösewicht-er*
与格	*Tag-e-n*	*Lehrer-n*	*Leib-er-n*	*Bösewicht-er-n*

	II 1a	II 1b	II 2a	II 2b
单数主宾格	*Bart*	*Apfel*	*Wald*	*Strauch*
属格	*Bart-es*	*Apfel-s*	*Wald-es*	*Strauch-s*
与格	*Bart(-e)*	*Apfel*	*Wald(-e)*	*Strauch*
复数主宾格	*Bärt-e*	*Äpfel*	*Wäld-er*	*Sträuch-er*
属格	*Bärt-e*	*Äpfel*	*Wäld-er*	*Sträuch-er*
与格	*Bärt-e-n*	*Äpfel-n*	*Wäld-er-n*	*Sträuch-er-n*

在 II 2 中，带和不带 *e-* 扩展的形式（a 类和 b 类）之间的类别差异在单数形式中并不明显（例如 *Strauches*，*Strauche* 也可能出

现），实际上甚至完全微不足道，以至于在新高地德语的发展中逐渐消失了（见 IV，5）；诸如 *-s* 或 *-es* 这样的屈折语素只是属格语素 *-(e)s* 的位置相关的语素变体形式。这使得 I 1a 和 II 1a 类复数中的 *-e* 成为一种与变音和 *-er* 一样的复数标记。

在这个系统中，格的屈折变化原则初步保留了属格单数 -s 和与格复数 -n，但这个系统被复数根本没有格词尾的变格分类进一步瓦解了。在个别情况下，如 *Balken*（属 I 1b）和 Garten（属 II 2b），与格复数中没有 -n，这可以从纯语音语境角度来解释为与词尾 -n 的重合。另一方面，类似的系统分类还导致了新高地德语中所谓的混合变格，其中——源自过去的弱变化——复数标志 *-(e)n* 被广泛使用（例如 *Staat – Staaten, See – Seen*）。这个被称为“混合”（即单数强变化–复数弱变化）的类别被同步纳入新高地德语阳性强变化系统中的 I 3 类。最后，还需要提及的是，最近几世纪备受争议的 s- **复数**作为的 I 4 类。除了最早的低地德语例子，诸如 *Jung(en)s, Decks, Fallreeps, Wracks* 等（参见古高地德语《希尔德布兰特之歌》中的低地德语形式 ***helidos*** *ubar hringa*）之外，s- 复数可以追溯到 17 和 18 世纪强烈的法语影响和 19 和 20 世纪的英语影响，也有一些是借词（*Hotels, Streiks* 等）。但在许多其他情况下，从共时角度来说，s- 复数已经成为德语屈折系统中不可或缺的一部分。根据某些分布规则，s- 复数已成为强制性的形式：在字母缩写的情况下（*Pkws*、*Kfzs*、*BHs* 等，尽管在某些情况下，如 *Kfzs*，无标记的复数已经在逐渐普及），以及没有派生语素的名词化形式中（*Hochs*、*Tiefs*、*Neins*、*Hurras*、*Lebehochs* 等），尤其是在词干以全元音结尾的情况下（*Uhus*、*Nackedeis*、*Taxis*、*Nazis*、*Fotos*、*Dias* 等）。这种现象是语言经济原则自动作用的结果——并非是由于有意识的语言标准化，事实上它甚至是反标准化的——（在古高地德语尾音节全元音通过中古高地德语尾音节弱化而消亡后）以全元音结尾的词汇需要一个特殊的复数标记，并反过来吸引了通过外来词而进入德语的新型复数后缀 *-s*，从而将其纳入到德语复数系统中来。

在弱变格阴性名词中，名词屈折围绕数的功能而逐渐固化的趋势（参见 Hotzenköcherle 1962）表现得最为明显：无词尾单数，复数以 *-(e)n* 结尾。这些名词在现今的语言中也被归为“混合”类，而弱变化只限于其余类别，如 *Mensch*，*Graf*，*Bote*，*Hase* 等。

在新高地德语中，类似的系统演变也发生在时态功能的强化上，其代价是牺牲了人称、数和句式的区分（“时态分析”）。在这一过程中，强变化动词过去时的单复数换音差异被消解了。路德那时仍然像中古高地德语那样书写，单复数形式存在换音差异：

er bleyb – sie blieben < 中古高地德语 *bleib/bleip – bliben* (> 开音节中元音延长)

er fand – sie funden < 中古高地德语 *fand/fant – funden*

而在新高地德语中则统一为 *blieb – blieben, fand – fanden*。因此，在诸如 *er was – sie wâren, er verlôs – sie verlurn, er zôch – sie zugen*（新高地德语 *er war – sie waren, er verlor – sie verloren, er zog – sie zogen*）这样的情况下，语法变换（参见维尔纳法则，I，2）也被消除了。通过系统均衡化，在现在时虚拟式中，一些在中古高

地德语中仍然存在的对立，在新高地德语中变成了同音词，从而彻底消失了（参见 Werner 1965）。例如，在中古高地德语中，*ich spriche*（直陈式）≠ *ich spreche*（虚拟式），*sie sprechent*（直陈式）≠ *sie sprechen*（虚拟式），而如今则都只是 *spreche* 或 *sprechen*。今天所有动词中残存的最后一点对立痕迹（第三人称单数 *er liebt* ≠ *er liebe*）是如此之微弱，以至于在新高地德语中，虚拟式现在时的古老的屈折范畴几乎被完全废弃。在过去时中也只限于可变音的动词（如 *sprach* ≠ *spräche*）。在新高地德语中，虚拟式屈折变化的通过助动词 *würde, möge, sei, wäre, habe, hätte* 重构为一个全新的系统，打破了与时态（虚拟式现在时、虚拟式过去时等）的旧有联系，从而与传统规范语法所依据的拉丁文系统不再一致，其语义功能如今也表现出完全不同的特征。

2. 印刷术的影响

在德语语言史的新高地德语时期，“德语”和“高地德语”愈发趋于等同。就文化语言发展而言，低地德语最终让位于高地德语，尽管这个进程是渐进的，因为自中世纪晚期接受罗马法以来，古老的（最初用低地德语书写的）民间法律（特别是埃克·冯·雷普戈的《萨克森之鉴》）逐渐失去影响力再加上汉萨同盟的衰落和宗教改革的冲击。如今，低地德语主要是德语方言学的研究对象。新高地德语（Neuhochdeutsch）或“新德语”（Neudeutsch）的开端是语言史上最难确定的**分期问题**之一。有人提出了一个过渡性概念，即“早期新高地德语”，用来描述 14 世纪中期至 16 世纪这段时期。然而，语音标准（所谓的［早期］新高地德语双元音化、单元音化和元音长读）并不能作为可靠的分期参考点，因为这些语音变化从中世纪盛期以来的几个世纪中，或早或晚地从不同地区逐步发生的，而在某些地区甚至完全没有发生过。这再次表明，语言内部标准对语言史的分期几乎没有意义。

如果我们把德语发展的第一个时期定为始于8世纪的基督教化和德语书写的开端，第二个时期从1200年之前不久世俗语言文化的首次繁荣开始，那么我们也应该为第三个时期选择一个最终导致当下语言状态的语言社会学标准：从15世纪中叶起，印刷术的发明使更多的语言群体能够接触到书面德语。在成为一种共同语言和标准语言的路上，在此之前人们主要依赖于费时费力制作数量有限的手抄本，而且这些手抄本仅为少数专业人士或富裕阶层所能购买或阅读。古登堡的发明使得书籍和小册子有可能以相对低廉的成本大量印刷，并从印刷地传到德语区的各个角落。当我们认识到，即使在今天，我们的共同语也远不是建立在口头交流的基础之上，而是建立在印刷文学的基础上，就能最好地理解印刷术的发明对书面语发展的重要性，事实上，即使现在也只有书面德语（Bücherdeutsch）可以被视为一种相对统一的共同语，而口语（即使是在受过教育的人群中）在不同地区和社会群体中仍然存在显著差异。

图书贸易的商业利益促使越来越多的出版商致力于将方言中的粗俗成分从印刷语言中剔除出去。出版商越是能使其出版物的语言形式趋于纯净，其出版物在德国各地被阅读和销售前景就越广阔。因此，我们很快注意到，许多印刷商都致力于对其出版物进行正字法规范，有时甚至会违背作者的拼写习惯。直到1582年之前，维也纳的 19 家印刷商中，只有一家是维也纳本地人，而像安东·科贝尔格（Anton Koberger）这样的大印刷商在德国中部和南部的各个城市开了不少于 13 个印刷工场和分部，这些事实表明方言平衡的趋势是多么显而易见。

在 16 世纪，不同印刷地点和出版商仍然使用各自的语言形式，它们在某种程度上存在竞争，尽管有许多相似之处，但还是可以区分出以下几种类型：东南部德语区（维也纳、英戈尔施塔特、慕尼黑）、施瓦本型（奥格斯堡、乌尔姆、图宾根）、上莱茵地区型（斯特拉斯堡、巴塞尔）、瑞士型（苏黎世）、中西部德语区（美因茨、法兰克福、科隆）、东法兰克型（纽伦堡、班贝克）和东中部德语区（莱比锡、维滕贝格）。但是，对语言统一的追求，即对广泛销路的渴望，往往超过了作者和小范围读者的地方自豪感。因此，巴塞尔在宗教改革前已经改用双元音，苏黎世早在 1527 年就改用双元音，尽管在当地的方言和口语中仍然保留了过去的单元音（如 Schwyzerdütsch）。

印刷术对语言及其使用的影响远远超出了单纯加速（书面）语言统一的范畴。最初，印刷术只不过是迅速可靠地复制文本的一种手段。古登堡既没有计划也没有看到，印刷术的发明可能会引发一场媒体革命。历史上首次实现了在较短的时间内生产出大量完全相同的文本副本。这样的事情在“手抄本时代”是不可能的；繁重的誊写过程总是会在形式或内容上造成或大或小的差异。书籍可以相对大规模生产的事实也改变了书籍的分配方式：市场成为决定性的分配渠道；书商必须事先考虑并计划好哪些书籍可能会受到市场的欢迎并有好的销路。由此就产生了扉页，作为一个新的（准）文本元素，用以吸引潜在的读者。正如“导论”中所强调的，新的复制技术最终也使人们有可能对时事做出迅即反应；为此，出现了诸如传单和小册子等新型文本，没有这些文本，宗教改革和农民战争就不可能成为如此广泛公开讨论的历史事件。

3. 路德与宗教改革

如果没有印刷术这一新的出版技术，16 世纪开创了教会和国家新时代的宗教改革就不可能如此迅即地在德国大部分地区展开，同样，如果没有印刷的《圣经》，宗教改革家马丁·路德对德语历史的贡献也是无法想象的，这使得德语通用语的发展向前迈进了一大步。尽管把路德的工作视为新高地德语出现的唯一决定推动力可能是不准确的，但可以肯定的是，他对母语护养的方式和规模与其前辈们有着本质上的不同。官署和印刷商的努力未能产生深远的影响，因为他们缺乏能够影响大众的语言风格和内容。路德本质上是一个学者，他的《桌边谈话录》以我们今天难以想象的方式混合了德语和拉丁语（见 IV, 4）。但是，从他清楚地意识到自己作为改革家的使命的那一刻起，他就把自己看作是一个“灵魂捕手”（Seelenfischer），他更关心他最卑微的弟兄的救赎，而非王公贵族和长老神父的掌声。因此，当帝国的最高权力机构和教会迫害他，许多人文主义者蔑视他的时候，他却在广大民众的热心追随者中找到了最有力的支持。然而他当然无法以精雕细琢的修辞手法来影响他们；最简单、最直接、通常也是最粗俗的表达对他来说是最好的。路德不仅从一开始就感到了这一点，而且后来也愈发清楚地认识到这一点。他在介绍自己 1523 年出版的《摩西五经》译本时承认，无论是他自己还是其他人，尤其是诸侯官署，迄今都不懂德语写作的艺术。他自己也是在艰难的广泛的文学实践中、特别是在数十年与《圣经》原文的“斗争”中才逐步掌握了这种艺术。他为德语创造了一种生动的表达方式，并通过不断的修订，使之整体上充满了迷人的活力，而且在细节上也展现了史无前例的精准性和认真负责的态度。

路德译文的语言更接近萨克森选帝侯官署公文体，他认为这种文体与帝国公文体是一致的。路德对印刷商和校对人员在纠正其著作中最初相当不一致的正字法所付出的努力，表示了欣然接受和感激。路德对其著作的外在语言形式并不看重。那些未经授权的《圣经》印本在摹仿其样板时有很大自由度。仅在 1524 年和 1525 年，就有 14 部授权的重印和 66 部未经授权的翻印同时出版。作为维滕贝格《圣经》的有力而成功的竞争对手，大约在 16 世纪末，法兰克福西格蒙德·费耶阿本德（Sigmund Feyerabend）出版社出版了一个流传甚广的《圣经》译本，它在许多地方都故意偏离了路德译本。但新高地德语书面语最终主要从这些作品中汲取了正字法方面的特征，例如，*komm* 取代 *kom*，*Gäste* 取代 *Geste*，*ältester* 取代 *eltester*。路德自己的正字法与新高地德语相比仍存在很大差距。在随意使用冗余字母方面（*vnnd*“und”，*auff*“auf”，*ysß*“iss”），路德仍处于野蛮成长的高峰期。即使是著名的“路德式”*-e*（*Seele* 取代 *Seel*，*im geiste*），在 18 世纪南德天主教作家看来，这种用法显然很怪（以天主教为主的南部德语区尾音 -e 早已脱落消失），只是在路德之后才成为东中部德语写作的固定规则（如马丁·奥皮茨

[Martin Opitz]）。堪称典范的东中德写作传统的许多特点后来都与路德和《圣经》的权威性有关。

路德《圣经》在整个德语区产生了巨大影响，这得益于一场全面的语言社会学运动，路德的突破并非通过语文学上的一丝不苟或特立独行，而是通过敢于采取亲民的翻译风格。只有这样才能理解为何，自 16 世纪以来，语法学家们一直不厌其烦地推荐将路德著作的语言形式作为典范。在较早的德语语法中，流传最广的是约翰内斯·克拉尤斯（Johannes Clajus）的语法书《德语语法…摘自路德德语<圣经>和他的其他著作》（*Grammatica germanicae linguae ... ex bibliis Lutheri germanicis et aliis eius libris collecta*）。路德的语言不是一个新开始，而是他那个时代所有鲜活的德国语言传统的集大成者。路德广泛借鉴了其前辈和同时代人的成就，从神秘主义者和较早的《圣经》翻译中汲取灵感——在路德之前已有 14 种德语《圣经》印刷出版，从 1466 年斯特拉斯堡的约翰内斯·曼特林（Johannes Mentelin）的版本开始——并融入《圣经》选读、灵修文学以及路德时代的德语口头传道语言。如果路德使用的词汇和短语也出现在其竞争对手的《圣经》翻译中，这不一定意味着剽窃。路德不过是第一位敢于在《圣经》翻译中使用普通的活语言，包括日常语，并抛弃了拉丁化的人文主义者和抽象而矫揉造作的修士德语。如上文提到的曼特林《圣经》并不是要成为一部易于理解的“读本”，而是为神职人员提供服务，使他们更容易理解《圣经武加大译本》（“*Vulgata*”）的拉丁语原文。路德的目的并非完成“翻译”，因为翻译最终总是以源文本为准；他的目的是完成一部具有自身价值和影响力的德语《圣经》。

可以肯定的是，在路德的影响下，一系列原本属于方言的词汇，如 *Splitter, schüchtern, Spuk, Motte, Knochen, schimmern, lüstern, Scheune, bange, Wehklage, Wehmutter* 进入了通用语，而许多源自《圣经》的短语，如 *sein Licht in den Scheffel stellen, sein Scherflein beitragen, sein Pfund vergraben, mit seinem Pfunde wuchern, ein Stein des Anstoßes*，[①] 都通过路德翻译得到了传播。他从专门编写的谚语集中汲取灵感，展现出惊人的词汇丰富性。例如，他可以在一个单独的句子中，区分使用语义相近的 *beschirmen, behüten* 和 *bewahren*。

"sein Pfund vergraben"（"埋没才能"）这一例子很好地说明了路德是如何从文本中提炼出他自己独特的表达方式的：

> *GLeich wie ein Mensch der vber land zog / ruffete seinen Knechten / vnd thet jnen seine güter ein / Vnd einem gab er fünff Centner / dem andern zween / dem dritten einen / Einem jedern nach seinem vermögen / vnd zog bald hinweg. Da gieng der hin / der fünff Centner empfangen hatte / vnd handelte mit den selbigen / vnd gewan andere fünff Centner. Desgleichen auch der zween Centner empfangen hatte / gewan auch zween andere. Der aber einen empfangen hatte / gieng hin / vnd machete eine Grube in die erden / vnd verbarg sei-*

---

① *sein Licht unter den Scheffel stellen*"不露锋芒，韬光养晦"，语出《马太福音》；*sein Scherflein beitragen*"贡献微薄"，语出《马可福音》；*sein Pfund vergraben*"埋没才能"，语出《马太福音》；*mit seinem Pfunde wuchern*"发挥才能"，语出《路加福音》；*Stein des Anstoßes*"绊脚石"，语出《旧约·以赛亚书》。

nes Herrn geld. (Mt. 25,14−18)[①]

从上下文来看，这句话变得可以理解了。它是成语 *mit seinem Pfund wuchern*（“发挥才能”）的反义。

作为一个本身就讲双语的北图林根人（他的父母来自西图林根，他本人出生在当时讲低地德语的艾斯莱本 [Eisleben]，并在讲低地德语的曼斯费尔德 [Mansfeld] 长大，在马格德堡 [Magdeburg] 和艾森纳赫 [Eisenach] 上学），路德遵循其《桌边谈话录》中给出的原则行事：“我的德语并不是一定的、特别的、自己的语言，我需要共同的德意志语言，以便上德意志和低地德意志人都能够理解我。”通过路德的《圣经》翻译，低地德语和中部德语的词汇在新高地德语中胜过了南德方言：*Lippe* 取代 *Lefze*，*Peitsche* 取代 *Geißel*，*Ziege* 取代 *Geiß*，*prahlen* 取代 *geuden*，*Ufer* 取代 *Gestad*，等等——一些词汇意义的发展也可以追溯到路德。今天我们惯于使用意为“原因”的 *Grund* 一词，这也要归功于路德，因为他总是尽力为他所信和所行的一切在《圣经》中找到 *Grund*（源于“*Grundlage*”基础）。同理，今天 *Beruf* 一词也不再意味着“呼召、天职”，而是意为“生活定位、职务、手艺”等，如果我们不知道路德是如何高度评价底层人收入微薄的劳动亦乃上帝所赐、属神悦纳之功，就很难

---

① 中文《圣经》和合本译文：天国又好比一个人要往外国去，就叫了仆人来，把他的家业交给他们。按着各人的才干，给他们银子。一个给了五千，一个给了二千，一个给了一千，就往外国去了。那领五千的，随即拿去做买卖，另外赚了五千。那领二千的，也照样另赚了二千。但那领一千的，去掘开地，把主人的银子埋藏了。（《马太福音》25：14—18）

理解这种含义的演变。

“路德德语”（Lutherdeutsch）这个词至今仍与简单的、不矫揉造作的**句子结构**（**Satzbau**）联系在一起。路德的写作风格还没有受到后来严格的词序规范的影响（见 IV, 4）。路德著名的宗教改革小册子《致德意志民族的基督徒贵族》（*An den christlichen Adel deutscher Nation*，1520）里的话可以作为展示路德德语如何以简短的主从复合句逐步行文的例子：

> Wen ein heufflin fromer Christen leyen wurden gefangen vnnd in ein wusteney gesetzt / *die nit bey sich hetten einen geweyheten priester von einem Bischoff / vnnd wurden alda der sachen eyniß / erweleten eynen vnter yhn / er were ehlich odder nit / vnd befilhen ym das ampt zu teuffen / meß halten / absoluieren / vnd predigenn / der wer warhafftig ein priester / als ob yhn alle Bischoffe vnnd Bepste hetten geweyhet.*

如果把路德的这些话改写成 19 世纪的正确的学者德语，人们会把限定动词尽可能放在末尾，也会把扩展定语 *von einem Bischoff* 放入框形结构里：

> **Wenn ein Häuflein frommer Laienchristen, die keinen von einem Bischof geweihten Priester bei sich hätten, gefangen und in eine Wüste versetzt würde und sie sich dort darüber einig würden, dass sie einen unter sich – er wäre verheiratet oder nicht – erwählten*

und sie ihm das Amt, zu taufen, Messe zu halten, zu absolvieren und zu predigen, anbefehlen würden, so wäre der wahrhaftig ein Priester, wie wenn ihn alle Bischöfe und Päpste geweiht hätten.

在路德的圣经德语中——特别是在《新约》的第一个译本，即1522年的所谓的“九月《圣经》”（*Septemberbibel*）中——基本无框形结构的语序似乎更符合希腊语原文的语序（参见附录中的文本示例4）。从路德的小册子和寓言中框架结构的主导地位来看，有学者认为，恰恰是框架原则，而不是自由词序，最接近民众语（参见如Admoni 1970, Stolt 1964）。然而这些文本对于当时的民众语来说，并不能证明什么；而且也不该认为路德在《圣经》翻译中采用的是逐字翻译法（像9世纪富尔达修道院的《四福音合璧》译者那样）。在路德的其他作品以及15、16世纪的通俗文学中出现的许多破框现象，使路德很可能——与他那个时代已惯于“嵌套”的拉丁语风格和学术语风格正相反——利用了原文的无框形语序，以至于他也迎合了他那个时代日常德语的更加自由的语序，其中许多语序如今仍然可以在口语语法中，特别是在今天的意第绪语中看到。

无论如何——在风格迥异的德语标准语和书面语文体倾向发展的四个世纪之后回顾——路德的语言风格代表了德国语言史上长期以来的最后一次尝试，使自然随意无拘束的语言运用、甚至是“未受过教育者”使用的语言成为一种文学书面语，以合乎时代的、所有人都能理解的语言来将《圣经》重新呈现在普通读者面前。路德《圣经》的迅速成功就在于此。然而在后来的德语发展中，那种与单纯“语用”保持距离的、高雅的、学术性的或受诗歌影响的文体层面变得越来越普遍。于是，德意志诗人们——从狂飙突进到布莱希特——便一再突破新高地德语书面语的矫揉造作，欣然倒向了路德及其时代的“天然德语”（das „urwüchsige“ Deutsch）。

4. 拉丁语的影响

随着通俗读物、小册子、《圣经》、布道文和学校教育的出现，印刷术和宗教改革确实使拉丁语作为一种文学和教育语言的势力变弱了一些。但这还不能掩盖这样一个事实：德语还远远没有被认真对待。在许多重要的文化领域，德语还远不能与那已超越教会传统、作为新的世俗教育语言来护养的语言来竞争。在人文主义时代，拉丁语仍然是科学和法律体系中的写作和谈判语言，而法律体系已完全符合罗马传统。1518 年，德国出版图书中只有 10% 是用德语书写的，而迟至 1570 年，这一数字也没超过 30%。1740 年，用拉丁文撰写的德国书籍的数量仍占 28%，1770 年为 14%。德语在 1687 年才通过莱比锡的克里斯蒂安·托马西乌斯（Christian Thomasius）进入大学课堂。即使到了 19 世纪，一些学科的博士论文仍必须用拉丁文书写。拉丁语在德国知识界的这种文化统治地位远远超过了中世纪末，必然会在现代德语中留下痕迹。

当然，拉丁语的影响在**词汇领域**最为显著。对术语和引文的强制使用，也在中世纪早期开始的德国学者的口语讲话中产生了德语-拉丁语的混合语言，这在路德的《桌边谈话录》中也有所体现。一种非常流行的方式是用德语谓语动词构成句子的框架，然后在其他句法位置用拉丁语来填充，例如：

Spiritus sanctus *sezt* mortem *ein* ad poenam.

Ergo *mus* fides in hac carne infirma *sein.*

In articulo remissionis peccatorum *ligt die* cognitio Christi.

(引自 Stolt 1964)

因此，在人文主义时代及其前后无数的拉丁语词汇从学者、学校、法院和官署的**拉丁语**中被借用到德语中：*Universität*, *Professor*, *Kollege*, *Humanität*, *Pensum*, *Text*, *diskutieren*, *demonstrieren*, *präparieren*, *Prozess*, *protestieren*, *appellieren*, *konfiszieren*, *Akte*, *legal* 等等。① 自人文主义以来，新出现的现象是**希腊语词**及其派生词在德语借仿词中占有比例：*Akademie*, *Bibliothek*, *Gymnasium*, *Pädagoge*, *Apotheke*, *Technik*, *Horizont*, *erotisch*, *panisch* 等等。② 然而，其中许多也有可能是从拉丁文进入德语的。这种来自古典语言的借词影响是如此之大，以至于直到今天，在现代文明的所有生活领域中，新的德语单词总是用拉丁语或希腊语的词干或构词法形成：*Elektrizität*, *Photographie*, *Philatelie*, *Graphologie*, *Germanist*, *Sozialist*, *Materialismus*, *Antifaschist*, *nuklear*, *multilateral* 等等。③ 但与其他西欧文化语言相比，在德语词汇领域发生的这种现

① 意为：大学，教授，同事，人性，课程，文本，讨论，演示，准备，过程，抗议，上诉，充公，档案，合法，等等。

② 意为：学院，图书馆，文理中学，教员，药房，技术，地平线，情色的，恐慌的，等等。

③ 意为：电，摄影，集邮，笔相学，日耳曼学者，社会主义者，唯物主义，反法西斯主义者，核的，多边的，等等。

象并非特殊现象。因此，在许多词汇领域，可用于形成新概念的词干数量几乎翻番，而且完全不是冗余，因为来自于原词和借词词干的共存可以帮助区分细致的语义差异（如试比较 *sozial* 和 *gesellschaftlich*，*Psyche* 和 *Seele*）。

拉丁语对正在生成的德语书面语和标准语的**句子结构**和**文体风格**产生了更隐秘的影响。在中世纪晚期，有一类作品极大地促进了受古典影响的写作方式的传播，这种作品最初是用拉丁文写的，从 15 世纪开始在德语图书市场上也有大量的代表："修辞学""信件写作法""形式学"，它们致力于将意大利语关于信件和文件的艺术构成理论引入德语写作实践。这些作品值得关注，因为在母语的语法表述还处于起步阶段的时候，它们可以被视为一种运用德语的教科书和范本，其对德语文件和书信风格的影响以及对整个德语散文的间接影响巨大。虽然波希米亚的早期人文主义者已经证明，古典语言装饰与德语表达的美感和清晰有共通之处，但在这些古典修辞法影响之下形成的言语繁复和辞藻华丽的语言风格，至今仍给"公文风格"的德语教育带来问题。

我们可以逐步了解，诸如句子各部分的平行结构、反问句或通过使用两个或三个同义词来强调一个简单概念的古典修辞学文体手段，是如何在德语散文中扎根的。然而，伴随着那些在朴实无华的德语散文中完全找不到相似之处和联结点的文体元素出现的是纯粹拉丁语的文体风格，如模仿拉丁文而越来越多使用分词和不定式结构。在 15 世纪末，这个过程已经发展到了一定程度，以至于早期人文主义者尼古拉斯·冯·维勒（Niklas von Wyle）可以做出如下判断：

> *daz in der latinischen Rhetorick wenig [⋯] zu zierung und hofflichikait loblichs Gedichts diende zu finden ist, daz nit in dem tütsche ouch stat haben und zu zierung sölicher tütscher gedichten als wol gebrucht werden möcht, als in dem latine.*①

然而，也有对学者德语的批判，因为这种德语过多受到拉丁语的影响。因此，阿文丁（Aventinus）在他的《巴伐利亚纪年》（*Bayerischen Chronik*，1526）的序言中这样写道：

> [I]*n dieser Verteutschung brauch ich mich des alten lautern gewöhnlichen jedermann verstendigen teutsches; dan unser redner und schreiber, voraus so auch latein künnen, biegen, krümpen unser sprach in reden und schreiben, vermengens felschens mit zerbrochen lateinischen worten, machens mit großen umbeschwaifen unverständig, ziehens gar von ihrer auf die lateinisch art mit schreiben und reden, das doch nit sein sol, wan ein ietliche sprach hat ir aigne breuch und besunder aigenschaft.*②

在16世纪下半叶，首先在司法判决和行政官署的文体领域

---

① 意为：在拉丁文修辞学中，几乎找不到［……］德语中没有的用于修饰赞美诗的手段，而且可能在德语诗歌修辞中也同样适用，就像在拉丁文中一样。

② 意为：在德语翻译中要理解大家共同的古老德语；因为我们的演讲者和作家也懂拉丁语，他们在演讲和写作中扭曲了我们自己的语言，把它与蹩脚的拉丁语单词混合在一起，用迂回表达使它变得无法理解，甚至从他们的拉丁语写作和说话方式中汲取营养，本不该如此，因为一种地方语言也有自己的语言特征。

中出现了德语语序规则的变化，到了 17 世纪，其他文体领域，特别是学术德语和散文作品中也有了这种变化（参见 IV, 3 的路德文例）。自 16 世纪以来，语法学家将主句中第二个谓语部分（不定式、分词、可分动词前缀）的强制性后置（置于主句末尾）以及从句中限定动词的置尾作为唯一规范。17 世纪以后，句子成分破框并将其置于动词或第二谓语部分之后的可能性已越来越小。扩展定语也属于这种情况（参见 Weber 1970），在尚未受到拉丁文模式影响的中古德语文本中，定语一般最多只能用一个副词作为扩展（如 *die wol gelobeten vrouwen*，Kudrun 43,3），多项的扩展几乎只能后置（如 *gestrichen varwe ûfez vel*，Parzival 551,27）。在官署公文语体中，直到 16 世纪末，带有形容词和分词的扩展定语都是按照拉丁语模板，只能作为同位语放在所修饰的名词后面。从 1600 年以来，多个定语可以前置在名词之前，这是将人文主义拉丁语翻译成德语的过程中借鉴而来的，中古高地德语中常见的后置分词定语到了 17 世纪已经很少见了，到了 18 世纪，只在很有限的高雅文学语言中还可以见到。扩展定语是德语基础句从 17 世纪开始范围普遍扩大的主要原因之一（参见 Admoni 1972）。在公文语风格中，扩展定语的使用频率和范围几乎没有任何限制；一个常见的例子是：

> [...] *die hin und wieder im Reich erst-gedachten Commercien und gemeinem Nutzen zu Nachtheil, mit Gelegenheit des Kriegs, wider die Rechte, Freyheiten und ohne Bewilligung eines Römischen Kaysers und der Churfürsten neuerlich eigenes Gefallens eingeführt- und erhöheten Zölle* [...].

(Reichs-Abschied 1670)[①]

扩展定语和动词以及主句中第二谓语部分的强制性置尾是同一种语言结构变化的不同表现形式：中古德语的自由语序（参见附录中的文本示例3）受到限制和约束，句法结构趋于“向心结构语序”（参见附录中的文本示例6）；句法上的从属词（修饰语）置于中心语之前，这与法语的离心结构词序正好相反（参见 Tesnière 1959, 22—23）。被排除在向心结构语序之外的，是那些表明整组句法功能的词。从属词组位于一个框形结构之中，这个框形结构在主句中由限定动词和第二谓语部分构成，在从句中由连词和限定动词构成，在扩展定语中由冠词和名词构成。德语的这一语序原则是在人文主义拉丁文的影响之下形成的，向心词序规则已经成为德语句子结构的重要条件。当时的人文主义者甚至尝试在主句中也引入限定动词置尾，但是没有成功推行开来。然而，将其视为“非德语的”是错误的。相反，向心结构语序规律是德语本身的一个重要结构前提。然而，对于科学语言和公文语言风格来说，向心语序产生了不利的影响。这些文体领域的抽象和复杂的风格促使过度使用长名词组合来填充句子，这导致框形中不断把各种句子成分框进句子结构中，甚至包括从句和不定式，最终使向心结构语序原则变得不可理解。这就是臭名昭著的德语“套盒句”（Schachtelsatz）或“框形文风”（Klammerstil），可以说这些德语特征都是受到拉丁语间接影响

① 意为：在帝国内征收和提高关税损害了商业和公共利益，利用战争的机会违反了神圣罗马帝国皇帝和选帝侯的权利和自由，而且没有经过他们的批准就私自行事。（帝国议会议事录 1670）

的产物，自 19 世纪以来一直遭到抵制（见 V, 3）。

依照拉丁语的模式，德语越来越多地用 *welcher* 引导关系从句，省略助动词（如 *das Buch, das ich gelesen*），以及对动词的时态形式进行系统分类，而并不总是与德语语言结构相符，比如：*er wird es gelesen haben*，是根据拉丁语第二将来时（Futurum exactum）和德语情态（“ich nehme an, dass er es gelesen hat”）。人们已经习惯于按照拉丁语方式进行屈折变化（如 *Mann, Mannes, Manne, Mann, bei dem Mann, oh Mann!*），直到 20 世纪 50 年代开始，德语语法研究才开始致力于将德语语言学从拉丁语范畴中解放出来，并寻找更适合德语语言结构的新方法，主要包括“内容相关语法”（格林茨 Hans Glinz，魏斯格贝尔 Leo Weisgerber，埃尔本 Johannes Erben，格雷贝 Paul Grebe，布林克曼 Hennig Brinkmann）[①] 和“结构主义语法”（格林茨 Hans Glinz，富凯 Jean Fourquet，比尔维施 Manfred Bierwisch，黑林格 Hans Jürgen Heringer，黑尔比希 Gerhard Helbig，恩格尔 Ulrich Engel，艾森贝格 Peter Eisenberg 等）两个方向。

在拉丁语的影响下，概念清晰而精确的句法手段被视为对德语的一种宝贵的补充，因而被毫无异议地保留了下来。因此，参照 16 至 18 世纪的拉丁语范式，德语中的双重否定和不合逻辑的共有结构（Apokoinu）[②] 在德语书面语和标准语中被抑制了，句子中

---

① 内容相关语法，Inhaltbezogene Grammatik，20 世纪 50 年代在德国兴起的一种语言学流派，基于洪堡的“语言是一种创造活动（Energeia）”的学说，认为语言的内部形式体现着世界观，因此语法学应该研究语言的内部世界，即体现母语特征的世界观。内容相关语法认为存在着因语言差异而不同的独立的语言内容世界。

② 共有结构（Apokoinu），指两个句子共有一个句子成分的句法结构，它位于两个句子的结合部或者第二个句子中。

性、数、格和人称的一致得到了贯彻。如果没有拉丁语的范例和学术写作风格，句子结构中**从句**的句法从属关系肯定无法得到如此系统而精细的发展。在路德《桌边谈话录》的德拉混合语风格中，可以清楚地观察到德语向拉丁语的转化，特别是在连词从句中，例如“Sonst kund niemand den Teuffl ertragen, *sicut videmus in desperatis*”[①] 或“Zu letzt hebt Staupitz zu mir uber tisch an, *cum essem sic tristis* und erschlagen”[②]（转引自 Stolt 1966，第 197 和 199 页）。

相比之下，以路德的演讲习惯，他更倾向于使用德语中各种类型的 *dass* 从句和关系从句。中古高地德语的句法则较为自由，句法上表达句子从属的可能性还相对有限，通常不像新高地德语那样需要连词，一般仅靠从句动词的虚拟式或一个连词 und 就足以表达句子的从属关系了，有时甚至完全不使用任何从属标志，例如：

Ouch trûwe ich wol, si sî mir holt (Wolfram Von Eschenbach, Parzival 607,5; ‚Auch vertraue ich fest darauf, dass sie mir hold ist‘);[③]

Ich erkande in wol, unde sæhe ich in (Hartmann von Aue, Gregorius 3896; ‚Ich würde ihn sicher erkennen, wenn ich ihn sähe‘);[④]

Ir sult wol lâzen schouwen, und habt ir rîche wât (Nibelungenlied

① 意为：否则无人能忍受魔鬼，正如我们在绝望中所见。

② 意为：最后，施陶皮茨隔着桌子向我举起手来，当我如此悲伤心如死灰之时。

③ 意为：我也坚信，她会对我仁慈以待。（埃甲巴赫的沃尔夫拉姆，《帕西法尔》607，5）

④ 意为：我若见到他，肯定能认出来。（奥埃的哈尔特曼，《格里高利》3896）

831,3; ,Ihr sollt nun sehen lassen, ob ihr prächtige Kleidung habt ‘);[1]

Von iu beiden samt ist daz mîn ger, ir saget mir liute unde lant (Wolfram von Eschenbach, Parzival 769,26f.; ,Euch beiden gegenüber ist es mein Wunsch, dass ihr mir von Leuten und Land erzählt ‘).[2]

保留到今天的动词前置构成无连词条件句就是这种简单的古德语主从关系遗留下来的语法现象（如 *Hilfst du mir, helf‘ ich dir*）。今天，仿照拉丁文学术风格而形成的系统而丰富多样的从句连词系统已成为高雅德语的一个基本特征，甚至包括了许多语言使用者从未或几乎从未使用过的连词（*zumal, indem, falls, sofern, sowie, soweit, soviel, insofern - als, als dass, auch wenn*）。

5. 规范语法

如果我们将路德的《圣经》德语原文与今天的书面语以及经典文学语言进行比较，就会发现德语语法经历了巨大变化。研究普遍认为，路德及其时代语言仍属于所谓的**早期新高地德语**。但这一时期应该断代到何时？到奥皮茨？抑或到戈特舍德（Gottsched）和

---

① 意为：穿上你们最华丽的衣裳给她看看。（《尼伯龙人之歌》831，3，安书祉译文）

② 意为：对你二人我希望，你们能告诉我关于人民和国家的情况。（埃申巴赫的沃尔夫拉姆，《帕西法尔》769，26 及以下）

阿德隆（Adelung）？无论如何，从中世纪末到18世纪，德语的语法形式在很多方面都经历了某种程度的**合理化**。下文提到的一些现象显示了，语言在自由发展的过程中已经开始了这种变化。然而，毫无疑问，16至18世纪的德国语法学家和语体学者对德语语法的规范和统一化产生了深远的影响。他们从约翰内斯·克拉尤斯（Johannes Clajus, *Grammatica germanicae linguae*《日耳曼语语法》，1578）经过马丁·奥皮茨（*Buch von der Deutschen Poeterey*《德意志诗论》，1624），邵特尔（Justus Georg Schottelius, *Teutsche Sprachkunst*《德意志语言艺术》，1641，*Ausführliche Arbeit Von der Teutschen HaubtSprache*《德意志普通话详论》，1663），约翰·博迪克（Johann Bödiker，*Grund-Sätze der Deutschen Sprachen*《德语语言基本原则》，1690）和约翰·克里斯托弗·戈特舍德（Johann Christoph Gottsched，*Grundlegung einer Deutschen Sprachkunst*《德语语言艺术之基础》，1748），直到约翰·克里斯托弗·阿德隆（Johann Christoph Adelung, *Versuch eines vollständigen grammatisch-kritischen Wörterbuches der Hochdeutschen Mundart*《高地德语文法大词典》，1774 ff.）。[①] 这些学者及其前辈，即中世纪晚期的官署文员们，往往同时也是城市学校的教师，并不仅仅对拉丁文样板亦步亦趋。他们认真思考了德语的“**语言正确性**”问题。尽管他们做出过许多（可以谅解的）错误判断，但他们也确立了许多行之有效的规则，这些规则最终通过学校教育和许多作家的践行而得以确立并被沿用至今。

① 阿德隆《高地德语文法大词典》（1774—1786），5卷本。

在**正字法**方面形成了与中古高地德语有着本质差异的原则。人们开始习惯于不仅根据音质来选择字母，而且还根据词干的形态关系和意义差异来选择字母进行拼写。

因此，中古高地德语的尾音硬化（至今仍存在于北德习惯的标准发音中）在书面语中消失了，以便词干在所有的屈折形式和派生中都可以保持一致：中古高地德语 *gap – gaben*，新高地德语 *gab – gaben*；中古高地德语 *tac – tage*，新高地德语 *Tag – Tage*；中古高地德语 *leit – leiden*，新高地德语 *Leid – leiden*。中古高地德语字母 *e* 和 *ä*（源于 *å*）在两个不同音值上的区分（首次和第二次元音音变：中古高地德语 *geste*“Gäste”，*mähtec*“mächtig”，*geslähte*“-Geschlecht”）被放弃了，因为这种区分在影响力巨大的中部德语中并不存在。从德国南部印刷工场那里流传出来的 *å* 现在被用来进行语法–语义上的区分。法比安 · 弗兰克（Fabian Frangk）在其《正字法》（Orthographie，Wittenberg 1531）中提到：“*å* 用于派生”，即像今天一样，用于 *a* 词干的变音屈折形式和派生（*Gäste* 之于 *Gast, mächtig* 之于 *Macht, rächen* 之于 *Rache,* 但 *Rechen*）。这种长音 [ɛ :] 的字位区分导致新高地德语的元音系统多了一个音位，这个音位既没有在语音历时发展中获得合理性，在共时层面上也无法与元音系统完全吻合。数个世纪以来的书写传统通过在书面上以 <e> ≠ <ä> 的字位对立来区分 *Ehre* 和 *Ähre, Gewehr* 和 *Gewähr, Reeder* 和 *Räder* 等词语，这也导致了大部分德国人的发音（除柏林和东北部地区的人以外，他们通常坚持发半闭 [e:]）出现了半闭 /e:/- 音位和半开 /ɛ:/- 音位之间的对立，这与新高地德语元音系统中发音开闭和长短之间的其他关联产生了矛盾。这是一种罕见的现象——但对于纸张时代的语言史推动力来说显然更具典型意义——即书写对发音产生了影响（参见 Fleischer 1966）。

由于同一正字法原则，新高地德语中的其他发音相同的词汇（同音异义）也采用了区分性的拼写方法（**同音异义区分**），例如 *leeren / lehren*，*Moor / Mohr*，*malen / mahlen*，*Leib / Laib*。16 世纪中期出现的 *das* 和 *daß/dass*（均来自古高地德语 / 中古高地德语 *daz*）之间的正字法区分是出于句法上的考量。这些规则至今仍使正字法教学变得复杂，而且从语言结构的角度来看，这样的区分也并非必要，因为同音异义词的意义完全可以通过上下文语境来确定（例如：*Die* [1]*Weide steht auf der* [2]*Weide, aber nicht umgekehrt*）。这种倾向与受过语文教育的语言规范制定者的有意识的原则是一致的、尽管这些原则实施起来往往非常不一致：即根据视觉-词素拼写，而不是根据音位拼写。将文本划分为最小的意义单位（语素、词素）比划分为音位更重要。这也与 16 世纪以来越来越明显的趋势相呼应，即把**复合词**（Zusammensetzungen）连写在一起，以强调语素关系作为完整意义单位，这不必要地引发了“合写还是分写”的问题，并成为德语拼写的主要难点之一。在更高的语法层面上，这种倾向也体现在**标点符号**的发展上：在 16 世纪（例如路德，参见附录中的文本示例 4），大多数情况下句子中，只有句子语音的发音片段被标记出来，且用斜杠标识（/），在后来的重印版本中，斜杠常常被错误地替换为逗号，这种情况一直持续到启蒙时代，逗号才彻底取代斜杠而成为普遍使用的标点符号。然而，逗号的引入实际上代表了完全不同的标点符号原则：逻辑学家、语法学家和教育学家们认为，正是逻辑单位进行断句，如从句、省略连词的并列关系等等。这一原则在许多方面都与其他语言的标点使用方法不同，直到 19 世纪才成为具有约束力的规范。

引入名词首字母大写的做法也是出于同样考虑，这在荷兰语和丹麦语中也一度很普遍。虽然大写字母直到巴洛克时期仍然主要是自由的、外部文本设计的图形手段，如首字母或字体变化，即用于句子的开头，对专有名词（特别是神圣的专有名词；参见附录中的文本示例 1—5）的强调，或重要的关键词，但它——自 16 世纪以来零星出现，到 18 世纪中期的戈特舍德和阿德隆才有了强制性——越来越多地被用于标记一种词类，即一个语法定义的类别。不能排除大写字母的引入与长期坚持使用中世纪晚期的尖角体有关，一方面，特别是在巴洛克时期，人们为了装饰大写字母而更常使用尖角体；另一方面，由于小写字母形式模糊且经常过于相似，因此要求对词首进行特别强调，而不是使用更严格且更易阅读的拉丁圆体，这种字体——作为人文主义时期加洛林王朝小写字母的更新体——在罗曼语国家更受欢迎，且在很久以前就已通用。无论如何，启蒙时期德语学术写作风格中名词和扩展定语的增多（也见 IV, 4 和 IV, 8）产生了对这类词在形式上进行突显的需求，这体现在戈特舍德提出的“Hauptwort”（“名词”）概念中，但却没有证明这一原则的语言结构必要性。由于语义和句法范畴有时并不完全一致（例如：*das wesentliche Argument, das Wesentliche*，过去是：*im wesentlichen*，1996/2006 年正字法改革后是：*im Wesentlichen*），句法和语义标准的混合导致了不必要的习得困难，甚至上述正字法改革也未能完全解决这个问题。虔敬主义-巴洛克式的写法，如 *GOtt der HErr*，就代表了旧规则与新规则的巧妙交织。——另一方面，语法学家，特别是邵特尔和戈特舍德，通过他们的规范系统消除了正字法中的许多冗余，例如辅音复合或双辅音的滥用，这些辅音在迭音（Geminaten）[1]消失后已失去作用（例如，16和17世纪的 *auff, Gedancken, eintzig, todt* 等），以及限制 v 只能用于辅音的规则（参见路德的以 *vnnd* 代替 *und*，见附录文本示例 4）。因此，相较诸如法语正字法，德语正字法作为一个体系已经变得更加系统化。

合理化也涉及到**屈折形式**的某些发展，不论这些变化是语法学家有意识干预的结果，还是仅仅通过统一不同地区仍然不稳定的语言使用来推动。基于上述词干原则，语法范畴内的元音长读和元音换音等语音差异往往被系统性地强制消除了（*Hof – Hōfes*, *krieche – kreuchst* 变成 *Hōf – Hōfes*，*krieche – kriechst*）。

名词复数标志 *-e* 的产生，得益于奥皮茨刻意阻止了书面语中南德方言 e- 脱落（*die Füße* 取代 *die Füß*）。因此，复数中的 *-e* 至今保持不变，尽管在最近几十年，它作为单数与格标志也在逐渐减少（连冯塔纳都会写 *beim Könige, allem Anscheine nach*）。奥皮茨还主张将第二分词的（最初表示一种行为方式［体］的）前缀 *ge-* 固定下来并坚持严格区分无结尾的强变化动词过去时的单数形式和弱变化动词过去时以 -te 结尾（正如克拉尤斯 [Clajus] 所规定的那样）。路德仍旧写作：*than* “getan”，*er sahe* “er sah”，*er bracht* “er brachte”。博迪克（Bödiker）规定了 vor 和 für 之间的区别，并通过他那部在前戈特舍德时代很有影响力的语法书使指小后缀 *-chen* 优先于

---

① 迭音（Geminaten），指仅通过发音较长而与另一个辅音有别的辅音，也叫长读辅音。

南德的 *-lein*。

通常，对构词法的系统化干预体现在保留或恢复派生后缀中的尾音节全元音，如 *-lich*、*-isch*、*-ig*、*-in*、*-sam*、*-bar*，在中世纪晚期——如在今天的方言和意第绪语中——它们往往被弱化为 ə。这种元音保留未能对前缀和屈折词尾产生影响，宣示了一个始终适用的词素原则。

语言规范化的时代特征在于其语言社会学和文体学标准。标准的制定往往基于对特定语言使用的观察。最初，直到阿德隆，在某种程度上，迈森官话和路德《圣经》语言都被视为标准，但自奥皮茨以来，帝国官署的书写习惯成为标准，首先是帝国议会决议和施派耶帝国枢密法院决议，在 17 世纪末和 18 世纪标准还包括名作家写作语言，“学者写作和许多杰出人士的演讲”（博迪克语）或“受教育程度最高地区的上层阶级的特征”和“代表民族最开化部分的社会语言“（阿德隆语）这些都成为语言规范的参考。鉴于当时普通语言使用的不稳定状态，这种“语言正确性”的概念也意味着要与“乌合之众”的语言使用保持距离；因而“**我口说我写**”（**Sprich, wie du schreibst!**）的原则被广泛接受。由于教会和学术拉丁语以及贵族法语对德语的过度影响，以及相比英法等国来说德国缺乏政治、经济和文化中心，由此德语中就产生了一种过于学术化、文牍化且迂腐的语言标准。

统一民族语言的形成本身就是一种需求，与“民族”的产生一样，它与早期资本主义的市民经济体系（远程贸易、市场保护）密切相关，因此它的成功甚至早于德国的政治统一（参见 Nerius 1967, Guchmann 1964）。许多王公贵族宫廷的封建社会结构不仅在时间上延迟了这一发展，还在质量上影响了它，这种影响体现在（为了补偿外来“等级语言”的威望）对规范性要求的夸大上，从而导致了与自发的普通语言使用之间的更大疏离。如果说自赫尔德（Herder）和狂飙突进以来，对语言规范的抵抗逐渐增加，后来在民主、技术和大众传媒手段的时代更为明显，而德国传统文学语言中的许多旧有规范似乎也开始动摇。我们需要警惕（从阿德隆已开始的）“语言衰落”的意识形态，更要注意到这些规范中的许多并非基于语言的自然发展，而是基于少数人或特定群体的决策和早已改变的语言社会学条件，这导致了社会语体风格变体范围的任意缩小化。

6. 法语的影响

自霍亨史陶芬时期以来，法语文学和德语文学之间的联系以及德语对法语词汇的借用就一直没有停止过。到了16世纪，法语的影响再次加强，这一时期的影响不再只限于文学领域，而是扩展到政治和社会生活文化等领域。一方面，德意志诸侯贵族们被法国宫廷的辉煌与华丽深深吸引，尤其是法语是神圣罗马帝国皇帝查理五世的官方语言的影响，在查理五世（1519年至1556年在位）统治时期，帝国和其他德国诸侯之间的通信多使用法语。因此，德意志诸侯们普遍认为，法国在所有与教育和品味相关的问题上都是无法企及的典范。由于胡格诺派教徒战争，成群流离失所的新教徒涌入德国寻求庇护，进一步加深了法语在德国的影响力。此外，由于这些难民来自法国社会的不同阶层，这就使得法语的影响广泛渗透到了德国社会各个角落。从前，学习法语语言知识主要通过昂贵的出国旅行，但现在情况不同了，来自法国各行各业的胡格诺派教徒难民在德国担任法语教师。而且有些教师还拥有很高的社会地位。与此同时，也有许多德国人为了学习和教育的目的前往法国，还有的作为士兵和商人前往法国，到当地学习法语。因此，法语的影响力逐渐超过了西班牙语和意大利语，在整个16世纪都保持着强大的影响力，后者曾将许多贸易、航海和军事用途等领域的词汇带到了德语中（如 *Bank, Konto, Kasse, Kredit, Kapital, Risiko, netto, Post, Arsenal, Armada, Fregatte, Kompass, Pilot, Geschwader, Alarm, Kanone, Granate, Kavallerie, Infanterie, Brigade*）[①]。许多最初从意大利语和西班牙语借来的词汇后来都采用了相应的法语发音形式。

在17世纪初，法国文化开始展现出强大的影响力，特别是在反映法国宫廷骑士生活方式的词汇中，当时，法式宫廷生活通常被称为 *Alamodewesen*（时尚）。在语言、艺术、风俗、服装、甚至日常礼仪中，法国都成了模范。人们以巴黎的时尚为导向。因此，这个以法国模式引领社会和文化生活的时代也被称为 *Alamodezeit*（时尚时代）。其中包括法国服装，家居装饰和美食以及新的社交方式，等等，这些 *Alamodewesen*（时尚）给德语带来了许多法语外来词，其中一些至今仍然作为借词在使用。例如，当时的 *Mode*（时尚，开始时是法语 *à la mode*）、*Dame*（夫人）、*Maitresse*（情妇）、*Cavalier*（骑士）等词汇进入了普遍的用法，而诸如 *Monsieur*（先生），*Madame*（女士），*Mademoiselle*（小姐）的称呼也变得

---

① 意为：银行，账户，银台，信贷，资本，风险，净收入，邮政，兵工厂，舰队，护卫舰，指南针，飞行员，中队，警报，大炮，手榴弹，骑兵，步兵，旅。

很普遍。甚至德国的亲属称谓，如 *Vater*（父亲）、*Mutter*（母亲）、*Oheim*（伯父、舅父）、*Muhme*（姑母、姨母）、*Vetter*（堂兄弟、表兄弟）、*Base*（堂姊妹、表姊妹）也被法语取代了（*Papa, Mama, Onkel, Tante, Cousin, Cousine*）。社会评价也开始用法语表达：*galant*（英勇的），*charmant*（迷人的），*curiös*（好奇的），*nobel*（高贵的），*nett*（友好的），*interessant*（有趣的）。人们相互 *Complimente*（恭维），*Plaisir*（嬉戏）、*Coquetterie*（撒娇）或 *Conversation*（交谈），通过 *Karessieren*（献殷勤），*Parlieren*（闲谈），*Maskieren*（化妆舞会）来 *amüsierte*（娱乐），*logierte*（居住）在 *Palais*（宫殿），*Hôtel*（酒店），*Kabinett*（小房间），*Salon*（沙龙），或者住在 *Etage*（楼层），配有 *Möbeln*（家具），*Sofa*（沙发），*Gobelin*（石膏装饰品），*Stuck*（挂毯），*Galerie*（画廊），*Balkon*（阳台），*Terrasse*（露台）等等。而那些无法用法语表达的人，则被称为 *Parvenus*（暴发户）和 *Pöbel*（下等人）。

毫无疑问，三十年战争也在这场语言巨变中产生了深远影响，这场战争使大量外国军队进入德国，并且使那些原本只在社会上层使用的法语外来词渗透到了民间。“Wie Buren [...] mötet dei *Contribuzie* dem einen sowol als dem andern her spendieren”，在邵特尔的喜剧《和平的胜利》（*Friedens Sieg*，1648）中，一个低地德国农民的感叹中也会加入法语。事实上，当时德国几乎没有哪个地区不知道 *Kontribution*（贡献）、*Gage*（薪俸）、*fouragieren*（喂饲料）、*Service*（服务）等外来词，它们的传播往往伴随着苦难经历。在方言中，许多法语借词幸存下来，其中一些早已从标准语言中消失了。

随后，法语的影响在 17 世纪末急剧增强。当时在路易十四统治之下，法国日益强大，其宫廷内的社会生活、艺术和科学迅速发展到一个新高度，使得法国的影响力在当时欧洲所有文明国家中达到顶峰。此时，德语发展面临的危险不仅仅是外来词大量涌入所导致的“语言混杂”（Sprachmengerei），更严重的是，德语在有教养的社会交际中几乎被法语完全取代。在当时德国的某些社会阶层，出现了完全的**法德双语现象**。在 17 和 18 世纪之交，法语不仅仅是外交语言，更是有教养的人所使用的谈判语言和社交语言；甚至在市民阶层中，也越来越普遍地鼓励孩子从小与父母及彼此用法语交流，而母语德语则仅限于与仆人沟通。恰恰是当时那些最杰出的人物，几乎毫无异议地接受了这种外语的“统治”。1687 年，托马西乌斯勇敢地在一所德国大学的布告栏上用德语发布课程信息，并在其广泛的学术教学计划中列入了德语语体风格的练习课，但他也并未真正挑战法语的主导地位：“Bey uns Teutschen ist die französische Sprache so gemein worden, dass an vielen Orten bereits Schuster und Schneider, Kinder und Gesinde dieselbige gut genug reden; solche eingerissene Gewohnheit auszutilgen, stehet bey keiner privat-Person, kommet auch derselben im geringsten nicht zu.”[①] 莱布尼兹在他自己的出版物中仍然主要使用法语或拉丁语，并在两篇深思熟虑的著作中提出了提升母语地位的建议，但这些文章却从未发表，可能是因为他认为，凭借他自己的巨大声望也并不足以对抗一个如此深刻的时

① 意为：在我们德国人中，法语已经非常普遍，在许多地方，鞋匠和裁缝，孩子和仆人都已经说得很好了；消除这种根深蒂固的习惯不属于某个人的责任，也丝毫不适合个人担当。

代潮流。然而在其著作《关于实践和改进德语的空前思考》(*Unvorgreiffliche Gedancken, betreffend die Ausübung und Verbesserung der Teutschen Sprache*)的结尾，正如其他几篇文章一样，莱布尼茨提议建立一个“德意志骑士团”，即一个语言协会或学院。1700 年 7 月 11 日，“勃兰登堡选帝侯科学协会”成立，其后续机构是今天的柏林-勃兰登堡科学研究院。创始人或发起人是莱布尼茨，他也亲自设计了该协会的印章。协会由四个部门组成，其中第三个部门旨在服务于“德语发展”。

1750 年，伏尔泰从波茨坦写道:“我仿佛在法国。这里的人们只讲我们的语言，德语只用于对士兵和马匹下达命令。”法语的影响一直得以持续，直到在腓特烈二世的宫廷达到了顶峰，尽管这位伟大的普鲁士国王公开蔑视德语，但他在政治和军事上的成功却最终推动了一种趋势的形成，即他最终终结了外语对德语的过度影响。

7. 17 到 19 世纪的语言净化和语言维护

甚至在三十年战争爆发之前，外来词滥用就已开始遭到抵制，但起初并未取得持久的成效，与此同时，人们也开始努力，尝试通过精心维护将民族语言提升到足以与拉丁语和法语这些更高雅文化语言竞争的水平。1617 年，年轻的马丁·奥皮茨撰写了首部抗议“轻视母语现象”的著作《阿里斯塔克斯或对德意志语言的蔑视》(*Aristarchus sive de contemptu linguae Teutonicae*)。1624 年，他的《德意志诗论》(*Buch von der teutschen Poeterey*)提出了一个简洁而经过深思熟虑的德语诗歌表达方案，其简明扼要给人留下了深刻的印象，因为作者当时正好能够通过巧妙改编之前已出版的成功诗集来支持其理论，并提供了无法超越的范例。他倡导表达的优雅与庄重，因而反对使用方言、听觉上不悦耳的词汇（如元音连读①、单音节堆叠）、无意义的填补词、语义模糊和强制性语序。不言而喻，在德语诗歌中插入外来词的“不洁”方式受到了严厉谴责。韵律方面，奥皮茨的理论既是学究式的、理性的，更多地也是一种蹩脚的、拘泥于细节的语言艺术理论。但是，由于其缺陷与当时的时代问题一致，因此对其成功影响不大，他为提升母语荣耀的真诚意愿也在其同时代最优秀的学者中引起了强烈共鸣。

早在 1617 年，一个以意大利为楷模的学会在魏玛成立，该学会将护养母语作为其主要任务。在庄严肃穆的氛围中，在安哈尔特-克腾亲王路德维希一世（Ludwig I., Fürst von Anhalt-Köthen）的领导下，这个学会迈出了成立德国首个爱国者协会的第一步。“**丰收学会**”（**Fruchtbringende Gesellschaft**）的成员并不需要显赫出身或地位，但需要对母语的热爱和为之服务的意愿，这使该学会在本质上区别于自中世纪以来存在的贵族宗教社团。当时德国许多杰出人物或者是其成员，如奥皮茨和邵特尔、约翰·米夏埃尔·莫舍罗什（Johann Michael Moscherosch）、弗里德里希·冯·洛高（Friedrich von Logau）和安德烈亚斯·格吕菲乌斯（Andreas Gryphius），或者至少宣称自己坚决支持爱这一国主义语言运动，如格里美尔豪

---

① 元音连读，Hiatus，指分布在两个紧邻的音节上的单元音连读现象，包括句子中词与词之间也可能出现元音连读。

森在《德意志米歇尔》(*Teutscher Michel*)中的表现那样。以丰收学会为榜样，其他类似社团也相继成立，但这些社团在诗歌和社会活动中，有时难免掺杂了令人难以忍受的庸俗性。1641年，在丰收学会的支持之下，克里斯蒂安·古恩茨(Christian Gueintz)出版了《德语语法》(*Deutsche Sprachlehre*)，这部著作因其在吹毛求疵和枯燥乏味之间的分类痴迷而被认为是最为迂腐的著作之一。但是，成员们在广泛的通信中认真讨论语言问题，促进了观察语言的练习，这些都为邵特尔的语法著作提供了必要的基础。邵特尔从其前辈那里继承了大量的德译语法概念，这一点也证明了这些著作与丰收学会努力之间的联系。我们今天使用的大部分语法术语，例如Mundart, Wurzel, abwandeln, Ableitung, Beistrich[①]都可以追溯到邵特尔及其前辈学者的贡献。

以“棕榈兄弟会”(丰收学会的别称，源于其徽章上的棕榈树)为榜样，其他一些语言学会也相继成立，这些学会的创立目标和创始人与丰收学会相似，并且彼此之间有着密切联系：“冷杉正直学会”(Aufrichtige Gesellschaft von der Tannen，1633)、“德意志思想协作社”(Deutschgesinnte Genossenschaft，1643)、“佩格尼茨河繁花学会”(Pegnesische Blumenorden，1644)、“易北河天鹅学会”(Elbschwanenorden，1656)等。其中最为突出的人物当属菲利普·冯·策森(Philipp von Zesen)，尽管他因极力清除那些早已融入德语的外来词而暴露出语言运动中的一些缺陷，但他显然具备重要的语言创造才能。除了许多勉强德语化因而也很快消失了的词

① 意为：方言，词根，屈折变化，派生，逗号。

汇之外，一些至今仍在使用的词汇似乎可以追溯到他，或者至少由于他而变得广为人知，例如 *Blutzeuge*（证人），*Bücherei*（图书馆），*Gesichtskreis*（视野），*Schaubühne*（戏院），*Sinngedicht*（格言诗），*Vollmacht*（授权）。这些德语化的努力也伴随着古代德语词汇（如 *Minne*“爱”、*Degen*“骑士”、*Vogt*“总督”、*Recke*“英雄”）的复兴，这种现象类似于后来在狂飙突进时期、特别是浪漫派时期所发生的语言运动。

伴随着语言学会的努力，越来越多的人致力于为母语在**学校系统**中争取应有的地位。在丰收学会成立几年前，沃尔夫冈·拉蒂修斯（Wolfgang Ratichius / Ratke）已提出将德语语法纳入初等教育，并将德语作为大学教学语言之一，通过这种方式掌握的母语知识应成为外语教学的基础。拉蒂修斯深信自己任务的重要性，并于 1612 年大胆地向法兰克福帝国议会提交报告，阐述了自己的基本观点，他的计划也成功赢得了一些知名人士的支持。自 1618 年起，他在安哈尔特-克腾亲王路德维希一世的庇护下担任了克腾学校校长，开始将自己的理论付诸实践。从此，学校教育成为德语教育的首要因素。特别是在书面语和标准语的统一方面，德语教学发挥了关键作用。

虔敬主义及其衍生的宗教运动极大地推动了各阶层人们对表达需求的异常增长。在新神秘主义的书信和回忆录的作者中，不仅包括受过教育的阶层，还包括手工业者和农民。因此这一思想流派在语言教育上的影响是非常深远而持久的。它也间接对德语发展产生了重要影响，哈勒（Halle）的虔敬派孤儿院出版的德语教科书享有盛誉，因其语言特征也先后在校园和基础教育中树立了权威。哈勒教育机构的影响在两个方面尤为突出：首先，他们的活动对德语正字法的规范化具有重要意义；其次，在德语和拉丁语的竞争中，奥古斯特·赫尔曼·弗兰克（August Hermann Francke）及其同事们坚定地支持母语，不仅在哈勒，更在莱比锡这个保守正统派的大本营也是如此，在这里，1690 年，托马西乌斯曾被驱逐。当时的论争文章清楚地表明，托马西乌斯作为弗兰克的代表直接参与了莱比锡的“虔敬派论战”，因而被严历的教会人士视为“虔敬派的倡导者”。另一方面，关于虔敬派主张在大学教学中使用德语，也成为他们遭受攻击的一个理由。①

启蒙运动期间，各种科学的、有组织的系统化创造活动也有利于语言教学和护养。人们愈加重视收集德语词汇，编纂词典（卡斯帕·冯·施蒂勒 [Kaspar von Stieler]，也是丰收学会成员，《德语谱系树及发展，或德意志语言宝库》[*Der Deutsche Sprache Stammbaum und Fortwachs, oder Teutscher Sprachschatz*]，1691；克里斯托弗·恩斯特·斯坦巴赫 [Christoph Ernst Steinbach]，《德语词典》[Deutsches Wörterbuch]，1725，《德语大辞典》[Vollständiges deutsches Wörterbuch]，1734）。**阿德隆**的《高地德语文法大词典》（*Versuch eines vollständigen grammatisch-kritischen Wörterbuches der Hochdeutschen Mundart*，5 卷本，1774—1786）对德语词汇进行了详尽解释，并从第二版起就改名为《高地德语文法词典》（*Grammatisch-kritisches Wörterbuch der Hochdeutschen Mundart*，4

① 最早正是托马西乌斯于 1687 年在大学布告栏上用德语张贴课程介绍，并将德语语体风格练习课列入其教学计划。

卷本，1793—1801）并得到广泛传播，成为1800年左右很多重要作家的参考工具书，从而对德语文学语言的词汇标准化产生了深远影响。1748年，戈特舍德的《德语语言艺术的基础》（*Grundlegung einer Deutschen Sprachkunst*, 1748），不仅试图确立德语的使用规则，更尝试从理性角度论证这些规则，在其评论和论战著作中语言批评也占据了重要位置。戈特舍德和阿德隆是最后一代倡导以东中部德语（即迈森官话）作为德语书面语标准的人。这一发展当时已基本完成，甚至受到讽刺，如席勒在《赠辞》（*Xenien*）中对易北河的描述就是一例：

> All ihr andern, ihr sprecht nur ein Kauderwelsch – unter den Flüssen Deutschlands rede nur ich, und auch in Meißen nur, deutsch.
>
> [你们这些人，只会说胡言乱语——在德国的河流中，
> 只有我，而且也只有在迈森，说的才是德语。]

尽管遭到同时代诸多重要人物如约翰·弗里德里希·海纳茨（Johann Friedrich Heynatz）、约翰·海因里希·弗斯（Johann Heinrich Voß）、弗里德里希·戈特利布·克洛卜施托克（Friedrich Gottlieb Klopstock）、克里斯托弗·马丁·维兰德（Christoph Martin Wieland）、让·保罗（Jean Paul）、弗里德里希·路德维希·雅恩（Friedrich Ludwig Jahn）等人的强烈抗议，**阿德隆**依旧坚决主张上萨克森“社会语言”的典范性，他的这种坚定的立场只能通过理解他作为最后的规范性语言学者的理论或思想背景才能解

释。一方面，这位波美拉尼亚牧师之子曾在莱比锡担任编辑，在德累斯顿担任过图书馆馆长，因此对萨克森“从1740年到破坏性的七年战争期间”的文化繁荣印象深刻，在此期间“德意志[……]没有误认它的雅典”，正如他在1783年的《德意志语言杂志》(*Magazin für die Deutsche Sprache*)中所言。对他来说，“高地德语”必须是一种与“品味”与“教化”相关的语言，这种理想只能在“上层社会”和上萨克森才能实现，尤其是从1774年，即歌德的《少年维特之烦恼》出版的那一年开始，他看到“古典”文学语言的理想受到新文学运动的威胁，正如萨克森的政治军事地位相较于普鲁士也正在日益衰落一样，因而从那时起他也愈发坚定了其“迈森”立场（参见Nerius 1967）。这是在“正统”的保守理念下确立民族语言规范的首次尝试。另一方面，阿德隆作为一位启蒙时期的语言理论家，他出乎天然地预见了20世纪索绪尔的结构语言学观点（参见Henne 1968）。对他而言，完整的高地德语只能被设想为一个特定语言群体（即萨克森上层社会）在口头实践中的语言系统（这也是他刻意强调高地德语“口语方言”[Mundart]的原因），而绝不是所有德语方言之间形成的抽象平衡状态，也不仅仅限于书面语层面。从社会语言学角度来看，他完全忽视了上萨克森的口语规范与超地区书面语理想规范之间的本质差异，而这种口语规范在当时早已遭到过批评。

在戈特舍德与其瑞士反对者关于语言规范的论辩中，真正起到决定性作用的并非上萨克森方言的优势，而是通过德语区各地区之间的默契适应而逐渐形成的一种长期验证的书面语。博德默尔（Johann Jakob Bodmer）和布赖廷格（Johann Jakob Breitinger）的《画家话语》(*Discoursen der Mahlern*)① 中的文章表明，即便是瑞士人也非常重视这一场论战，阿尔布莱希特·冯·哈勒(Albrecht von Haller)也不厌其烦地反复修改其诗歌的原始措辞，以符合通用语的标准。如果说自 18 世纪中叶以来，瑞士能够以其重大成就丰富德语文学，那么，其语言上的先决条件无疑是由这种语言统一的努力所得。尽管瑞士人拥有非常强烈的语言自我意识，这在各个社会阶层通用的超方言口语“瑞士德语”(Schweizerdeutsch)中至今仍很显著，但讲德语的瑞士人并没能发展出独立的书面语体系，而是融入了其他德语国家的书面语行列，这也和瑞士的法语区和意大利语区的发展情况相符。

自 18 世纪末以来，有教养的外语对德语造成的语言社会学困扰已不再显著，因此直到 19 世纪才停止的“语言净化”(Sprachreinigung)的努力并未白费功夫。尽管这一运动常被讥讽为“**纯语主义**”(Purismus)或“追捕外来词”(Fremdwortjagd)，并在**约阿希姆·海因里希·阚普**(Joachim Heinrich Campe)那里达到了顶峰，他在 1807 年出版了一部《德语词典》(*Wörterbuch der deutschen Sprache*)，在 1801 年和 1813 年出版了《对强加给我们语言的外来表达进行解释并德语化的词典》(*Wörterbuch zur Erklärung und Verdeutschung der unserer Sprache aufgedrungenen fremden Ausdrücke*)。阚普的著作顺应了时代潮流，因而对德语词汇产生了显著影响。在他的推动下，许多原本由外语表达的术语被德语词汇取代，这些词

① 1718 年博德默尔和布赖廷格建立了画家协会并出版道德周刊《画家话语》(*Discoursen der Mahlern*)，其基本观点是诗歌与绘画的同一性。

汇现在与对应的外语词汇一起得到了普遍应用，阚普倡导并也很可能也是由他创造的德语化词汇包括诸如：*Esslust*（食欲）、*Zerrbild*（漫画）、*Kreislauf*（循环）、*Umlauf*（流通）、*Farbengebung*（着色）、*Freistaat*（共和国）、*Angelpunkt*（支点）、*Bittsteller*（恳请者）、*Heerschau*（检阅）、*Stelldichein*（约会）。当然，阚普也有很多盟友，其中包括著名的“体操之父”雅恩（Johann Friedrich Ludwig Christoph Jahn），他也创造了大量新词（如 *Gottestum* 表示宗教，*Leuthold* 表示爱国者），尽管有些未能推行，但另一方面，他也成功引入了诸如 *Besprechung* 表示评论，*Eilbrief* 表示快信等词汇，丰富了德语词汇。

对德语的**科学研究**始于——如果我们把规范语法时期（见 IV, 4）视为不同层面的准备工作的话——**雅各布·格林和威廉·格林兄弟**的贡献。他们为**日耳曼学（Germanistik）学科**奠定了基础，在除句法外的所有领域都进行了开创性研究，最重要的是他们收集了大量德语词汇，编纂了《德语词典》（*Deutsche Wörterbuch*，自 1854 年起）。这部词典卷帙浩繁共 32 卷，历经数代学者的努力，直到 1961 年才最终完成。格林兄弟的研究根源于德意志**浪漫派（Romantik）**。首先吸引他们注意的并非语言本身，而是古老的德语诗歌。他们文学活动的最初阶段完全致力于挖掘古代文学宝藏和保护民间传统，将其视为散佚诗歌的残余而加以保护。直到 1815 年，他们在奥古斯特·威廉·施莱格尔（August Wilhelm Schlegel）的一篇评论中遭遇了浪漫派精神中批判性的一面，这是针对他们的，这一尖锐的冲突促使他们在弗朗茨·博普（Franz Bopp）不久前创立的“印度日耳曼”语言学之后，开始对语言进行深入而系统的专业研究。

然而，当他们从文学研究转向语言学时，他们仍保持着浪漫派的语言生命观立场。他们并不想像早期语法学家那样，给当下的语言制定规则，而是要呈现语言经过数千年发展所呈现的形态，特别是其最古老的状态，以及语言以何种方式保留、改变或抛弃那些被理解为“源头的”（ursprünglich）或“原始的”（urtümlich）的状态，而对于那些与语言的古老状态无关的新现象（如助动词嵌入、介词组合取代格）则关注较少。语言学作为文本语文学的辅助学科，意味着研究者对字母、声音、音节、后缀、前缀、单词等单个元素以及对格、数、时态、（句）式等微观组合体更感兴趣，而对句法、语境条件、短语和语体等则较少关注。这种历史主义和原子论的观点不仅在德语研究中，而且在整个语言学领域主导了 19 世纪和 20 世纪初的研究工作。长期以来，语言的科学研究几乎只意味着对语言的历史状态及其可识别的个别现象的研究。这种历时性方法转移了人们对当下语言问题以及共时结构和社会背景的关注。尽管历史研究方法取得了巨大成就——正是通过它，我们才了解了德语的历史——但我们可以说，这种历史研究方法也导致了对当下的活语言的应用教学和护养被大大忽视，或以过于片面的方法进行研究。因此，长期以来，这些领域都被交由学校教育和媒体语言批评来处理（见 V, 4）。

8. 通往古典文学语言之路

从 16 世纪到 19 世纪，新高地德语不仅发展成为一种规范化和标准化的书面语；在这段时间里，它也达到了作为**标准德语**（在

“高雅”语言的意义上）的顶峰。这一成就归功于诗人、诗歌理论家以及其他文学家的共同努力。德语在风格上的精炼和精神层面的提升延续了中世纪晚期骑士宫廷诗歌语言和神秘主义语言中曾中断的发展路线（见 III，3 和 III，4）。

直到**巴洛克时代**，在奥皮茨奠定了理论基础之后，才重新开始有意识地培养一种有别于日常德语的诗意语言。巴洛克的语言精神在乔治·罗道夫·韦克林（Georg Rodolf Weckherlin）、乔治·菲利普·哈斯多夫（Georg Philipp Harsdörffer）等人的风格中得到了最为鲜明的表达，并在第二西里西亚派达到顶峰。这种风格与当时的美术作品一样，宏大而繁缛，每一句话都暴露出它并非为受过教育的普通读者所作，而只是为少数上层阶级读者所作，他们的审美主要由封建奢侈需求决定。在克里斯蒂安·霍夫曼·冯·霍夫曼斯瓦尔道（Christian Hofmann von Hofmannswaldau）的诗句中，各种夸张的修辞手段被无休止地堆砌，各类宫廷的奢华道具，从大理石和雪花石到龙涎香和麝香，无不被用于不断重复的浮夸比喻。整体来看，这是一种令人难以卒读的文字艺术，但不能否认它也表达了一种强烈的意图，是一种让散文趋于沉沦的决定性艺术语言形式。尽管表达方式时常显得混乱，在我们今天听来就像最平淡的散文，但不能忽视的是，西里西亚派在通往诗意语言形式的道路上迈出了重要的一步，在克洛卜施托克和歌德之后，这种语言形式似乎与诗意的艺术理念密不可分。如果将第二西里西亚派的作品与本世纪初的作品相比较，人们很容易发现，诗歌和散文之间的分界不再仅仅体现在格律中，而是在追求更精致、更充实的表达方式的过程中创造出一种诗歌语言，这种语言再经过几代人的努力，已足够强大，甚至可以完全摒弃韵律的辅助。

不言而喻，这种高雅的诗词风格最终也对散文产生了影响。1672年，克里斯蒂安·维泽（Christian Weise）在其讽刺作品《最糟糕的青铜三傻》（Die drey ärgsten Ertz-Narren）中的一封情书这样开头：

Schönste Gebieterin,

Glückselig ist der Tag, welcher durch das glutbeflammte Carfunckel Rad der hellen Sonnen mich mit tausend süßen Strahlen begossen hat, als ich in dem tiefen Meere meiner Unwürdigkeit die köstliche Perle ihrer Tugend in der Muschel ihrer Bekanntschaft gefunden habe.

[最美丽的女主人，
有幸的是那日，耀然的太阳通过灼热的卡芬克尔轮向我洒下无数甜蜜光芒的那日，我在我卑下的深海中发现了在我们相识的贝壳中所藏的美德珍珠。]

维泽或许提升了他那个时代书信的优雅风格，但他并未将其夸张到让人完全无法读懂的地步。

德国“第二西里西亚派”风格更多的以意大利诗歌为典范①而

① 主要奉意大利诗人马里诺（Giambattista Marino，1569—1625）为典范，追求诗歌形式上的华丽，风格浮华，辞藻刻意雕琢，即所谓“马里诺诗风”。

非法国诗歌。在法国也出现了一种风格，故意“以与民众不同的方式说话，以便他们的思想只有那些受过超越常人教育的人才能理解”。但是，那种自命不凡的风格也很快在法国失去了影响力，一场由莫里哀（Molières）的讽刺作品发起、由尼古拉·布瓦洛（Nicolas Boileau）在理论上加以巩固的运动取得了胜利，把清晰、精确和良知（*bon sens*）作为风格的主要美德。这些原则也传入了德国，并产生了积极的理性影响，虽然往往也是平庸的影响。毫无疑问，这可以归功于近代前几个世纪的沉思散文，它只能艰难地跟随思想步伐，让位于更流畅、更悦耳、更清晰的写作风格。这种反对西里西亚派“繁复、僵化和过度修饰的表达方式”的最著名代表人物是克里斯蒂安·维泽，他主张“必须按照事物的自然和自在（naturell und ungezwungen）的样子来表现，否则就会失去所有的优雅，就像矫揉造作刻意为之的一样”，他甚至与西里西亚派的追求完全背道而驰，不惜断言“散文无法容忍的结构，诗歌也应放弃”。

持上述及相类的观点，维泽无疑是启蒙散文的先驱和开拓者；他认为，语言不是对生活的自发表达，而是服务于“政治”的工具，即善社交的人用来在与上级和同级交往中更容易实现其意图的一种手段。与这一观点相关的是，如今在受过教育者的交流用语中，有很大一部分可以追溯到那个时期，例如使用“您”（*Sie*）、“先生”（*Herr*）、“夫人”（*Frau*）、“女士”（*Fräulein*）来称呼，以及使用“不才”（*meine Wenigkeit*）这样的谦称。

除了维泽这样的学者之外，来自其他领域的人士也对巴洛克时期的浮华风格提出了反对意见，虽然他们的声音不大，但却可能更加有效。中世纪神秘主义的影响从未停止过，约翰·阿恩特

（Johann Arndt）《真正的基督教》（*Wahres Christentum*）和安吉鲁斯·西莱乌斯（Angelus Silesius）《漫游的智天使》（*Cherubinischen Wandersmann*）等作品使之复兴并得到了加强。到了17世纪末，**虔敬主义（Pietismus）**的世界观吸引了越来越多的人。与神秘主义一样，这一宗教运动也与华而不实的文化形成鲜明对比。虔敬派著作的风格起初是自然而无意识的简明，而后往往是有意的言简意赅，这与当时文学作品中的浮夸风形成了鲜明的对照。这些作品足以证明，这是一种相当有意识的对巴洛克修辞艺术的抵制，无论是在布道文还是诗歌中都表现得很明显。

当时，无论是诗歌词汇还是日常生活词汇都不足以表达复杂的心理状态和心灵体验，这就产生了新的构词需求，主要体现在动词领域，在基本词汇的基础上增加了许多派生复合词。特别受欢迎的是通过添加前缀 *ein-*、*hinein-* 和 *durch-*，赋予动词激动人心的动态特征，如 *eindrücken*、*einfließen*、*einnehmen*、*einleuchten*、*hineinsenken*、*hineinpflanzen*、*durchdringen*、*durchglühen*、*durchstrahlen*。[①] 此外，后缀 *-ung, -heit/- keit* 的派生词也显著增加，这些派生词与其说是对状态的描述，不如说是对活动的描述，例如：*Gnadenrührung, Erleuchtung, Gemütsfassung, Herzensneigung; Eigenheit, Nahheit, Gelassenheit; Gleichförmigkeit, Empfänglichkeit, Unempfindlichkeit*。[②] 研究表明，虔敬主义对18和19世纪感伤主义和主观主义语言风格有着深远的影响，许多词汇至今仍在使用。

---

① 意为：印入，流入，吸收，照亮，沉入，植入，渗透，烧红，照耀。

② 意为：恩典感动，开悟，心态，心灵倾向；特殊性，亲密性，交托；一致性，接受性，不敏感。

比如，“阐明”（*über etwas Aufschluss geben*）这一表达应该也源于这一领域：虔敬派的回忆录中反复讲述了信徒如何在黑暗的经文中挣扎，直到上帝为他们“开蒙”（*aufschließen*），为他们“阐明”（*Aufschluss*）这些经文。基于 *eigen*（*Eigensinn, Eigenliebe*）[①] 和 *selbst*（*Selbstverleugnung, selbstgefällig, Selbstbetrug*）[②] 的复合词，以及名词 *das Selbst*（“自我”），也属于虔敬主义概念，这些词汇在虔敬派的作品中比其他来源更早出现。动词 *rühren*（“感动”）的具体含义和强烈的情感基调也可追溯到虔敬派，在他们的著作中，这个词与其同义词 *bewegen* 一样，常用于描绘心理过程。类似的还有 *gemütlich*，（克洛卜施托克认为）它起源于兄弟会（herrnhutisch）的言语方式。克洛卜施托克和所谓“天才时代”（*Geniezeit*）的一些表达方式也仿效虔敬派的风格，例如，用 *ganz* 来表示完全的奉献（*Siehe, da hast du mich ganz, süßer Seelenfreund!*）[③]，以及用 *entgegen* 来表达灵魂接纳的准备。—— 然而，很大一部分新的语言形式后来又消失了；但最终盛行开来的词汇数量也相当多，对于其中的大部分来说，虔敬主义只是在中世纪的神秘主义和现代语言之间扮演了一个中间过渡性的角色。

法国理性主义和**启蒙运动**的巨大潮流对 18 世纪德语文学语言和科学语言的散文风格产生了深远影响。著名启蒙运动哲学家**克里斯蒂安·沃尔夫**（Christian Wolff）通过创造新术语或为现有术语赋予明确定义，以便使之更适用于科学研究，从而为德语哲学和其他

---

① 意为：固执，自尊。

② 意为：自我克制，自满的，自欺。

③ 意为：看！你拥有我的所有，甜蜜的知音！

学科奠定了新的术语基础。沃尔夫的影响非常深远，很多词汇（诸如 *Umfang*, *Aufmerksamkeit*, *Verständnis*, *Bedeutung*）[①] 通过他的著作和他确立的含义进入了德语的通用语词库。

与启蒙运动的道德倾向相关，那时开始出现了一些在后来的文学创作中发挥重要作用的词汇。例如，已知最早的 *Menschenliebe*（“博爱”）一词的记录出现在 1724 年；尤斯图斯·莫塞尔（Justus Möser）明确指出过，这个词在他年轻时还不为人所知。这个词属于一组意识形态相关词汇，与 *Menschenkenntnis, Teilnahme, Verhältnis*[②] 一样，它们服务于当时的人文主义理想，并因其强烈的情感色彩而得以迅速传播。

与之前的思潮相比，启蒙运动时期的文学创作活动相对较少。为了追求表达的清晰性，当时对新创词汇的使用有着严格的限制。戈特舍德的追随者与新词（Neologismus）[③] 展开了激烈斗争，尤其是在克洛卜施托克出现后。尽管如此，启蒙运动对人文精神领域词汇的影响仍然是巨大的。在哲学和其他人文学科的学者中，使用启蒙主义概念几乎成为了一种时尚。同样的趋势也体现在当时的布道文风格中，这一点可以从以下表达方式中看出，它们大多具有启蒙主义色彩。由于它们会让受教育程度较低的听众感到难以理解，因此当时禁止传道人使用。这些词汇在今天却已成为不可或缺的，它们包括：*Begriff, Ursache, Wirkung, Zweck, Verhältnis, Fähigkeit, End-*

---

① 意为：范围，注意，理解，意义。

② 意为：知人之明，参与，关系。

③ 新词，Neologismus，指为了命名新事物而创造的新词语，通常是科技，工业，政治和文化等领域的词汇，其应用范围有时并不广泛，又被称作“偶造词”。

lichkeit, Unendlichkeit, Leidenschaft, entwickeln。[①] 毋庸置疑，正是启蒙运动让这些词汇变得广为人知。

理性主义语言风格中的逻辑特质的增强，也促使某些句法结构展现出理性化语体特征。因果关系表达变得普遍，*da, weil, denn, daher, zufolge, auf Grund* 等词语的使用频率显著增加。科学上需要对过程概念进行深入思考，这也推动了**名词化风格**的趋势，导致了动词抽象化和不定式名词化的现象增多。尽管这些现象在神秘主义时代已经出现（见 III, 4），但在这一时期名词和**功能动词**的新型组合开始出现，这种词组在 19 世纪大大增加，但在 18 世纪的科学文献中已经可以找到最早例证，例如，*Die Bewegung* ***erfolgt*** *in dem Augenblick, wenn ...*（沃尔夫语，“这一运动发生在 ...”）或 *Veränderungen* ***erfolgen*** *nach dem Gesetz der Bewegung*（戈特舍德语，“根据运动规律发生变化”）。与直接使用基本动词 *sich bewegen, sich verändern* 相比，这种结构的优势在于可以将过程本身作为句子的主语，从而可以更深入地描述和分析该过程，并将其从基本动词的主语中抽象出来。这一时期还出现了介词功能动词组合：*in Bewegung* ***setzen***（沃尔夫语），*in Betracht* ***ziehen***（莱布尼茨语）；阿德隆在 1774 年到 1786 年出版的大词典[②] 中已经收入了 *in Erfahrung / zum Vorschein / in Erinnerung / zu Fall* ***bringen*** 这些词组。通过因果关系和其他类似的表达方式，可以明确过程概念的微妙含义，这种精确性是基本动词无法提供的，可以与其他语言中的动作类型进行

① 意为：概念，原因，效果，目的，关系，能力，有限性，无限性，激情，发展。

② 指阿德隆《高地德语文法大词典》。

粗略的比较（*betrachten* 与 *Betracht ziehen* 相较是两种不同类型的过程）。这种名词化过程表达的可能性，语言批评家几十年来将其归咎于官僚主义风格的“动词割裂”或“名词主义”，实际上它早已在科学散文中出现，与公文语风格无关。在这两个领域，这种抽象化和分析性的句法手段是不可或缺的，尽管它们在20世纪已被过度使用，并在美文和诗歌中遭到回避，因为它们明显带有理性主义特征，有时甚至显得过于迂腐。

启蒙运动时期的文学风格自然会朝着维泽所倡导的方向发展。重视内容胜于语言形式。**戈特舍德**在其《详说修辞》（*Ausführliche Redekunst*）中写道，“一般而言，写好文章的法则在于：首先要正确理解事情，然后按照自己的想法记录下来，而不必在意是用简单句还是复合句来表达。”这种“写作原则”导致对连词使用的严格限制，巴洛克风格中本来充斥着大量连词，而戈特舍德提倡精简连词使用，并简化矫揉造作的句子结构：“没有什么比那些蠢材总是滥用连词 *obwohl, jedoch; gleichwie, also; nachdem, als; alldieweil, daher; sintemal, und allermaßen*[①] 更拙劣可笑了：就好像没有这些连词他们就无法表达思想似的。”通过这样的批评，戈特舍德及其追随者为创造清晰简洁的风格做出了贡献，这种风格在莱辛的散文中达到了顶峰。然而，这种简洁倾向也引发了随后出现的反对意见，因为他们将语言视为“理性的侍女”（Dienerin der Vernunft），这种片面的思想使他们无法在理论或实践上公平看待语言的情感表达价值。尽

① 意为：尽管，然而；恰如，因此；此后，当；因此，因此；因为，并且绝对。

管戈特舍德并未忽视语言用来表达情感的功能。但戈特舍德及其追随者也完全是从理智视角来衡量这一功能的，并对其施加了各种规则，例如："仇恨应以严厉而沉闷的声音来表达"，或："悲伤应显得平淡而厌倦"，或："同情源于爱和悲伤：因此，语调也应既温和，又哀伤而颤抖"。[①]

启蒙主义对于公正对待普通情感的无能，长远来看，在一个精神生活受到感伤的虔敬主义广泛支配的时代注定是无法持续的，更何况是在科学因牛顿的思想引导而触及到人类对天国的渴望时。在短短不到二十年的时间里，反抗莱比锡文学教皇[②]独裁地位的运动就在瑞士迅速兴起。起初，博德默尔和布赖廷格略显怯懦，而后却愈发自信，决心为艺术想象力夺回其应有的领域，即诗歌艺术和诗歌语言。

莱比锡人和瑞士人[③]的斗争在1748年**克洛卜施托克的《弥赛亚》**问世时出乎意料达到高潮，这部作品不仅实现了瑞士人的理论，还强化了其影响，在他们犹疑之处进行了再创造，使其理论令人心悦诚服。众所周知，克洛卜施托克本打算将史诗创作推迟到30岁之后，但他愈发按捺不住创作的迫切感，最终无法再等待——这也清楚表明，艺术创作的冲动是在与内心障碍激烈斗争后才能取得

① 原文：„Der Haß muß mit einer rauhen und verdrüßlichen Stimme ausgesprochen werden", oder: „Die Traurigkeit ist sehr matt und schläfrig", oder: „Das Mitleiden entspringet aus der Liebe, und aus der Traurigkeit: folglich muß auch der Ton der Stimme sanft und gelinde, doch dabey kläglich und bebend seyn".

② "莱比锡文学教皇"指戈特舍德。

③ "瑞士人"指博德默尔和布赖廷格。

突破的。因此，作品的语言也带有一种长期积蓄的激情的印记，尽管这种激情表现得很柔和，但足以清除对当时文学风格的僵化传统的所有顾虑。更多地是通过语言，而非内容，《弥赛亚》成为德语诗歌发展的一个重要里程碑，它第一次实现了同时代人迄今为止一直在模仿和追求的东西，对德语诗歌语言和德语标准语产生了深远影响。

其语言风格所展现的“言说动力”（verbale Dynamik）是克洛卜施托克诗歌语言的显著特点，这也体现在从他对动词组合或前缀派生以及分词的偏爱上，尤其是分词与名词和副词的组合：*aufwallen, durchherrschen, hervordonnern, entstürzen, hinwegweinen; tränend, der Erkennende; blütenumduftet, sanftleuchtend*。[①] 其中许多形式是克洛卜施托克首创的，有些则可能是他新构造的（如 *seelenvoll, entzückungsvoll, zahllos, vereinsamen*）[②]，还有一些则是他借自虔敬主义语言。特别是在前缀结构，以及在词语和表达方式的选择上（*Abdruck Gottes in Christus, Bildung, jemanden einnehmen, Rührung, zerfließen, sich verlieren in einen Anblick*）[③]，他对虔敬派的语言也做出了贡献，他不仅继承了已有词汇，还通过对已有语汇的发展丰富了表达，例如将方向性前缀与本身不表达运动的动词词缀结合起来（*entgegensegnen, aufweinen, nachempfinden* 等）[④]。作为神秘主义和虔

---

① 意为：沸腾，获胜，轰鸣，崩溃，哭泣；在流泪，得道者；花香浓郁，散发柔光。

② 意为：深情的，愉快的，无数的，孤独的。

③ 意为：神在基督里的印记，教育，吸引某人，感动，溶化，恍然若失。

④ 意为：保佑，恸哭，同感。

敬主义语言的桥梁，克洛卜施托克极大地丰富了他那个时代的文学语言风格。“维特”（*Werther*）的**“感伤”风格**融合了克洛卜施托克与英法作家的影响，例如来自劳伦斯·斯特恩（Laurence Sterne）的作品和《莪相》（*Ossian*）。

来自**英语诗歌语言**的影响在逐渐增强，这也与克洛卜施托克的影响密切相关，因为英语诗歌语言首先是通过克洛卜施托克和瑞士人[①]传播的约翰·弥尔顿（John Milton）诗歌才进入德语世界的。例如，源自他们的词汇包括 *Myriade*、*ätherisch*、*Schöpfung*[②]（在“造物整体”的意义上），问候语和祝福语 *Heil dir*（致敬）。后来又有其他英语来源的词汇诸如 *Tatsache (matter of fact), Steckenpferd (=* Liebhaberei, *hobby horse), Elfe, Humor*（在如今用法意义上）, *Bowle*[③]以及其他许多词汇（参见 V, 3）。

最终，克洛卜施托克的语言也受到了反作用影响，一方面是**莱辛**的语言，它延续了启蒙运动的最佳发展趋势，展现出一种犀利而清晰的精神与思想表达，另一方面是**维兰德**晚期的风格，它以一种轻快而清新的德语，与克洛卜施托克沉重而冗长的悲情风格形成鲜明对比。然而，即使在这个面向国际化发展的时期，它也因其法语化的倾向而引起了争议。

从克洛卜施托克的**语言理论**日益引起兴趣中可以看出 18 世纪人们对语言重获表现力的欣喜，同时反映了人们对语言本质和功能的深刻理解，从克洛卜施托克到赫尔德，再到浪漫派，表达的

---

① “瑞士人”在这里指博德默尔和布赖廷格。

② 意为：无数，超越凡尘的，造物。

③ 意为：事实，爱好，小精灵，幽默，波列酒。

强度不断增强，最终抵达语言的神圣起源和语言的本质观，以及诗歌乃人类“原始语言”的观点（赫尔德、约翰·格奥尔格·哈曼[Johann Georg Hamann]、弗里德里希·施莱格尔[Friedrich Schlegel]），或威廉·冯·洪堡（Wilhelm von Humboldt），乃至语言的“内在世界观”和语言与精神同一的学说。

在《弥赛亚》的前几歌和青年歌德的作品之间，七年战争给德国政治和精神结构带来一场重大变革。在战争中成长起来的这一代人，经历了战争风暴的洗礼。他们公开挑战一切国家和家庭的权威。**狂飙突进**（Sturm und Drang）那一代人顺理成章地创造了属于他们自己的语言。对他们而言，莱辛那虽然有力却总被理性思维所约束的散文，并不比克洛卜施托克那种崇高而内敛的语言更足以表达激情与叛逆。

激烈反叛是狂飙突进文学的核心情绪，它拒绝任何语法约束。不受限制的情感把话语权交给了演讲者或作家，他们把话语倾泻出来，不在意任何规则，甚至仅仅考虑最基本的可理解性。惊叹、誓言和咒骂都被无节制地堆砌在一起。如果在表达一个想法的时候，出现了第二个想法，那么第一个想法就未完成，或者延后再表达（例如在伦茨[Lenz]的《英国人》[*Der Engländer*]中：*Wenn ich Ihrer spotte, Herr – hier haben Sie meinen Hirschfänger – so schinden Sie mich lebendig.*）[1]。语言中语义较弱的元素，即冠词和小品词都被极简化了。*dem Turm* 变成了 *'m Turm*，*auf den* 不如说是 *aufn*，与其说 *zerschmettern*，不如说 *schmettern*。这种情绪化的倾向在狂飙突

① 意为：如果我嘲笑您，先生——这儿您有我的猎刀，您可以把我活剥了。

进大量使用的粗话中表现得最为明显。一个人不再只是*schreit*（“喊叫”），而是*wettert*（“愤怒”），*donnert*（“暴怒”），*heult*（“嚎叫”），*brüllt*（“咆哮”）。骑士不再是被*ausgeschickt*（“派出去”）侦查，而是*ausgejagt*（“去猎杀”）。一个人不只是*zerschlägt*（“打碎”），而是*zerschmeißt*（“粉碎一切”）。自路德以来，甚至在德语标准语确立之前，这种狂放不羁的日常语再度强势闯入了文学语言中。

狂飙突进对德国辉煌历史的热情使他们自然而然地支持复兴在老一辈人那里早已失传的古德语词汇，从而使一种复活古老词汇的趋势在当时以及后来的**浪漫派**时期焕发了生机。*Minne, Verlies, Feme, Fehde, Hort, Gau, Märe, Recke, anheben, Aar, küren*[①] 等词语就这样在德语词汇中复活，尽管当时很多学识渊博的权威学者（其中包括阿德隆）对此表示反对，但事实证明这些词汇是有生命力的。同时，还有通过适当用方言词汇来丰富书面语的努力。尤斯图斯·莫塞尔曾批评书面语和口语方言之间缺乏连贯性，并将后者的生命力和能动性视为典范，认为它们完全适应时代发展的要求。此外，有许多证据表明，当时即使是受过良好教育的人，也需要克服比今天大得多的困难才能在一定程度上摆脱家乡方言的影响。歌德对其莱比锡学生时代的回忆，以及席勒在曼海姆的经历（他的施瓦本方言差点使他失去了《斐爱斯柯》[*Fiesko*] 的成功）都直接证明了这一点。歌德依旧如此押韵：*Ach neige, Du Schmerzensreiche*……[②] 标准德语发展的最高峰，也是此后再也未曾达到的阶段，

① 意为：爱，损失，惩罚，仇恨，宝藏，行政区，消息，勇士，举起，鹰，选择。

② 哦痛苦圣母，求你慈悲地……（《浮士德》第一部，谷裕译文）

被后人称为“古典”（klassisch），体现在**歌德和席勒**的诗意风格之中。我们难以在一个简短的概述中完整呈现歌德语汇的丰富性及其风格的多样性。经过几个世纪的积累，歌德非凡的博学和取之不尽的诗歌天赋，使其语言在声音和内容方面表现出近乎梦游者般的准确性，德语语言文化成熟于兹，并为此后很长一段时间内的语言艺术作品风格树立了标杆。然而这一现象在语言史上的难以复制，试图通过细节来证明歌德的语言对后代的影响非常困难，甚至是不合适的。它们都无法公正描述歌德对德语史的意义。歌德并没有为后人的诗歌和思想提供具体的诗歌或思想范式；相反，他的影响间接体现在其整体风格的高雅尺度上，这种风格已经成为“古典”的和理性难以把握的语言力量的化身。歌德的作品永远不可能像席勒的作品那样，用作提升语用风格的范例。接下来的整个19世纪，在各种可能的情况下，德语愉快地穿上“节日礼服”，这“礼服”更多地是由席勒的“布料”做成。

席勒一生致力于追求语言的最高精神净化标准，因为他一生都在与语言危机做斗争。谢林曾经说过席勒的谈话风格，他“经常因找不到合适的的词汇而感到困惑”，不得不“在德语表达困难的时候用法语来解围”。这一点在席勒的书信体中得到了印证，他的信件中充满了丰富的外来词。然而，在他的诗歌和历史学作品中，他多次用德文词汇替换外来词，并不像纯语主义者那样迂腐而古板，而是以一种愉悦的天赋追求简洁的语言美（例如，用 *inhaltsschwer* 表示 *prägnant*，以 *Fehlschlag* 代替 *faux-coup*，*Gaukelbild* 代替 *Illusion* 或 *Phantom*，用 *schlagfertig* 表示 *prompt*）。相较于歌德，席勒的词汇量较为有限。根据雅各布·格林的判断，席勒“只有一支精挑细选的文字部队［……］，他依靠它来展开行动并赢得胜利”。而在歌德的作品中，他擅长捕捉和利用文字的“原始意义”及其微妙的情感差异，例如：山丘 *zur Schattenruh buschen*（“在朦胧中静止”），鸟儿 *wohlgestängelt*（“安然蹲”）在树枝上，狩猎的歌声从树丛中 *Fülle runden Tons enthaucht*（“呼出满满圆润的音调”），旅行者被水手从睡梦中 *entjauchzt*（“唤醒”），歌德敢于大胆使用定语，如 *gewirkte Ruinen, sturmatmende Gottheit, siegdurchglühte Jünglinge*。[1] 席勒却更为谨慎，或者说是被迫进行自我约束。在这强制的自我克制中，他恰恰选择了读者期待的典型的、明确的、概念上有说服力的词汇，但在文体上又是最高标准的，从而创造出难以超越的“思想套话”：*ewiges Feuer, schöne Gefühle, edle Einfalt, köstliche Habe, züchtige Hausfrau, fleißige Hände, grünender Wald, blühende Au, säuselnde Linden, geschäftige Biene, länderverknüpfende Straße*。[2] 他避免了一切偶然的、模糊的元素，舍弃了所有非理性的语言魅力。古希腊罗马时代的修饰语（*epitheton ornans*）和法国古典主义的平庸语（*terme banal*）的榜样作用是在他的作品中表现得清晰而明确。

席勒通过思想提升了语言的表现力。因此，他在《论素朴之诗与感伤之诗》（*Über naive und sentimentalische Dichtung*）一文中写到，天才的语言是“用愉悦的笔触为思想描绘出一个永恒、坚定而又完全自由的轮廓［……］。［在这里］，仿佛是出于内心的需要，语言从思

---

① 意为：有印象的废墟，呼吸风暴的神灵，闪耀着胜利光芒的年轻人。

② 意为：永恒之火，美好情怀，高贵质朴，珍贵家当，谦虚的主妇，勤劳的双手，绿色森林，盛开的草地，低语的椴树，忙碌的蜜蜂，乡间小路。

想中跃出，并与之融为一体，甚至在物质的外壳里，精神也仿佛毫无保留地显露无遗。”然而，他也意识到需要用语言来抵挡这种理想主义的倾向：

Warum kann der lebendige Geist dem Geist nicht erscheinen?
Spricht die Seele, so spricht, ach! schon die Seele nicht mehr.
(Tabulae votivae, 1797)

为什么活的精神不能向精神显现?
如果灵魂会说话，那就会如此说，啊！然而灵魂不再语。
(《祈愿板》，1797)

席勒解决语言问题的方法是通过思想来完全克服语言本身的问题，因此，19 世纪渴望教育的市民阶级热情地接受了他的思想套话，和他那些充满价值观念的修饰语与格言，并将它们纳入教育语言的词汇中。他那带有**修辞哀伤色彩的风格**，在爱国主义的节日诗歌和高度风格化的节日演讲中反复吸引着人们去效仿。一种具有普遍性的标准德语的最高形式已经确立，它不再甘当诗人的特殊语言。席勒是最后的（通过包括对偶、渐进表达、顿呼法、同位语等多种行之有效的风格手段）继承了古典修辞学传统，并维系了修辞学与诗歌之间古老联系的诗人之一。席勒借此完成了为德语作为西方文化语言赢得文化合法化所必需的所有任务，随之而来的是其对教育社会学的影响也逐渐显现出来（见 V, 5）。

V.

19 到 21 世纪早期的德语

1. 通往统一语言之路

尽管语言统一的趋势在很长一段时间内主要局限于某些语体和社会阶层，但到了 19 世纪，这种发展趋势在语言社会学层面得到进一步强化。从 19 世纪开始，随着德国社会结构的变化（如工业化、民主化和国家统一），这种通过学校教育而展开的趋势得到了加强。如今，每个人都能够并且必须阅读报纸，并被迫在工作和私人生活中进行读写活动。职业选择的自由和行动的自由，以及便捷的交通和服兵役，使得来自不同地区的人们能够频繁接触。自 1945 年以来，流亡者和难民的归化更加速了这一进程。共同语的发展趋势不断增加，而**方言发展则被抑制**，这也符合社会的需求。过去的地方和区域性语言社区越来越多地扩展为一个德语语言共同体。在北德，方言早已失势，而且更倾向于高地德语，与德国南部相比，这种发展趋势在人口密集的工业和城市地区，如上萨克森地区和鲁尔区也发展得更快。其结果是要么形成一种双重语体（Diglossie），[1] 即取决

① 双重语体，Diglossie，社会语言学概念，描写一种稳定的语言状况，在其中社会地位较低的语言变体和与之区别明显的较高的语言变体之间存在着严格的功能区别，典型的例子可以在瑞士德语区看到，即标准德语和瑞士德语。与之相关的还有心理语言学概念“双语现象”（Bilingualismus）。

于言说者或言说情景的、由方言母语和区域通用语共同构成的双语；要么就是方言趋近书面语并以**区域口语**（regionale Umgangssprache）的形式相融合，例如瑞士德语、绅士施瓦本方言（Honoratioren-schwäbisch）、北德的低高地混合语（Missingsch）、萨克森语、鲁尔地区的“煤罐德语”（Kohlenpottdeutsch）。目前尚无法确定这些均衡语（Ausgleichssprachen）的精确区域划分。每个大区都保留有一些主要方言特征，这通常也是与其他各地方言所共有的，例如，动词形式中尾音 -n 的消失，大舌音 -r/ 小舌音 -r，塞音中的送气音与清音 *st/scht*，*net* „nicht“（“不”），*-chen/le/el/-erl* 结尾的指小词或 *Samstag* 和 *Sonnabend*、*Bub* 和 *Junge, Metzger* 和 *Fleischer, Rinde* 和 *Borke, klingeln* 和 *schellen, arbeiten* 和 *schaffen* 等词汇学差异。只有通过这些特征混合的特殊方式，特别是从重音关系中，才能大致判断出某一言说者出身何处。未来的口语地理学（Umgangssprachgeographie）显然无法像传统的地理语言学（Dialektgeographie）[①] 那样确定清楚的空间关系。这些口语并不倾向于空间上的范围划分，而是都走在成为德语共同语的路上。可以想象，在遥远的未来，将会出现一种全德口语，一种远离书面语的**日常语**（**Alltagssprache**），它将几乎没有或仅有极小的地区差异。诸如 *nich* “*nicht*”，*nee* “*nein*”，*is* “*ist*”，表达方式如 *dem Vater sein Hut* [②]，词汇短语如 *doof, kapieren, das hat geklappt, das*

---

① 地理语言学，Dialektgeographie，又作 Sprachgeographie，是方言学的分支，主要从音位，语音，语素形式和词汇方面来研究并确定语言现象的分布地区范围，结果是绘制语言地图，并结合语言外的超语言因素和语言内在因素来研究不同地区分布的特征结构。

② 意为：父亲的帽子，取代了属格。

ist krass, passt schon, mit achtzig Sachen[①] 或者招呼语 *Mensch.* 这样的表达方式。

在结构上较为明显的差异是口语中（但不限于口语）的语法差异，比词汇现象更明显（参见 Eichinger 2017；还有以下例子），如

— *weil-* 和 *obwohl-* 从句中的动词第二位：*des fand ich dann wiederum cool // **weil** da hatt ich mich noch gewundert; ja ich bin zu Hause bei uns der Koch [...] macht mir Spaß **obwohl** kocht auch meine Frau;*

— 介词 *wegen* 支配与格：*allein schon **wegen meinem Hochdeutsch**;*

— *tun* 作为助动词，特别是与 *würde* 结构相比：*Ich **täte** mal **tippen**, dass es kaum ein so großes Stellwerksgebäude ohne Bahnhof gegeben haben dürfte.*

其中一些结构已经进入了书面语：

> *Doch ach, wie oft verbirgt sich auch hier hinter dem glitzernden Schein die Ödnis. Weil erst ist ein Orkan über des Gaisbergs Kopf gerast und hat ihn zerrupft. [...] Die Pläne gibt es schon – nur für den Mönchsberg halt, aber das macht ja nichts, weil Berg bleibt Berg.* (*Salzburger Nachrichten* 03.09.2010)

2010 年的这个例子来自一篇题为“Stammtisch”（“固定桌位”）的报刊评论；文本有意识地融入了口语元素。在较早的例子中，这种

① 意为：蠢，懂，成功了，真棒，可以，以时速 80 公里。

连词 *weil* 的使用仍以标点符号标示：

Wir hoffen auf eine baldige Lösung, etwas von Rom, vom Heiligen Stuhl, und zwar so bald als möglich, ***weil****: die Lage wird absolut unerträglich. (Orientierung 1991)*
Also, in „Braveheart" läßt Mel Gibson noch immer in den Kinos die Schotten gen Freiheit ziehen, aber diesmal ohne uns. ***Weil****, wir widmen uns als erstes dem alternativen Beethoven-Film. (Leipzig Blitz 05.10.1995)*

介词 *wegen* 支配与格在德语书面语中已经有了相当稳固的基础，因此在日耳曼学者的学术论文中，这种用法也已相当常见。

[...], wobei das historische Moment **wegen** *der früheren Abfassung und dem fehlenden Einfluß Grimms noch weniger betont ist.*

Schon ***wegen*** *dieser Unklarheit, aber nicht nur wegen ihr, bedarf es in diesem Bereich zusätzlicher Argumente zugunsten einer Entstehung in Nürnberg.*

此外，传统的使用方法仍然存在。

共同语的趋势现已成为所有语言使用者在日常交流中的一种需求。口语表达能够提供那些精英主义的、反创新和反情感的标准语和书面语所不能提供的元素，甚至在没有现代交流手段的情况下，也可以迅速传播到整个语言区域。尽管德语的统一最初源于书面语标准化，但它早已超越了这一基础。因此，如果德语在公共和私人生活中的进一步发展有时偏离了书面语和教育语言的理想规范，这也不足为怪。语言维护和语言教育不应将语言作为研究的唯一目的；历史上，这种做法曾导致语言被当作排外的民族主义象征而受到崇拜（参见 Koppelmann 1956）。通过规范控制来影响语言发展，只有在语言学和社会语言学基础上进行“语言规划”（参见 Tauli 1968），或为促进言说者的语言能力服务时，才是合理的。不是言说者为语言服务，而是语言为言说者服务，语言是表达、交流和行动的工具。

在 19 世纪末，拼写和语音的语法领域，进行了有意识的标准化规范，这一过程完善了 16 至 18 世纪语法学家的工作，并在这一领域确立了一种“统一语”（Einheitssprache）。在**正字法**（**Orthographie**）方面，19 世纪的两个理论原则发生了冲突：传统的“我手写我口”原则无法实现，因为当时还没有统一的发音标准，几个世纪以来的书写传统已经使太多不同的书写模式根深蒂固。日耳曼学家雅各布·格林和卡尔·温霍尔德（Karl Weinhold）试图引入的词源学–历史学原则又与活语言的实际需求相矛盾。当时的主导原则（尊重最佳传统和公认形式以促进统一）首先由鲁道夫·冯·劳默（Rudolf von Raumer）倡导，自 1876 年的正字法大会以来，文理中学校长**康拉德·杜登**（**Konrad Duden**）开始付诸实践。尽管俾斯麦曾以法律的名义禁止官员使用日耳曼学家威廉·威尔曼斯（Wilhelm Wilmanns）的普鲁士学校正字法，但在杜登的《正字法词典》（1880 年）在瑞士和其他地方取得成功后，它最终也得到了普鲁士和帝国的承认（1901年第二届正字法大会），不久后在奥地利也获得认可。这只是一次“小”规模的改革方案。只有少数疑点通过标准化而被消除，来自拉丁语的外来词在某种程度上适应了德语的拼写方式（*Conditionalsatz* > *Konditionalsatz*，*Accusativ* > *Akkusativ*），一些冗余的 *th* 被废除（*Thor*,*Thür*；但 *am Thron* 没变）。当时被认为紧迫的问题，如取消名词首字母大写和元音长度标记规则未被纳入改革；同样，分写和连写以及标点符号的位置仍然没有得到官方的规范。

即使是这些温和的改革，在当时也引发了激烈的争论。卡尔·克劳斯（Karl Kraus）为此写了一首《一音之死哀歌》（*Elegie auf den Tod eines Lautes*，尽管这只是一种视觉现象），其第一节诗句清楚地表达了一种失落感：

Weht Morgenathem an die Frühjahrsblüthe,
so siehst du Thau.
Daß Gott der Sprache dieses h behüte!
Der Reif ist rauh.

当清晨的气息轻拂春花时，
你会看到露珠。
愿上帝保佑语言中的这个 h！
风霜凛冽。

这首诗的结尾表达的感情几乎是激烈的：

Nicht jedes Thier verwüstet tätig so
der Schöpfung Spur.
Nur manche Gattung Tier lebt irgendwo
fern der Natur.
Sie hat wol viel Gefül und dieses ist dick
wie das Tau.
Den Thau zertritt sie, Werth hat nur der Mist
für eine Sau.

并非所有动物都会破坏
创造的神迹。
只有某些种类的动物生活在
远离自然之地。
其感情丰富，浓厚。
如同露水。
并践踏露水，唯粪便才有价值
对母猪而言。

在联邦内政部长和德意志联邦共和国各州文教部长的倡议下，为了推动新正字法改革而于 1956 年成立了“正字法规范工作小组”，其中包括各个相关领域的代表。“**威斯巴登建议**”（Wiesbadener Empfehlungen）以 14 票支持对 3 票反对的多数通过，于 1958 年 12 月 17 日被提交给文教部长会议。建议包括“适度小写”——这是一种委婉的表达方式，指按照国际惯例将句子开头和专有名词首字母大写，外加称呼代词——另外还有减少逗号的使用，只作为节奏上和语法上的中断，按照自然发音进行单词分隔，用*f*、*t*、*r*代替常用的源自希腊语借词的*ph*、*th*、*rh*，并将“假的”复合词分开拼写。减少大写引发了媒体的强烈反应。尽管当时民主德国代表支持此建议，表明改革有一定的机会，然而奥地利委员会却以10票对10票的结果形成平局，而瑞士委员会更是以全体票数对1票决定保留名词首字母大写。同时，在联邦德国，持反对意见的威斯巴登少数派则通过在《法兰克福汇报》上的宣传和达姆施塔特语言诗歌学院的投票来表明立场。因此，这场改革还是以失败告终。尽管后来考虑在不确定的过渡领域对首字母大写实行“自由化”，并建议从第五学年才开始教授这个规则，但这并没有提供任何有效的解决方案，反而使语言教学变得更加复杂。在1970年左右的西德正字法改革时期，小写被语言学家、小学教师和社会政治家再次提出，且更加强烈地要求。但最后也无功而返，部分原因是国内政治上的反对，部分原因则是那些因职业或经济原因需要频繁且快速阅读的人的反对：名词首字母大写有利于快速进行“对角线阅读”。这个教育政策问题在书写者和阅读者之间仍然存在分歧因而依然悬而未决。

1980年，“国际正字法工作小组”成立，最初每两年召开一次会议，从1986年起改为每年举行。期间也会召开密集的工作会议。工作小组由来自德意志联邦共和国、民主德国、奥地利和瑞士的专家组成。1987年2月，德意志联邦共和国文教部部长会议委托德国语言研究院编写一份关于德语正字法的修订案。1988年，这份提案被提交，并于1989年公开，引发了热烈讨论。与1876年第一届正字法大会后的情况以及今天的情况类似，这次争论的重点并不在于规则本身，而在于通过特别令人反感的特例来证明拒绝这套规则的合理性：

*Wenn der K**ei**ser küsst oder M**ei**s isst.*

*Es ist **e**tzend, wenn der K**ei**ser B**o**t f**e**hrt.*

*Ein Kapit**e**n ged**ä**nkt ■ **A**le zu fangen.*

被谴责的改革措施是否真正提出并不重要。“适度小写”的建议已在西德文教部长会议的准备阶段就被提前否决。

由于大多数德国文教部长随后也表示反对，该提案最终被撤回，并制定了一份新的提案，该提案最终于 1996 年在**维也纳**被作为**国际决议**签署。尽管在签署之前，这些建议已被送交相关组织和专家征求意见，但真正的讨论基本上是在签署之后才开始的。在主要的改革内容中，有些特别具有争议性：

（1）分写和连写：动词 + 动词组合无论语义如何都始终分开书写：*sitzen bleiben*；名词 + 动词组合也始终保持分开书写，且名词首字母大写：*Auto fahren, Rad fahren*；如果形容词可比较，那么形容词 + 动词就分开写：*freisprechen vs. frei sprechen*。

（2）大小写：例如，在冠词之后，形容词（几乎）总是大写：*im Wesentlichen, etwas zum Besten geben*。

（3）前后一致 ss 拼写：*Er fasst das Fass im Fluss mit dem Fuß*。

（4）三个相同字母连写：*Schifffahrt, schusssicher*;

（5）外来词的进一步德语化：*Spagetti, Tunfisch*。

（6）个别情况的拼写方式（“民间词源”标准化）：*Gräuel, verbläuen, belämmert*。

尽管受到了批评，但“新正字法”还是被引入了学校。公共讨论逐渐平息。随后新闻界发生了一系列轰动事件。2001年，《法兰克福汇报》恢复了旧正字法；2003年，另外三家报纸或报刊出版商（《南德意志报》、《明镜周刊》、施普林格出版社）宣布，他们也将部分回归旧正字法。此举引发广泛关注，因为其中一些报刊对受众影响力巨大；此外，某些编辑部也有非常有影响力的记者。这些行动产生了效果：2004年，文教部部长会议与其他德语国家（奥地利、瑞士、列支敦士登、南蒂罗尔、比利时德语区）协商，成立了**“德语正字法委员会”**（**Rat für deutsche Rechtschreibung**），该委员会专门审查三个领域的正字法并提出修改建议：分写和连写，行末单词分隔（*E-sel*），标点符号特别是逗号的停顿设置。这些任务在2006年初基本完成（参见 www.rechtschreibrat.com），并得到了相关政府机构的批准。在其第二个职能期，即2011年至2016年，委员会开始调查新正字法的施行情况，以及批准的变体中哪些是首选。官方正字法词典中的一些细节已根据实际使用情况进行了调整。例如，一些正字法变体被删除：*Belkanto, Majonäse, Wandalism*。另一方面，在瑞士，一些常用变体也得到了认可：*Canapé, Entrée, Praliné, Soirée*，与现有拼写形式 *Kanapee, Entree, Pralinee, Soiree* 并存。此外，*Schmand* 则取代了 *Schmant* 这个拼写形式。

在正音法（**Orthoepie**）领域，日耳曼学教授西奥多·希布斯（Theodor Siebs）与同事和戏剧界人士一起，在其《德语舞台语音》（*Deutsche Bühnenaussprache*，1898年）一书中总结了被有影响力的剧评人评为最优雅的发音风格，此举功不可没。希布斯的北德发音偏好并非出于个人的武断，而是与 18 世纪以来声音美学的发展趋势一致，除了普鲁士的崛起之外，这种发音风格的确立还源于这样一个事实：北德地区因严格按照（学校教授的高地德语）书面语发音而形成了一种被广泛视为标准的“纯正”口语。希布斯的标准化工作超越了戏剧舞台，对学校教育产生了深远的影响。后来的几次修订（1933 年，1957 年）仅涉及一些细枝末节的改动：例如，不再要求区分尾音塞音和位于清辅音前（音位中立）塞音的发音差别（例如 *ra:t*“Rad/Rat”；*pfly:kt*“pflügt”，*pflykt*“pflückt”），并承认广泛使用但被希布斯拒绝的小舌音 *-r*。然而，自 20 世纪 20 年代以来，广播和电影以及后来的电视的普及将德语正音法带到了各个社会阶层，但也正因如此，才会促使发音产生了一定的变化，因为麦克风的使用者与在远处讲话的舞台演员和教师在声学和生理条件上存在差异，而希布斯的正音法是针对后者的。此外，讲话速度加快，现代大都市人的冷漠态度也鼓励了新的说话习惯的形成，甚至体现在舞台上。曾经通过听觉评判戏剧表演（尤其是古典悲剧诗）而形成的“希布斯”理想规范，在语言教学中往往无法实现，而在日常语言使用中更是几乎从未实现。德语演讲专家们得出了两种截然不同的结论。在西德，首先是“希布斯”正音法和《杜登发音词典》的编辑们，出于审美和语言维护的目的，主张保留柏拉图式的理想规范作为一种激励模式，最多允许“适度的规范发音”（Siebs 1969）作为视情况和主题而定的偏差范围。另一方面，在东德，根据对东西德广播实践中大量录音所进行的语音工具性研究，以及汉斯·克雷赫（Hans Krech）主持的耶拿大学和哈勒大学对上述研究成果的评估，提出了一个更接近大众传播使用标准的规范发音法。这些研究结果被收录到1964年在莱比锡出版的《德语语音词典》（*Wörterbuch der deutschen Aussprache*）中，该词典对常见的辅音协同发音[①]（如 *le:bm*“leben”，*tra:gŋ*“tragen”等）以及减少次重读元音和 *r* 都持宽容态度，以便在更广泛的语言社会学基础上形成一个“反希布斯”阵营；然而，1990年以来的政治发展使这些研究成果被学界忽视了。尽管如此，语音规范不再是一种精英主义的地位象征。维尔纳·柯尼希（Werner König）的研究表明，标准德语口语最多是一个音位单位，而非语音单位。第19版，也是迄今为止最后一版“希布斯”正音法，名为《德语语音，纯粹而适度的正音法》（*Deutsche Aussprache*，*Reine und gemäßigte Hochlautung*，1969年，2000年再版）以及最新版本的《杜登发音词典》（2015）都为南德和奥地利的发音习惯预留了空间。

2. 共同语与专业词汇或社会词汇[②]

在词汇领域，像正字法和正音法这样的规范性协议在过去和现在都不可能实现。即使是工业和技术领域的术语标准化（DIN[③]

---

① 协同发音，Koartikulation，指发音时预先做出的发音动作。发音过程是没有自然停顿的连续不断的过程，实际言语中的语音不是相互离散的语音单位，往往在发一个音时，下一个音也同时开始发音了。协同发音导致的结果是同化形式（Assimilation）。

② 社会词汇，指社会方言词汇，社会语言学的概念。

③ DIN, Deutsches Institut für Normung，德国标准化学会。

委员会）也往往无法在操作性语言的实践中充分体现出来。逻辑严密的命名系统经常被更为简洁的表达方式所取代（例如，*Blinker* 取代 *Fahrtrichtungsanzeiger*）。新事物和新术语需要命名，而陈旧事物的语汇很快就会被遗忘，许多词语的含义也会因新的使用方法而改变。这些词汇创新通常都是在相关群体中自发形成的。同时，自 19 世纪初以来，现代大众传播手段在词汇传播中发挥了突出作用。作为报纸读者或广播电视的听众和观众，以及如今各种在线服务的用户，每个语言使用者每天都会接触到大量职业和生活领域词汇。对于个别语言使用者而言，主动和被动词汇之间的关系因此发生了有利于后者的巨变。每个人都不断听到或读到一些专业术语，如 *Kernenergie, bilaterale Verhandlungen, Sozialpaket, Preisindex, Psychoanalyse, Uraufführung,*[①] 甚至还有那些看起来毫无意义或不合逻辑的词汇（*Gesundheitsreform*“医疗改革”），人们必须逐渐学会理解许多这样的词汇，但未必能够正确地使用它们，或在适当场合表达出来。这当然是由于被动词汇的过度饱和，在没有准备的公开演讲中，例如在广播或电视采访中，许多演讲者经常会出现言语障碍或失误，他们往往还都是兴趣广泛、知识渊博的人。长期听多说少、读多写少，这削弱了许多人对语言表达的公平性和对使用语言的信心。这就带来了一种风险，即个人的语言能力可能因为单纯重复已有的语用规范而被削弱。

与主、被动词汇的关系类似，共同语汇和专业词汇或社会词汇

---

① 意为：核能，双边谈判，一揽子社会发展计划，价格指数，精神分析，首映式。

的关系也是现代德语最具挑战性的语言社会学问题之一。它无法通过“**外来词**”（Fremdwort）和“**继承词**”（Erbwort）的常规区分来解决。在语言交际现实中，词源基本不重要。重要的是社会学和文体学的使用价值。就来自其他语言的借词而言，最好区分**共同词汇**（如 *Krise, Formular, Information, Manager, Camping, Hobby, Party, fair, testen*）[①]和**专业词汇**（如 *Formant, Prädikation, Anästhesie, Feature, Blues, Stylist, Output*）[②]。许多借词属于**受过学术教育的群体**特有的词汇（如 *ästhetisch, jovial, stimulieren, nonkonformistisch*）[③]。还有自成一类、即不再被算为借词的**引语词**（Zitatwörter），它们仅用于描述外国事物（“指称外来语”[Bezeichnungsexotismen]，如 *Queen, Lord, Black Power, College, Resistance, Siesta, Kibbuz, Geisha, Harakiri*）[④]；它们在词汇地位上接近于专有名词（*London, Mississippi, Kreml, Louvre, Weißes Haus*）[⑤]。这些具有社会学意义的词类（当然也有文体上的影响），绝不限于外来词。无论如何，像 *Illustrierte* 或 *Ministerium* 这样的借词和借词构成词与 *Zeitung* 和 *Verwaltung* 这种由古德语成分构成的词一样属于共同词汇（Gemeinwortschatz），而像 *Gattungsfrage* 或 *Seinsgefühl* 这种德语构成词则与借词构成词 *Makrostruktur* 和 *Existenzialität* 一样属于专业语汇（Fachwortschatz）。在某一时刻已经成为专业语言中的“借词”（Lehnwort）的词，在共同语中仍可能

---

① 意为：危机，形式，信息，经理，露营，爱好，聚会，公平，测试。

② 意为：形状，谓语，麻醉，特征，蓝调，文体家，输出。

③ 意为：审美的，和蔼的，刺激，持不同政见的。

④ 意为：女王，勋爵，黑势力，学院，抵抗，午睡，集体农庄，艺妓，切腹。

⑤ 意为：伦敦，密西西比，克里姆林宫，卢浮宫，白宫。

是一个“外来词”。

然而，专业词汇对共同语的强烈影响，不仅仅是由职业专业化时代的实际需求造成的。共同语不仅像记录一样只是被动表现；即使没有实际原因，许多增强表达所需的内容也是从专业和社会词汇中提取的。语言的活用往往通过**隐喻**（**Metapher**）从其他领域借用。例如，过去德语会从航运业、矿业、农业或狩猎领域的词汇和套话中借用，而在现代德语的普通话中，形象化的表达方式主要是从技术领域借入（*ankurbeln, sich einschalten, Kontakt, Schmalspurstudium, Gipfeltreffen, entgleisen, auf vollen Touren*）[①]或从体育领域（*starten, jump-start, Endspurt, Training, Schrittmacher, Steigbügelhalter, Sprungbrett, eine Hürd nehmen, ferner lieffen*）[②]借入。而现代军事隐喻，如 *Rückzugsgefecht, Defensive, querschießen, Front, Marschroute, Schützenhilfe leisten*[③]等，从语言社会学角度来看，与它们的前身并无实质性差异，如 *die Klingen kreuzen, eine Bresche schlagen, den Laufpass geben, Lunte riechen, die Trommel rühren, verheerend*[④]。这些现象与其说是德语机械化、运动化或军事化的标志，不如说是来自民间大众传播领域的语言社群经验在当下社会方言和标准语之间的应力场中发挥特殊作用的例证。

---

① 意为：用曲柄发动，开动，接触，窄轨研究，峰会，出轨，全速前进。

② 意为：起步，起跳，最后冲刺，训练，先锋，马镫 / 提拔者，跳板，跨栏，跑得更远。

③ 意为：撤退，防御，交火，前线，行军线，射击支援。

④ 意为：越过刀锋，制造突破口，下达命令，闻到导火线 / 感到危险，摇旗呐喊，毁灭性的。

3. 英语的影响

1909 年，德累斯顿文法学校教授赫尔曼·邓格（Hermann Dunger，1843—1912）发表了一篇题为《德语中的英语化倾向》（*Engländerei in der deutschen Sprache*）的论文，该文源自 1899 年的一次讲座。其前言部分引用了邓格参与创立的“共同德语语言学会”（Allgemeiner Deutscher Sprachverein）声名中的一段话：

> Mit dem immer wachsenden Einfluß englischen Wesens mehrt sich neuerdings in bedenklicher Weise die Zahl der aus dem englischen stammenden Fremdwörter. Auch in dieser Spracherscheinung treten die alten Erzfehler des deutschen Volkes wieder hervor: Überschätzung des fremden, Mangel an Selbstgefühl, Missachtung der eigenen Sprache. (Dunger 1909/1989, 2)[①]

讲座的主题和声名文本明确表明，“英语热”（Engländerei），即英语对德语的影响，在 19 世纪末已经成为引人注目的现象。

然而，英语——如果将中古晚期汉萨同盟航运领域借词如 *Boot, Lotse, Dock*[②] 忽略不计的话——自在欧陆引起轰动的 1642—

---

① 意为：随着英语文化影响不断扩大，源于英语的外来词数量最近也在惊人增长。在这一语言现象中德国人的老毛病也再次显现出来：对外来事物过度推崇，缺乏自我意识，漠视本国语言。

② 意为：船，领港员，船坞。

1649 年英国内战和 1648/1649 年光荣革命以来，早在 17 和 18 世纪就开始在德语文学语言层面产生影响了（参见 Ganz 1957）。17 世纪德语中已经有了来自英语的借词和借仿词如 *Adresse, Akte, Debatte, Parlament, nonkonformistisch, Hochverrat*。[1]18 世纪英语影响力中心包括汉堡（英国贸易殖民地，出版了首本《道德周刊》[2]）、苏黎世（博德默尔及其友人译介米尔顿、蒲柏 [Pope]、斯威夫特和民谣）、莱比锡（戈特舍德文人圈对蒲柏和艾迪生的研究）以及——*last not least*（“最后但并非最不重要的”）——哥廷根（自英国汉诺威王朝政治联姻以来对英国文化的研究）。这一时期的借词主要涉及三个主题领域：**文艺和文学**（如 *Schöpfung, ätherisch, Elfe, Zahn der Zeit, Robinsonade, Egotismus, Originalität, sentimental/empfindsam, Heim, Humor, Blankvers, Volkslied, Gemeinplatz, Steckenpferd*）[3]，**政治和哲学**（如 *Freidenker, Pantheist, Materialist, utopisch, Nationalcharakter, Tatsache, Gemeinwohl, Pressefreiheit, Agitator, Legislatur, Parlament, Majorität/Mehrheit, Opposition, Koalition, Arbeitsteilung, europäisches Gleichgewicht*）[4]，以及**自然科学和技术方面**（如 *Spektrum, Zelle, Zirkulation/Kreislauf, Zentrifugalkraft, Barometer, Ventilator,*

---

① 意为：地址，档案，辩论，议会，持不同政见的，叛国罪。

② 《道德周刊》，*Moralische Wochenschrift*，是 18 世纪上半叶传播启蒙思想的刊物。

③ 意为：创作，空灵，精灵，岁月的摧残，沉船历险记，利己主义，原创，感伤，家，幽默，无韵诗，民歌，套话，爱好。

④ 意为：自由思想家，泛神论者，唯物主义者，乌托邦，民族性，事实，共同利益，新闻自由，煽动者，立法，议会，多数派，反对派，联盟，劳动分工，欧洲均衡。

Dampfmaschine, Blitzableiter, Koks, Patent)[①]。

19世纪英语影响进一步加大，这一方面属于德语内部的语言社会学问题，因为许多在哲学、政治或经济文献中早已存在的英语术语，现在通过**工业革命和民主化**开始在德国更广泛的圈子里为人所知，即成为借词（Lehnwörter）；另一方面，也涉及到一种新的借用关系，因为理论和实践现在结合起来了，即：词语与事物同时被借入。在19世纪，英国是工业和商业（*Kartell, Trust, Partner, Standard*等）[②]、运输业（*Lokomotive, Tunnel, Viadukt, Waggon, Express*等）[③]、新闻业（*Leitartikel, Essay, Reporter, Interview*等）[④]等领域的模范，自19世纪下半叶以来，英国在政治上更是榜样，通过激烈的斗争代议制民主终于取代了等级制民主（*Demonstration, radikal, lynchen, Stimmvieh, Mob, Streik, Imperialismus*等）[⑤]。

维多利亚时代德国和英国的关系，是欧洲市民文化的高潮，也对**社会生活时尚**事物产生了影响。王室联姻成为当时英德两国接触交流的象征，也十分有影响力：维多利亚女王与萨克森-科堡和哥达的阿尔伯特亲王（Albert von Sachsen-Coburg und Gotha）结婚，他们的女儿则嫁给了思想自由的普鲁士王子腓特烈（即后来的“百日皇帝”腓特烈三世）。1900年左右，英语已经取代法语（自大革命和拿破仑以来，法语影响力一直在削弱），成为柏林上层人

---

① 意为：光谱，细胞，循环，离心力，气压计，电扇，蒸汽机，避雷针，焦炭，专利。

② 意为：卡特尔，信托，合作伙伴，标准等。

③ 意为：火车头，隧道，高架桥，马车，快递等。

④ 意为：社论，散文，记者，采访等。

⑤ 意为：示威，激进，私刑，投票畜，暴民，罢工，帝国主义。

士交流的时尚语言。一个人是 *Gentleman*（“绅士”）, *Snob*（“附庸风雅之人”）, *Dandy*（“花花公子”）或 *Selfmademan*（“自食其力的人”），属于一个 *Club*（“俱乐部”），行为 *fair*（“公正”），认为事情是 *allright*（“正确的”）或 *tiptop*（“最重要的”），穿 *Cutaway*（“燕尾服”）、*Frack*（“大燕尾服”）、*Smoking*（“黑礼服”）或 *Breeches*（“马裤”），吃 *Beefsteak*（“牛扒”）、*Toast*（“吐司”），*Keks*（“饼干”）（< *Cakes*“蛋糕”）和 *Pudding*（“布丁”），在酒吧喝 *Whisky*（“威士忌”）、*Sherry*（“雪利酒”）或 *Cocktail*（“鸡尾酒”），做 *Sport*（“运动”）、打 *Tennis*（“网球”）或 *Hockey*（“曲棍球”），去 *Picknick*（“野餐”），想 *Flirt*（“调情”）甚至有 *Spleen*（“怪癖”）。

到了 20 世纪，英语借用影响持续增长。在第一次世界大战和纳粹时期，由于纯语主义英语影响暂时减弱，但也出现了新的接受浪潮，部分是出于对民族主义和保守主义的政治反抗，部分是由于第一次世界大战后美国对德国经济和文化的强大影响。**1945 年以后的西德**，在唯美国马首是瞻的联盟政策的影响之下，政治、军事和经济领域的国际组织将英美专业词汇在所有西欧国家推广（参见 Etiemble 1964），直至出现混合语或多语现象。美语成分很难与英式英语区分开来，因为自第一次世界大战以来，英式英语也一直受到美语的强烈影响。许多现代借词在 20 世纪 20 年代已在德语中常见（如 *Film, Bestseller, Bluff, Jazz, Song, Foxtrott, Pullover, Manager, tanken*）。[1] 二战后美语影响深入到私人日常生活领域（*Teenager,*

---

① 意为：电影，畅销书，虚张声势，爵士乐，歌曲，狐步舞，套头衫，经理，加油。

Make-up, Music-Box, Bikini, Sex, Striptease, Callgirl, Playboy, Rocker)，[①] 这一现象不能按照受到质疑的陈旧的“波浪理论”（Wellentheorie）[②] 被当作“影响”（Einfluss）或“潮流”（Strömung）来解释，也不能简单地用“美国化”（*Amerikanisierung*）的标签来加以否定。这种语言干扰现象（sprachliche Interferenzerscheinung）反映了战后德国各阶层民众对外来语的积极吸收态度，一切被认为是代表自由和现代的新事物都要用英语命名，如 *Twen*（美式英语 *teen[ager]* 与英式英语 *twenty* 相类），甚至用自创词（即所谓“**伪借用**”[Scheinentlehnung]）来命名新事物，如 *Dressman, Handy, Beamer*。[③] 这种借词背后的驱动力在过去和今天都来自广告、媒体、电影、德语歌曲、德语摇滚乐、流行音乐、杂志和小报的 *Manager*（“经理”）、*Macher*（“策划者”）和 *Texter*（“作者”），他们 *manipulieren*（“操控”）着 *Wirtschaftswunder*（“经济奇迹”）时代德国人的需求、思维方式和行为。但是，美语在更高文化层次上也产生了同样强烈的的影响；这反映在与科技赶超和进步相关的借词上（如 *Radar, Laser, Computer, Kybernetik, Automation, Input, Output, Test, Paper, Pattern, Sample, Trend, Team*[④]，或在语言学领域也有：

---

① 意为：青少年，化妆，音乐盒，比基尼，性，脱衣舞，应召女郎，花花公子，摇滚青年。

② “波浪理论”，Wellentheorie，认为语言的发展如同一石激起千层浪，同源语言的改变和发展呈现出波浪形，语言发展逐渐形成区别从而产生了不同的语言，反对谱系树理论那样对语言进行硬性划分。

③ 意为：男模，手机，投影仪。

④ 意为：雷达，激光，计算机，控制论，自动化，输入，输出，测试，纸张，模式，样品，趋势，团队。

Linguistik, Morphem, Allomorph, Distribution, generativ, Transformation, Grammatizität 等）。[①] 但我们也不应高估真借词的数量。以往的研究，语文学者收集的大部分语料（如 Carstensen 1965；Neske/Neske 1970）长期以来一直都是鲜为人知的专业技术词汇和引语词（如 *Combo, Blues, Full-Time-Job, Highbrow, Hardtop, Displaced Person*）。[②]

几十年来，在德国学校里，英语作为第一语言，同时也是第二或第三外语得到了广泛的应用，这意味着借入德语时英语单词的**拼写和发音**变化不大。在过去（主要是 1945 年之前），个别拼法会被德语化：如用 *k* 取代 *c*（*Klub, Koks, kraulen*）[③]，*sch* 取代 *sh*（*Schal, Schock*）[④]，*ß* 取代 *ss*（1996 年正字法改革前：*Boß, Dreß, Stewardeß*，1996 年以后：*Boss, Dress, Stewardess*[⑤]）。在 *Streik*，*streiken* 例子中，1884 年开始将 *i* 拼写为 *ei*。直到 1996 年正字法改革，才再次出现了这样的字形替换。然而，在商业广告中，英语的 *c* 又回来了，取代了德语的 *k* 或 *z*，甚至在较早进入德语的借词中也是如此，被广泛应用到商业词汇中，这显然是市场需求使然，因为某些商品用美式的 *c* 可以提升销量（*Cigarette, Camera, Automatic, Elastic, exclusiv*）[⑥]。字母 *c* 似乎有着更高声望，因此现代大城市可以

---

① 意为：语言学，语素，语素变体，分布，生成，转化，语法性等。

② 意为：小乐队，蓝调，全职，高雅，硬顶，移民。

③ 意为：俱乐部，可卡因，自由泳。

④ 意为：围巾，休克。

⑤ 意为：老板，裙子，空姐。

⑥ 意为：香烟，照相机，自动装置，松紧带，专门的。

有 *Congresscentren*（“会议中心”）或高级酒店只有一个 *Reception*（“接待处”）。另一方面，*Camping-Fans*（“露营爱好者”）把他们的爱好叫做 [tsampiŋ]，这只是 *Snobs*（“附庸风雅之人”）爱说的玩笑话，而他们反过来也被嘲笑为 [ʃnɔps]。过去的借用甚至更加大胆。在 20 世纪 20 和 30 年代，*Jazz*（爵士乐）的发音为 [jats]，如喜剧四重唱组合“十杯威士忌和一杯苏打水”（Zehn Whiskys und ein Soda）1955 年的热门歌曲“*Jazz anno 30*”。这种古老的德语化发音在 *lynchen*（“私刑”）这个词中一直保持到今天：读 [lynçən] 而不读 [lintʃən]，*USA* 读 [u:ɛsa:], *k. o.* 读 [ka:o:]（但 1945 年后：o. k. 变成了 [o:ke:]）。然而，至今仍有一些语音替换会发生，它们从德语音位系统出发并有规律地出现在很少练习英语发音的德国人口中：比如 *s* 在辅音前发 [ʃ] 而不发 [s]（*stop*, *spleen*, *snob* 等，而能正确发出 [st, sp, sn] 则代表着受过良好教育，因而可以起到社会教育标志的作用），尾音发成清塞音（*job*, *trend*, *shag* 等），将英语的双元音（*toast*，*spray* 等）发成单元音 [o:，e:]。由于能正确发出英语音 [θ] 和 [ð] 而并不代之以 [s] 或 [f] 对于德语母语者来说难度很大，因此带有 <th> 字母组合的英语借词较为少见。首字母辅音组合发音较难的词，如 *Thriller*（“惊悚片”），及其英文基础词 *Thrill*，或 *Thread*，由于其技术特征，可能因此而得以在德语中推行。《杜登大词典》（2015 年第 8 版）只收有一个首字母组合为 <th> 的词，即名词 *Thinktank*（“智库”），同时列出了其德语对应词“*Denkfabrik*”。

借用的**形态学**变化很少见。*Schlips*、*Koks* 和 *Keks* 在德语中已经从英文复数形式 *slips*、*cokes* 和 *cakes* 被重新解释为单数形式。我们不应将英语借用词素与德语屈折语素、派生语素或构成元素（*test-en/-e/-est* 等，*test-bar, aus-testen, Verbreitungs-test-s, Test-beginn*）的结合称为“混合”形式，因为语言学认为，借用词素在其所在的句法类别中与本地词素的结合是语言发展的自然现象。同理，无词尾变化的复数形式，如 *gangster, teenager*，依据对应的德语词如 *Meister, Richter* 的分布规则，也显得合适。大多数英语借词都保留了 *s-* 复数（*tests, parties, snobs*），这也增加了这种新高地德语复数构成方式的使用频率，但在很多情况下也干扰了正在系统发展的复数 *-s* 的分布规则（见 IV，1）。一般来说，英语借词在形态上比在字形和语音上更易融入德语语言系统（参见 Eisenberg 2018）。

在许多情况下，借用过程之中或之后的**语义变化**也是一个信号，表明“新词”已经融入了德语，并且正在根据德语的需要发展自己的语义生命。德语中的 *Flirt*（“调情”）只表示一个过程，而英语中的 *flirt* 也能指参与这个过程的人。德语的 *Keks* 与英语的 *cakes*（“蛋糕”）不再同义，而与 *biscuit*（“饼干”）同义。*Ticket*（“票”）在今天几乎只用于航空和铁路旅行，因此它的含义比英语中的更窄。同样，*Band*（“乐队”）在德语中仅限于表示“一群音乐家或乐手，多演奏现代音乐，如爵士、节奏强烈的音乐和摇滚乐等”（引自 2015 年《杜登大词典》），而 *band* 在英语中也可指德语的 *Orchester*（“管弦乐队”）甚至 *Bande*（“帮派”）。德语动词 *killen* 在英语中是 *to kill* 的意思，它在英语中可以表示任何形式的杀戮，甚至不带有贬义，但在德语中这个单词却被限制为表示故意的、恶意的、阴谋的行为，也许是为了取代已变旧的 *meucheln*。英语中的*sex*最初是指一般的“性”，而在当代德语中，它的意义仅限于“性交”。

比起两种语言及其元素之间的抽象关系，对借词问题的评估更重要的是借入语中的借词与传统元素之间的**语言内部关系**（**inner-sprachliche Relationen**）。这些关系常会揭示借用原因。语言借入潮的发生从古至今都有着语言以外的原因：如学校的英语课，大量由英语翻译的技术文献，德国大众传媒对新闻机构和外国记者的依赖，他们大多用英语写作，记者通常拒绝进行逐字逐句的精确翻译，经济、政治和文化的国际化趋势，大西洋联盟政策，战后德国对胜利者经济援助的主动适应，出于广告目的或对知识及声望的追求，等等。这些外因的相互作用影响了借词的泛滥程度，但与每个具体案例的理据无关。因此，有必要考察德语内部的结构性联系。

许多英语借词比其（实际的或可能的）德语对应词更具有**表达简洁**的优势：例如*Hobby*之于*Steckenpferd, Lieblingsbeschäftigung*（“爱好”）；*Fan*之于*Liebhaber, Verehrer, Anhänger*（“支持者”）；*Shorts*之于*kurze Hose*（“短裤”）；*Sale*之于*Schlussverkauf, Abverkauf*（“折扣”）。很大一部分英语借词是单音节的：*Snob, Sex, Boy, Box, fair, Quiz, Jazz, Pop, Team, Test, Trend*等等。[①] 具有这种优势的英语词素对于一种不断通过新的多音节派生和复合来生成的语言来说无疑具有形式上的借用价值。只有通过这种借用（除缩略词构词之外），才能充分利用德语音位系统中的许多未被占用的语素

① 意为：附庸风雅之人，性，男孩，盒子，公平，测验，爵士，流行，团队，测试，趋势等等。

序列，这反过来又促进了多音节复合词的生成。与此相关的是用**无理据**借词取代语言内部理据形成的借词或理据已变得无意义的、易误导的、多义或无关紧要的借词：如 *Backfisch* 被 *Teenager* 取代，*Steckenpferd* 被 *Hobby* 取代（*Steckenpferd* 这个玩具非常少见），*Liebhaber* 被 *Fan* 取代（*Liebhaber* 首要的意义是“情人”；因此出现了语义上的区别）。借词如 *sex*、*sexy* 也有**委婉语**（Euphemismus）理据：既然有了这个英语词素，就不必再依赖令人尴尬和繁琐的由 *Geschlecht* 构成的派生或复合词了。*Callgirls*（“应召女郎”）比 **Telefonhuren* 容易接受。委婉语——至少在开始时——可能还包括 *Dandy*，*Snob*，*Playboy*，*Flirt*，*Spleen*。使用借词的一个文体理据还有矛盾修饰法（Oxymoron）[①]，英语借词通常很适合，因为它们具有现代的、非传统的文体价值。新闻杂志《明镜周刊》（*Der Spiegel*）就喜爱使用这种（有时显得不合时宜的）语体风格来获得戏剧性的表达效果：*Christus-Fan, Wiedervereinigungs-Job, Richard-Wagner-Festival*（而不使用德语的 *Festspiele*）。[②]

最重要的借用动因是**概念区分**（**Begriffsdifferenzierung**）或对新事物和概念命名。*Jazz*（“爵士乐”）或 *Swing*（“摇摆乐”）只能用外来词来命名，因为它们在德国属于全新事物。一首 *Song*（“歌曲”）既不是 *Lied*（“歌谣”），也不是 *Chanson*（“香颂”），也不是 *Schlager*（“流行歌曲”），更不是 *Arie*（“咏叹调”）。*Job*（“打工”）既不等同于 *Beruf*（“职业”），也不等同于 *Arbeit, Tätigkeit*

---

① 矛盾修饰法，Oxymoron，指由两个语义矛盾的概念压缩组成一个新词。

② 意为：基督迷，再统一工作，理查德·瓦格纳节。

（“工作”）或 *Anstellung*（“岗位”）；它还包含有“机会”、“易变”、“非正式的”、“只为挣钱”等特征。一个 *Department*（“部”）不同于德语的 *Institut*（“研究院”）或 *Abteilung*（“部门”）。英语 *Baby*（“宝宝”）与德语 *Säugling*（“婴儿”）或 *Kleinkind*（“小孩”）的应用范围并不一致：在诊所里通常只用正式的 *Säuglinge* 和 *Säuglingsstationen* 等，*Babys* 或 **Babystationen* 则罕见。另一方面，在私人生活和零售行业的内衣部门，人们更喜欢用 *Baby* 一词，而避免 *Säugling* 概念。*Säugling* 和 *Kleinkind* 都是专有词汇，没有 *Baby* 所具有的情感价值，它最多与指小形式 *Kindchen*（“娃娃”，实际上是昵称形式 = 爱称[①]）有共同之处。*Baby* 显然填补了德语词汇领域的空白；德语化的 *Kleinkind* 作为 *Baby* 的替代是失败的，但它可以用于年龄稍大的儿童；《杜登大词典》将其定义为：“（特别是公文语）：*kleines Kind [vom dritten] bis zum sechsten Lebensjahr*”[②]。还有并非为了丰富语义场，而是为了省去区分化选词而进行的借入，包括诸如 *clever*、*fit*、*k. o.*、*o. k* 等借词。

从英语借来的词有时会在德语中产生新的**同音异义词**（**Homonyme**，词形相同含义不同）。*Realisieren* 过去意为“成真”，现在这个词更多是“认识到”的意思（*to realize*）；*toasten*“祝酒”，现在还指“烤吐司面包”；*stoppen*“运动测时”，现在还有“叫停”的意思；*feuern* 除了有“开火”的意思，现在还有“辞退”的意思（*to fire*）；*Mopp*“拖把”，*Mob*“暴徒”；*Scheck*“支票”，*Shag*“烟丝”；

① 昵称形式（Hypokoristikum）= 爱称（Kosewort）。

② 意为：［三］至六岁儿童。

仅有的同形异义词（Homographen，重音位置不同）是：*Service*“全套餐具”（重音在后）和 *Service*“服务”[①]。英语借词经常与旧的法语借词形成**竞争**（参见 Burger 1966），通常是**法语**词被英语词取代或排挤掉，如：*Mannequin* 和 *Modell*（“模特”），*Revue* 和 *Show*，*Bonvivant*、*Belami*、*Beau* 和 *Playboy*，*Fete* 和 *Party*，*Hautevolee* 和 *[High] Society*，*Pointe* 和 *Gag*，*Tendenz* 和 *Trend*，*Hausse* 和 *Boom*。[②] 这里还要确保语义或文体上的差异不会使旧的法语借词继续存在。英语的拼写和发音也取代了那些词素近似的旧法语借词：*Apartment* 取代 *Appartement*，*Publicity* 取代 *Publizität*。这种趋势在近几十年的德国科技术语发展中占主流，或者至少产生了显著影响。这无疑可以看作是对德语构词系统的一种挑战，因为自启蒙时期以来，来自拉丁语、希腊语和法语词根的德语技术词汇已经发展出一套强大的派生手段，如 *-ismus*、*-ist*、*-ologe*、*-är*、*-ianer*、*-ität*、*-ation*、*-em*、*-abel*、*-[is]ieren*、*-fizieren*，这些都被用于专业术语。而同样是来自日耳曼语的英语借入词，甚至可以通过所有古老的德语派生手段来丰富德语词汇（如 *testbar, Playboytum*）。当然，在很大程度上还要看英语借词与其他语言旧借词的关系。其中许多可以被理解为一种从本地材料中借来的借仿词。这些都是来自拉丁语或希腊语成分的**国际通用词语**（**Internationalismen**），它们可以在今天的任何一种文化语言中独立产生，因此在现代德语发展中也有可能出现，但它们的惯用法则可能只是由英语模式确

---

① *Service* 作“全套餐具”讲时，按照法语读法重音在后；作“服务”讲时，按照英语读法，重音在前。

② 这几对都是后面的英语词排挤掉前面的法语词。

立的，例如 *Lokomotive, Demonstration, Imperialismus, Distribution, institutionalisieren*。[1]

要全面了解英语对德语的影响，需要充分认识**内部借用关系**（**innere Lehnbeziehungen**）的多样性（见 II, 4）。诸如 *Atombombe, Gehirnwäsche, Schwarzmarkt, Gipfelkonferenz, Wunschdenken, Elektronengehirn, Entwicklungsland, Froschmann, Lautsprecher, Schnappschuss, Flutlicht*[2] 等复合词都是对词位一致的英语对应词的译仿。这同样适用于短语借用，如 *Eiserner Vorhang, Kalter Krieg, offene Tür, das Beste machen aus etwas, in einem Boot sitzen, unter die Haut gehen, einmal mehr (once more), eine gute Presse haben, jemandem die Schau stehlen, das Gesicht wahren/verlieren*[3]。略微自由的引申借仿（Lehnübertragung）如：*Wolkenkratzer, Luftbrücke, Untertreibung, Einbahnstraße, Flugfeld*[4] 都是仿照英语 *skyscraper, airlift, understatement, one-way-street, airfield* 的引申借仿。以下是仿义（Lehnbedeutung）：*kontrollieren*"控制"，*manipulieren*"操纵"，*Flaschenhals*（*bottleneck*，"瓶颈"）和时髦的肯定式感叹词 *genau!*（*exactly*"对！"）。

总体来说，"当代德语中的**英语借词**（Anglizismen）[……]

---

① 意为：火车头，示范，帝国主义，分配，体制化。

② 意为：原子弹，洗脑，黑市，高峰会议，痴心妄想，电脑，发展中国家，蛙人，扩音器，快照，反光灯。

③ 意为：铁幕，冷战，开放，物尽其用，同舟共济，潜移默化，再来一次，畅销，抢风头，保存/失去面子。

④ 意为：摩天大楼，空中桥梁，轻描淡写，单行道，机场。

面临着**整合**进入［德语］核心语法的巨大**压力**”。因此，在“派生词领域［……］已经形成了一个生产系统，对外来词词干进行加工，使之适应德语的核心语法”（Eisenberg 2013, 115），例如以下小品动词（Partikelverben）[①] 都属于这种情况：*abchecken, absplitten, abturnen, antrainieren, auspowern, dazumixen, draufzoomen, durchchecken, durchstylen, einloggen, einscannen, entlangjoggen, hineincodieren, hochloaden, mitkicken, zurücktrampen*（同上，114）。[②]

4. 语体层面

近来，专业术语、社会方言（Gruppensprachen）[③] 和日常语的语言创新常常被认为是“语言衰败”（Sprachverfall）的表现。然而，只要它们丰富了共同语的词汇，就能防止德语僵化成一种脱离现实生活的教育语言，即压制一切不符合书面语言传统的、与日常生活距离较远的耽美或专业合理化的语言表达形式。标准语（在“高雅”语意义上）具有精英主义的、保守性质的风格；但它只是几种风格中的一种，它们共同构成了德语。今天的语言教育依然肩负着让人们认识到文本风格之间差异的任务；但是，如果它将所有偏离书面语传统或理想规范的现象都理解为“限制性”或“语言衰

① 小品动词，Partikelverben，即可分动词。

② 意为：检查，拆分，扫兴，培训，剥削，混入，放大，检查，风格化，登录，扫描，慢跑，编码，上传，同踢，搭顺风车回去。

③ 社会方言，Gruppensprachen，即 Soziolekt。这是仿“方言”构成的社会语言学概念，指一类语言变体，它具有社会某群体或阶层的语言特征。

败”，那么它将助长社会语言歧视。自19世纪末以来，德国古典文学的文体规范使许多语言评论家无法意识到语言的日常功能风格也应受到重视，而且即使在文化语言发展高潮之后，德语仍在不断发展，而且必须继续向前不断发展，特别是由于从那时起社会结构以及理想规范和使用规范之间的关系、社会权力分配和教育特权都发生了巨大变化。

在各个学科领域的日常用语中，已经产生了成千上万的新词。在这个过程中，某些**构词模式**变得多产，这些模式大多是旧有的，但在最近产生了对这些模式的特殊需求。例如，古老的人称后缀 *-er* 被更多地用于用较短的词来代替较旧的词组（*Eisenbahner* 代替 *Eisenbahnbeamter*, *Werbetexter* 代替 *Werbetextverfasser*），以及用于旧有的工具称谓类型中（这些称谓本身在今天也是较旧形式 *Fernsprecher* / *Fernsprechapparat*, *Füller* / *Füllfederhalter*, *Laster* / *Lastkraftwagen*, *Zweitakter* / *Zweitaktmotorfahrzeug*, *Umsteiger* / *Umsteigefahrkarte*）。这种**缩略构词**（**Kurzwortbildung**）趋势有效抵抗了德语偏爱构建复合词的特性。——自19世纪末以来，首字母缩写作为一种现代构词手段得到了推广（*BGB*、*SPD*、*DIN*、*BMW*、*KFZ*），但大多只适用于专有名词，因为专有名词的意义更多依赖于其组成部分及其与其他词汇的语义关系，甚至比称呼性词语更不需要解释。例如BMW（“宝马”），即便不知道它的起源和构词方式，也能理解其现有含义。然而，自20世纪20年代以来，缩写音节增多，以便提高理解度和减轻发音难度。尽管如此，德语词汇系统几乎没有受到缩写风潮的影响，因为缩写通常具有名称的特征，与具体事物联系紧密，也会随其消逝。另一方面，这种缩写可以用来形成复合词（*SPD-Mitglied*“社民党党员”），而“完整”的表达方式（**Sozialdemokratische Partei-Mitglied*）则几乎不再使用。

自 18 世纪以来，**形容词**中以 *-bar-* 派生的数量显著增加（*verwendbar, begehbar, zerlegbar, erkennbar, haltbar, fahrbar*）①。在这个过程中，中古高地德语 *-bære* 的语义多样性被集中到一个明确且富有生命力的类型中。事物的命名往往基于其对人类的可用性和实用性，这是为了避免使用从句（*ein Gegenstand, der sich zerlegen lässt / zerlegt werden kann – ein zerlegbarer Gegenstand*）②。这也同样适用于越来越多借助 *-mäßig* 或 *-lich*（*wohnungsmäßige Verhältnisse, charakterliche Beurteilung*）③ 构成的形容词，在许多情况下，这些形容词取代了 *in Bezug auf* 或 *was ... betrifft*。④

在新闻编辑的语言实战中——假如他们受到过校长或语法老师的指导——**标题**中形成了一种简洁有效的句法系统（虽然也有误用），特别是在 1914 年一战爆发后（参见 Sandig 1970）。人们不再满足于仅仅标明通讯地点和日期，或仅仅指示主题的标题（如 *Die Ereignisse in Wien*），而是要求参考资料与简要信息相结合。在 20 世纪 20 和 30 年代，有一个明显的趋势，即从最初更频繁使用的名词性短句（如 *Rückkehr des Kaisers*）转向动词性短句，在其中，由多个部分组成的谓语中，限定动词被省略（*Holländischer Dampfer*

---

① 意为：可用的，方便的，可拆的，可识别的，耐用的，可行驶的。

② 意为：一个可（被）拆卸的物体——一个可拆卸的物体。

③ 意为：住房条件，品格评估。

④ 意为：关于……，与……有关。

auf Mine gelaufen）或用冒号代替“说”的动词（*Habeck: Votum über die Politik von Frau Merkel*）或在谓语的其余部分暗示主语（*An Kreuzung zusammengestoßen*）。在这一过程中，标题利用了词素的语境条件（价位、类别、语义-句法的相互依赖性），在完全省略谓语的情况下，就内容而言，谓语会保留在介词补语中（*Amerika nach Orlando*，*Synodale vor schwerer Wahl*）。每期报纸中重复出现的段落背景甚至允许在天气预告之前插入简短信息，如 *kühler*。记者们在没有语言学指导的情况下发现了一些基本的语法规律，并在无意间成功地利用了这些规律，比如交际单位“句子”不受特定句子形式（如完整的动词句）的约束，自然语言中有许多内容都是冗余，词义以及句义是由（语言内和语言外的）语境决定的。

对简洁和缩略表达的追求也大大增加了一类动词的数量，语言专家在“**宾格化**”（Akkusativierung）[①] 的背景下将其评价为人的“去人格化”标志（参见 Weisgerber 1958）。在这个过程中，人名被用作宾格指称对象，指定一个及物动作的目标。在中古高地德语中已经可以找到这样的例子（*beschirmen*“保护”，*beschemen*“使羞耻”，*betrüeben*“使悲伤”，*beschuochen*“配备鞋子”，*bespîsen*“配餐”，*betrehenen*“痛哭流涕”，*betriuwen*“保护”）。近年来，这种模式被频繁使用，与相应的与格一起出现或取代它们（*beglückwünschen, bezuschussen, ermutigen, beliefern, bedrohen,*

① “宾格化”（Akkusativierung），指语言配价结构发生变化，即属格和与格或介词宾语与宾格发生替换。德语表达中有这种倾向，即用宾格替换表达行为受事的与格。

bedienen, beraten)[①]。产生这种现象的原因在于，及物动词在合理化的语言风格中具有句法优势（参见 Kolb 1960）：它提供了人格被动的可能性（*er wird beliefert*），名词化（*die Belieferung des Kunden*），形容词构词（*der belieferte Kunde*），省略客体（*wir beliefern Sie bis Monatsende*；*liefern* 需要一个如 *Ware* 这样的客体）。从这些例子可以看出，人作为行为客体，而被移至陈述中心位置。文化悲观主义语言批评家道夫·斯滕伯格（Dolf Sternberger）认为，这是一种“去人化”思维方式的表现。然而，应该认识到，在现代日常生活的快节奏语言交流中，语法的简化对交流者本身也是有利的。及物动词用处良多，比如它们可以用作被动态，从而使文章更具连贯性。这种风格所表现出来的客观冷静和简洁，在某些语境下可能显得过于冷漠。但在表达情感和人际关系的语境中，只要已经固化为“次要系统”的公共使用规范未完全超出言说者的语言能力，这种表达方式当然是可以避免的。

对过程、行为或状态进行命名的需求增加，促进了**不定式的名词化**（不定式转换）的发展，这些不定式名词与古老的行为名词（Verbalabstrakten）[②]并存，但在语义上存在差异（*das Können - die Kunst*，*das Wollen - der Wille*，*das Erleben - das Erlebnis*，*das Prüfen - die Prüfung*，*das Tiefbohren - das Tiefbohrung*；反之：*Die Einschreibung - das Einschreiben*）。这种对过程的名词化进一步推动了生成新的动词，以便使这些不定式名词在句中可以作为主语或宾

① 意为：祝贺，补贴，鼓励，供应，威胁，服务，咨询。

② 行为名词，Verbalabstrakten，即 Nomen actionis，指由动词派生出来的名词，用来指称动作和过程，比如以 *-ung* 作后缀而从动词派生出来的名词。

语使用（例如*das Prüfen des Materials erfolgt auf folgende Weise / a. f. W. durchführen*）。通用动词*erfolgen*和*durchführen*在19世纪已经出现，特别是在抽象内容文本中（法学、行政管理、科学、技术）。这种**名词风格**（**Substantivstil**）的泛滥无疑已经超出了必要的范畴。但在某些语境中，仅仅由于句法原因，这种过程概念的客体化是不可避免的。比如在一篇长文中反复谈论或书写有关事实，例如与一条道路的*verlegen*（"铺设"）有关，那么就不可避免地反复使用过程概念作为名词性的句子组成部分（即*Straßenverlegung*，"道路铺设"）。名词风格并不意味着过程思维的萎缩，而是提供了对过程概念进行陈述的语法可能性。如果没有这种思维抽象化，现代文明和知识文化的发展是不可想象的。这种由古代翻译家和神秘主义者以行为名词的方式发起的、自17世纪以来以名词短语风格进一步发展的风格，如今已成为现代德语的最基本特征之一。

书面语和口语之间的差异往往被忽视，例如，口语受到书面语过度影响，这就加剧了"语言障碍"的风险。公共生活中大量写作鼓励了"我口说我写"的原则。那些经受住历史考验且在口语中常用的词汇和短语，在书面和官方演讲中却被避免使用，并被符合书面传统和理想规范的高雅风格对应变体所取代（*manchmal / bisweilen, jetzt / nunmehr, viele / zahlreiche, bekommen / erhalten, brauchen / benötigen, können / vermögen, nur / lediglich*）。19世纪的语言教育学不主张使用诸如*sein, haben, tun, machen*等实用的基本动词，导致今天产生了大量语义上并不必要的替代动词：*sich befinden, weilen, existieren; besitzen, verfügen über, aufweisen, zeigen; verrichten, ausüben, begehen, bewerkstelligen, durchführen; herstellen,*

erstellen 等等。这也是一种矫揉造作的文体倾向，即出于一种语言社会学上保持距离的态度而避免使用日常用语。书面语言标准也要求尽可能进行精确而高分辨率的表达，但这在快速语流的紧急情况下并不容易做到，所以人们也往往要用普通词汇来进行补救（*interessant, großartig, tolle Sache, es geht, es ist weg, es ist kaputt, es klappt, es haut hin*）。对简单方便语汇的回避，使得苛刻的审美要求和夸张的理想规范在德语高雅语和书面语中行之有效，这也使德语成为外语教学中最难的语言之一，也给德国人自己带来了语言病态的风格困境，正如小品表演者一再讽刺的那样。

这种要求也会导致大众被排除在书面交流之外。18 世纪末和 19 世纪初推行的义务教育带来了强大的识字动力，使今天的语言学家得以研究“**自下而上的语言史**”（*Sprachgeschichte von unten*, Elspaß 2005）。通过对“移民信札”的大规模研究产生了关于“19 世纪日常语”（Alltagssprache des 19. Jahrhunderts）的洞见，这种语言在许多方面与当时的“高雅书面语”（gehobene Schriftsprache）不同；例如，日常语会“出于功能目的而灵活使用框形结构”，“使用迂回形式来表达语法角度”，如 *tun* 结构，或“使用双重否定句作为加强信号”（同上，461）。这种“书面日常语”（geschriebene Alltagssprache）不应被谴责为堕落的书面语，而应被理解为一种允许大多数人表达其经验的功能性风格。如果没有这种书面功能体，那么人们就几乎无法与老家亲友的保持联系。

尽管逻辑上的迂腐要求在日常言语中没有得到满足，但在书面表达和高雅书面语的应用中却占主导地位。例如，在较长的从句中严格使用虚拟语气，或当动词或副词使得助动词时态并不必要时，依然要使用带“*werden*”的将来时（如 *ich werde morgen abreisen*）。书面语的方式和习惯常常被无意识地渗透到口头表达中，而这在面对无法像读者那样轻松掌握复杂的句法结构的听众时，往往忽略了他们的感受和理解能力。自 17 世纪以来，**框形结构**在学术和公文写作风格中十分普遍，这已经成为书面语的典范，也主导了受过教育的人的语体风格，并常常被视为一种强制性规范。这一点在动词框形、扩展定语和插入从句中尤为明显。

扩展定语的使用在 19 世纪达到了巅峰，在 1970 年代下降了大约三分之一（参见 Weber 1970），旧有的公文和法律文体依然倾向于使用**套盒句**，例如：

Gegen den Angeklagten wird, weil er sich einer Ungebühr schuldig gemacht hat, indem er, nachdem er wiederholt zur Ruhe verwiesen und ihm schließlich eine Ordnungsstrafe angedroht war, sich der Worte [...] *bediente, gemäß §* [...] *eine Ordnungsstrafe von 10 M. festgesetzt.*

一种相反的文体倾向，在 1900 年左右的《民法典》中已部分生效，在文本中尽可能避免使用框形结构，用并列名词取代句法上的从属关系，并用属格或介词短语来表达语法关系：

Gegen den Angeklagten erfolgt die Festsetzung einer Ordnungsstrafe gemäß § [...] *in Höhe von 10 M. aufgrund der Ungebühr seines Gebrauchs der Worte* [...] *nach wiederholtem Ruheverweis und schließlicher Androhung einer Ordnungsstrafe.*

早在17世纪名词化风格的雏形就已出现（参见 Admoni 1966）。框形结构被取消了，像 *erfolgen* 这样语义内容贫乏的限定动词使谓语被压缩在行为名词 *Festsetzung* 中，从而将整个句子分解为更小的名词短语，使说话人和听众更易理解。而这种解决方案是以词汇使用和连接手段的极度抽象化为代价的。这两个极端困境是由某些文体倾向造成的，即在一个句子中尽可能多地承载内容，同时又试图精确地表述一切。随着公共生活的书面化日益复杂——从工程师、学者或立法者到办公室文员——对德语的要求远远超出了口语的合理范围。自20世纪70年代以来，人们试图通过引入缩写和人工符号来缓解语法问题，但却以牺牲词汇的丰富性和表达的可理解性为代价。

另一方面，书面语对口语的主导地位似乎也有所动摇，生动而非正式的语言应用使僵硬的书面语风格发生了松动。自由讨论或采访促使人们使用更简洁的句子。与19世纪相比，科技应用文的平均句子长度缩短了不少，这一点在1960年代就已被注意到了（参见 Eggers 1961）。在20世纪70年代，广播电视在大众传播中的主导作用被认为有助推动面向于听众的语言回归。然而，对电视新闻的分析却表明情况并非如此，对大多数消费者来说，新闻报道的语言依然过于复杂（Straßner 1982）。此外，广播电视作为大众传播手段已被“新媒体”所取代，其受众更多地是读者而非听众。社交网络对极简文本的要求完全无法促进复杂语言形式的产生和接受。

自19世纪的学术修辞风格产生以来，**公开演讲**的风格也发生了变化。那些在公众场合卓有成效的演讲者，侃侃而谈，令人难忘，他们善于利用语法可能性来缩短张拉句弧（Spannungsbogen）[1]，这些句法手段是在选择书面语理想规范的情况下发展出来并保留至今，其中包括：第二谓语部分提前，名词短语置后（如 *Ich möchte Sie zunächst herzlich begrüßen zur 25. Jahresfeier unserer Vereinigung*）；张拉句之后恢复远置句子成分（例如 *Die Entwicklung der Forschung im letzten Jahrzehnt auf diesem Fachgebiet, das lange Zeit vernachlässigt worden ist – diese Entwicklung gibt zu einigen Befürchtungen methodologischer Art Anlass – Befürchtungen, die ...*）。这些标准口语的程序被完全不自觉地使用；如今它们在相关研究（参见 Schwitalla 2012）中被视为“口语特征”（Fiehler/Barden/Elstsermann/Kraft 2004），并被写入当代德语语法（见 R. 菲勒 [R. Fiehler]：“口语”[Gesprochene Sprache]，载于:《杜登德语语法》[*Duden-Grammatik*] 2016）。

电子数据处理的“媒介革命”催生了新的文本类型（网站、电子邮件、聊天），从而重新定义了口语和书面语之间的关系并促成了不同符号系统（语言、图像、颜色、动作、声音）之间的合作，即多媒体性（Multimedialität），并进行了“重新排序”（参见 Schmitz 2004）。电子邮件，尤其是基于文本的聊天，仍然是以书面形式构成的文本类型，它们和任何形式的书面语一样，是用视觉来接收的，它们缺乏口语的基本特征——语调；但口语特性却以不同的方式渗透到书写中。书面语规范显得较为松散；基于文本的聊天

① 变位动词尾语序的句型叫做张拉句（Spannsatz）或张拉形式（Spannform）。

常会发生错格现象（Anakoluthe）[①]，各种形式的省略，以及通过字母重复（*wunnnnnnnnderbaaaaar*）来增强音量和情感的各种尝试，还有新的感叹词（*seufz! grins!*），其中一些灵感来自漫画，以及新的标志，如表情符号，其中最著名的是"笑脸"：[SMILEY XXX]。值得注意的是，保守的语言和文化批评者，会用过去拒绝印刷术的相似观点来拒绝新媒体。

尽管面临各种文化批评和不满，电子数据处理技术仍在迅猛发展。特别是计算机的联网和网络的融合形成了"互联网"，导致了新的通信和互动形式，其潜力远未穷尽，其发展方向尚难以预见：

> 然而，首先是在网上，计算机导致了人际传播和大众传播之间的传统界限正在消失。同时，媒体传播正在越来越密集地渗透到日常生活中。继电子邮件、聊天和超媒体之后，新的交互式或多语言远程通信形式被开发出来（如邮件列表、论坛、新闻组、即时通讯、组装软件等）。由所谓"社交网络"（soziale Netzwerke，拙劣地译自 social networking service），如 Facebook、Twitter 和 MySpace，生成了在线共同体（Online-Gemeinschaften）。（Schmitz 2015, 188–189）

网络交流是"互惠的'多对多'，因此，传统大众媒介中必要的（一个）发送者和（多个）接受者的角色分离已不复存在。"（同上，189）。

① 错格（Anakoluthe），指在讲话过程中由于遣词造句需要或某种修辞目的而突然改变句子结构，造成一种语言表达总体上不合乎语法规则的现象。

这种无限可能性也带来了道德问题：一方面，作者匿名性以及快速评论都可能导致攻击性语言的泛滥和虚假信息的传播（假新闻）。例如，Twitter过去将文本限制在140个字符，如今限制在280个字符，字数限制导致无法进行深入讨论，而只能进行简单陈述。而且，如前所述，由于这些信息的作用与其说是提供信息，不如说是情感宣泄，因此诸如粗俗或野蛮的词汇语体元素以一种在其他常规媒体中永远不可能出现的方式进入了书面语。另一方面：

> Web2.0的技术化交流平台为写作提供了许多新场景，在这些场景中，书面语不仅被用于信息交流或合作，而且还承担着建立和维持关系的重要功能。因此，写作也第一次被大规模地用于日常交流领域，用于对话、自发和非正式的交流，而这些在过去更多属于口语范畴。（Storrer 2013, 331）

社会公众不再通过传统大众传媒的新闻稿，而是在Twitter、Facebook和其他“社交媒体”的众多文字信息中关注政治话语，这也带来了政治语言风格的改变。在这些媒体中，产生影响的不再是经验丰富的发言人，比如外交发言人，而是直接的个人，他们甚至可以通过短文来参与讨论。这往往也会导致公共语言使用变得“粗暴”（Verrohung），因为在这里重要的不是论证和文体差异，而是语言的“暴击”（Keulenschläge），这种现象难以被视为语言进步。

5. 文学语言与语言危机

德语文学从19世纪中叶到现代的发展特点是语言价值意识的危机，这一点至今还未被克服。经典作家们将德语提升为一种精神化的、纯化的高雅语言，确立了不可超越的典范。弗朗茨·格里尔帕尔泽（Franz Grillparzer）写下了题为《进步》（Fortschritt）的社会批判性诗句（1846）：

Nur weiter geht euer tolles Treiben,
Von vorwärts! vorwärts! erschallt das Land,
Ich möchte, wär's möglich, stehen bleiben,
Wo Schiller und Goethe stand.

只有继续你们疯狂的行动力，
前进！前进！响彻大地，
如果可能的话，我愿意停留在
席勒和歌德站过的地方，原地不动。

这很有代表性，格里尔帕策用对高雅文学语言负有“责任”的两位作家的名字在一定程度上“模拟”了社会状态。**传统的文学语言**，有席勒式的悲怆和修辞上辞藻华丽，有修饰语、古风（Archaismus）和拟人（Personifizierung），有排比句（Parallelismus）和交叉配列（Chiasmus）[①]，有对偶（Antithese）和渐进表达（Klimax），有反问和格言警句，这种语言对 19 世纪文学和教育生活产生了深远影响，从特奥多尔·克尔纳（Theodor Körner）到恩斯特·冯·维尔登布鲁赫（Ernst von Wildenbruch），从海因里希·海涅和艾曼努埃尔·盖贝尔（Emanuel Geibel）到诗歌协会的作品，甚至到对文法学校作文和平庸小说或体育报道文学中的激情变体和迂回风格的改良完善。这些保留下来的模板在教育之后固化为陈词滥调，最终被反复应用于高度风格化的公共庆典演说中。德国古典主义的文化语言成就已如此丰硕，以至于面临被消耗的风险。受教育者的高雅语言理想已经非常接近于诗歌的语言风格，以至于诗人感到自己被迫扮演了模范语言大师的角色；他们应该按照现在所有受教育者力求的书写或说话方式来创作。而在所谓的教授型小说（古斯塔夫·弗莱塔格 [Gustav Freytag]，费利克斯·达恩 [Felix Dahn]）中，文风已近于学术风格，类似于 19 世纪的历史主义绘画艺术。

摆脱德国文学语言的片面发展倾向已是大势所趋。诗人重新认识到艺术语言和日常语言的不相容性。这种逆转中最温和的表达是托马斯·曼小说中对中产阶级谈话风格的戏谑讽刺，在这些小说中，19 世纪的所有语言风格传统都再次被提升到高超的水平。而其他作家大多选择走新路。一些人由于不信任崇高和美丽的词语，便放弃了诗歌的特殊语言地位，而去接近带有情感色彩的日常语；另一些人则寻求新的方式来确保诗歌拥有独特的、不可动摇

① 交叉配列（Chiasmus），一种修辞格，在两个并列的，带有相似句法结构的句子或短语中使相应的成分处于交叉位置上，一般用于对偶。

的风格。前者始于青年德意志[①]的日报作家，他们开创了**小品文时代**（**das feuilletonistische Zeitalter**）。这一风格在尼采那特立独行的语言成就中达到了巅峰，为后来的新闻语言提供了华丽而极富刺激性的风格模式。读者不再被那些具有教化意义的美文和逻辑完善的教义哄骗，而是被煽情的套话、讽刺性的语言游戏和悖论式的比喻（*Nächstenhass, unbefleckte Erkenntnis, Tugendbock, Moraltrompeter, Trunkenbold Gottes, Zweisiedler, Hinzulügner*）[②]所震撼。**语言游戏**只是对常规语言失去信心的一个表征。语言游戏在20世纪初被克里斯蒂安·莫根斯坦（Christian Morgenstern）、约阿希姆·林格纳茨（Joachim Ringelnatz）和达达主义诗人在文学中培养起来，甚至在学者型的首音互换韵（Schüttelreimerei）[③]中（威廉·平德[Wilhelm Pinder]，安东·基彭伯格[Anton Kippenberg]），以及在有教养的口语中，作为知识分子的文字笑话而成为了时尚（*tiefstapeln, Klavier-Klafünf, Damen-Dämlichkeiten, abendfüllender Ausschnitt*）[④]。此外，这种风格也有可能相当严肃而持续地进入日常语，例如在阿尔诺·霍尔茨（Arno Holz）的自然主义风格中，或在盖尔哈特·豪

① “青年德意志”，das Junge Deutschland，指的是“三月前”文学中涌现出的一个青年作家群体，他们拥有民主和革命思想，反对歌德，反对浪漫派，主张文学必须承担起启发和唤醒人民的任务，把文学变成思想革命的工具，因此创办了许多杂志。青年德意志是受到法国七月革命影响的欧洲青年运动的一部分。

② 意为：邻恨，无染的认知，美德之羊，道德吹鼓手，上帝的酒徒，二隐士，添加骗子。

③ 首音互换韵（Schüttelreimerei），指利用诗句中最后两个重读音节的字首辅音变换和押韵来制造幽默或滑稽讽刺效果的诗歌形式，产生于13世纪的德国，属于德语诗歌特色。如：Ich fuhr mit meinem Leiterwagen, wo Steine und so weiter lagen.

④ 意为：自我贬低，钢琴-胡言乱语，女人-愚蠢，占据整晚的片段。

普特曼（Gerhart Hauptmann）社会批判剧中所使用的接近方言口语的语言。但是，诗人的语言向“语言下层”的这种“自弃式降落”，并不能克服文学语言危机。这种倾向只能在与传统的对立中存在，在现代德语诗歌中也只意味着一股暗流，它通常与其他风格相结合来进行新的诗歌实验。

另一条道路开辟了全新表达的可能性，带来了语言的诗意**疏离和神秘化**。人们试图表达不可言说性，暗示更深层次的现实，而这些现实往往被传统语言的陈旧词汇所掩盖，只有通过唤起意外的联想和解读言外之意才能揭示。所有这些都是“现代主义”不同流派及其代表作家的共同之处，无论是印象主义还是表现主义，无论是斯特凡·格奥尔格（Stefan George）、莱纳·马利亚·里尔克（Rainer Maria Rilke）、胡戈·冯·霍夫曼斯塔尔（Hugo von Hofmannsthal）、格奥尔格·特拉克尔（Georg Trakl）还是戈特弗里德·本恩（Gottfried Benn）。这种与语言的无力感进行斗争的手段是多方面的：从僵硬的名词词块到言语的狂喜，从排比到无动词句乃至完全解构句法。对与规范相悖的不寻常词组的需求，为大胆组词的语言创造力排除了所有障碍。诗意的语言成为传统规范语言的反面。诗人奋力挣脱了普遍束缚的羁绊，如同摄影时代的视觉艺术家挣脱了摄影对象只限于日常现实的束缚一样。通过在自主艺术领域的自救，诗人逃脱了一个致命的困境。一个突出例子是奥古斯特·斯特拉姆（August Stramm）的“表现主义”诗歌《巡逻兵》（*Patrouille*），诗人于 1915 年 9 月 1 日在今天的白俄罗斯去世：

Die Steine feinden

Fenster grinst Verrat

Äste würgen

Berge Sträucher blättern raschlig

Gellen

Tod.

石头满满敌意

窗户冷笑叛变

树枝都窒息

山中灌木簌簌

尖叫

死亡。

诗中的句法结构和行文语义结构并不一致，这违背了日常语言规则，于是产生了出人意料的解读效果，创新词（如 *feinden*）显示了一种极简的语言风格趋势，这种风格也排斥使用冠词。

其他希望对世界产生政治影响的作家，则相当系统地、反思性地实践了语言陌生化。“书写真相的困难”和文字的“慵懒的神秘主义”（布莱希特语）只能通过“要手段”来克服——如在布莱希特、乌韦·约翰森（Uwe Johnson）和君特·格拉斯的作品中——与所有“完美”语言的伪装相反，在他们的作品中，作者与读者的语言规范原则不一致是通过独特的语法和语义不规则系统，以及通过在言语密集的文本部分利用自然口语联想和类比表现出来的（参见 Steger 1964 和 Weinrich 1967）。

大约从19和20世纪之交开始，教育中对优良语言应用典范的依赖已经动摇了。诗歌语言、标准语和共同语之间的关系已受到质疑。在公共领域也能感受到这种发展。在世纪之交，重要的语言批评家弗里茨·毛特纳（Fritz Mauthner）被长期忽视，他是后来哲学语言批评的先驱，抨击了传统科学语言的“文字拜物教”。

保守的语言评论家，如古斯塔夫·乌斯特曼（Gustav Wustmann），往往只关注社会经济变化引发的语言“退化”和“语言衰败”，以及文体层面、专业语言和社会方言的独立性。1885年，“共同德语语言学会”（Allgemeiner Deutscher Sprachverein）成立。它致力于“培养和提升德语”“治愈退化和残缺”“摒弃矫揉造作和浮夸之气”“激发正确、恰当的思维，并与准确、恰当的表达相联系”。这一市民阶级的语言自卫行动遭遇了特奥多尔·冯塔纳（Theodor Fontane）、古斯塔夫·弗赖塔格（Gustav Freytag）、克劳斯·格罗特（Klaus Groth）和弗里德里希·施皮尔哈根（Friedrich Spielhagen）等作家的激烈抵抗，他们不想被剥夺作诗的自由，特别是在外来词的使用问题上。然而，该学会在更广泛的圈子里产生了显著影响。即便如此，这种方式也没有有效克服语言危机。带有先入之见的批评和不宽容只会助长偏见和语言障碍。成立于1947年的“德国语言协会”（Gesellschaft für deutsche Sprache）作为继承者，致力于对现代语言困境进行公正评估。如今，该协会在行政、商业和技术领域提供了有意义的语言指导，杜登编辑部和曼海姆的“德国语言研究院”（Institut für Deutsche Sprache）也是如此。然而，语言标准化如果超越了科学研究的客观基础，就会导致很大问题，特别是当语言调查被教条主义者用来制定新标准时，这会增加对自由变体的限制，而不是从提升语言参与者的语言交际能力出发而减少限制。

6. 政治与语言：1945 年之前

1871 年德意志帝国的建立，不仅推动了语言形式的统一，如上文所述的正字法和正音法标准化，威廉时代强烈的非理性民族主义也引发了新一轮德语化（Eindeutschung）浪潮。特别是在早期，“追捕外来词”主导了语言学会的工作。“共同德语语言学会”创始人赫尔曼·里格尔（Herman Riegel）提倡，作为光荣的民族义务，“当你讲德语的时候，要记住你是一个德国人！”外来词德语化也与一种民主态度有关，这种态度质疑外来词的教育特权。自 1889 年以来出版的十部《德语化之书》（*Verdeutschungsbücher*）和德语学会刊物（后来命名为《母语》[*Muttersprache*]）的影响难以估量。1910 年，该学会有 3 万多名会员，其中许多人都是行政职能人员。正是在一些行政管理领域，学会及其运动的影响最为显著。德意志帝国邮政总长海因里希·冯·斯特凡（Heinrich von Stephan）于 1887 年成为该学会的第一位荣誉会员，因为他从 1874 年起就下令将邮政系统中的 760 个外来词进行了德语化（*einschreiben* 取代 *recommandieren*, *Fernsprecher* 取代 *Telephon*，*postlagernd* 取代 *poste restante* 等）。在接下来的几十年，交通领域词汇也进行了德语化（例如 *Bahnsteig / Perron, Abteil / Coupé, Fahrgast / Passagier, Fahrkarte / Billet, Bahnhof / Station*）。德语化的趋势至今还在其他词汇领域持续影响（如

Rundfunk / Radio, Fernsehen / Television, Zeitschrift / Journal, Anzeige / Annonce, Werbung / Reklame）。由于这些规范的影响只限于“小德意志”（kleindeutsche）地区，因此在奥地利和瑞士德语区至今还保留有许多古老的（往往也是国际性的）外来词（*Perron, Coupé, Retourbillet, Zertifikat, Advokat, Offerte* 等）①。在瑞士德语区，法语借用属于正常现象，因为法语在当地也是一种官方语言。在科技领域，古德语词汇也越来越多地被用于构成新词，例如以 *Kern* 构成的一系列新词（*Atomkern, Kernspaltung, Kernenergie, Kernwaffen* 等）②。但是，国际政经领域的语言交流以及形容词构词的需要也带来了例外（如 *nukleare Abrüstung*“核裁军”）。与之相似的是，邮政系统的语言规范由于语言内在语法原因也未能在所有情况下完全推行：比如 *Telefon* 和 *Adresse* 在口语中相较于 *Fernsprecher* 和 *Anschrift* 明显占据上风，这也许是由于人们并不想失去借词的造词能力（*telefonieren, telefonisch, Telefongespräch* ≠ *Ferngespräch; adressieren, Adressat, Adressbuch*）。因此，在这种语言内在要求面前，国家语言标准化也显得无能为力了。在考察群体特定词汇和外来语借词的应用理据时，还必须对不同的语体意图进行区分：详述、语义区分、国际化、术语化，但也有讽刺、婉转、时尚、傲慢、消遣、伪装或欺骗。从语言批评角度来看，对词汇使用的选择判断只有在考虑到说话人的判断以及相应（语内和语外）语境时才有可能，因为词汇从来都不是单独存在的，而是作为说话人在特定

---

① 意为：站台，车厢，回程机票，证书，律师，报价。

② 意为：原子核，核裂变，核能，核武器。

语境下的某些话语要素而存在。

然而，**纯语主义者**（**Puristen**，**Sprachreiniger**）并未遵循这一语言学原则。在纯语主义运动高潮中，特别是在语言学会的框架内，他们的活动被用于煽动民族主义情绪（参见 Polenz 1967a）：比如在一战爆发时和一战期间（“外语热是精神叛国”；“只有一个说德语的德意志民族才能成为并一直是主人翁民族”）以及在纳粹统治的最初几年（“马克思主义和民主议会制的去德国化的且外国化了的语言”；“犹太人和西欧人的影响败坏了德语”；“语言学会是我们母语的冲锋队 [SA unser Muttersprache]”）。尽管如此，从长远来看，纯语者即便在纳粹党人那里也没有成功过，因为他们对这种天真的德意志狂热不以为然，当然也不会容忍纯语者们指摘自己的演讲风格。希特勒本人在 1940 年颁布了禁止语言纯洁化的法令。此外，在征服了欧洲国家后，尤其是在进军苏联迫在眉睫之时，“保卫西方世界”的意识形态被激活，并竭力表现得更“欧洲”。这就是为什么在战争期间，“德意志字体”——出于意识形态目的在德国被长期维护的“哥特式字体”（尖角体，施瓦巴赫花体）和（保留有晚期中世纪特色的）“德意志”手写体（草书 [Kurrent]，苏特林体）——都被摒弃了，转而采用在其他国家长期使用的（人文主义）圆体或“拉丁字体”。德国的纯语主义有两个根源：一是源于对语言的迷恋，认为语言不仅是一种交流手段，更是一种需要保“纯”保“真”的崇拜对象——这是非理性民族主义的典型特征（参见 Koppelmann 1956）；二是源于传统语言学、语文学和语法学的片面的历时思考方式，在德国它因历史主义而比其他国家更长久、更特别地加以维护。在现代语言学中，语言被视为一种系统共时关系，源于个别语言元素的历时问题只起到非常有限的作用：首先——但也只在像德语这样受到严格规范的文化语言中——在构词中对借入词素的组合限制（比如只可以说 *Germanist, Revanchist, Neutralist*，但不能说 **Deutschist, *Rachist, *Unparteiischist*），其次是借词在诸如共同词汇、专业词汇、教育词汇等语言社会学语体分类中的共时影响（见V，2）。当下流行的概念关键词“**外来词**”只有当如下问题都能被解答之时才能在语言学中发挥作用：“外来”是对谁而言？这里只允许语言社会学答案：对某人X，对人群Y，对语境Z，等等，但不是：对德语，因为只有其他语言可以成为德语的“外来语”，或者偶尔来自这些语言的引语词（见V，2和V，7），而不是那些经常在德语句子中使用、在德语词汇的语义系统中已拥有一席之地的词。1945年后，在德国已经不再有公开追捕外来词的运动了（甚至在语言学会的后继组织德国语言协会也没有）。自20世纪90年代末以来，一个最初自称为“德语保护学会”（Verein zur Wahrung der deutschen Sprache）的“德语学会”（Verein Deutsche Sprache）一直在致力于以一种高度挑衅的方式使英语成为一个公共问题，并通过颁发“语言弄虚作假者”奖，将公众人物钉在历史的耻辱柱上。2000年，一本名为《德语的未来》的“论战小册子”出版了，该书包含科学顾问委员会成员的几篇文章，所有这些文章“都没有真正深刻分析其所述主题，而只是用极其琐碎的、写小道消息随笔的方式挑起论战而已”（Nussbaumer 2003，111）。法国人埃尔韦·拉文尼尔·德·布封（Hervé Lavenir de Buffon）甚至想保护德语“免受美国人的影响，美国人抓住一切机会使他们的语言成为世界主导语言”（Glück/Krämer 2000，82），并报道了中央情报局的语言政治阴谋。

值得注意的是，该学会在其出版物中也并不（总是）遵循其所推荐的译法。况且并非所有听起来像英语的词汇都是从英语中借来的词。例如，该学会的“英语借词索引”（Anglizismen-Index）将 *Babydoll* 这个词列为“排挤性”的英语借词，并推荐以 *Mininachthemd*（“迷你睡衣”）作为其德语化替代；编辑们显然不知道 *Babydoll* 不是一个英语通用名词，而是 1956 年美国电影《娇娃春情》（*Baby Doll*）中主角的名字（参见 Wolf 2006）。

19 世纪的另一场政治运动，即法国大革命以来的渐进**民主化运动**，也对德语词汇产生了影响。许多法语和英语的政治生活词汇被借用或模仿：*Parlament, Sprecher, zur Ordnung rufen, eine Vorlage durchpeitschen, Tagesordnung, Koalition, Staatsbürger, öffentliche Meinung, Revolution, Streik*。[1] 政治词汇的内容通常以各种“主义”（Ismen）和其他抽象或普遍性政治集群概念及其源于科学的思想框架为特征。然而，这类词往往倾向于用作口号以及伪装或侮辱性名称，与正确的词语用法相背离：*Anarchismus, Nihilismus, Materialismus, Kommunismus, Marxismus, Sozialismus, Kapitalismus, Militarismus, Klerikalismus, Agrariertum, Bourgeoisie, Proletarier*。[2] 人们已经学会了谨慎对待外来流行科学术语（*national, patriotisch, sozial, liberal, reaktionär, ultramontan*，后来的

---

① 意为：议会，发言人，劝告守纪律，紧急通过法案，议程，联盟，公民，舆论，革命，罢工。

② 意为：无政府主义，虚无主义，唯物主义，共产主义，马克思主义，社会主义，资本主义，军国主义，教权主义，农本主义，资产阶级，无产者。

faschistisch, plutokratisch, imperialistisch)[①]或带有强烈画面感的词语（*Ausbeuter, Fortschritt, Errungenschaften, Krautjunker, Schlotbaron, Stehkragenproletarier, Kriegsbrandstifter*)[②]，为了政治论战的目的而通过情感联想使外延词义（可定义的概念）被内涵（联想的次要观念）所掩盖。例如，在对政治方向的概括称呼中：*fortschrittlich, rot, links, rechts, reaktionär, -extrem, -radikal, ultra-*[③]以及名词化*die Ultras*（“极端主义者”），这个词早在1848年就有记录（在俾斯麦时代，中央也被称为*ultra-montan*，来自*ultra montes*，“阿尔卑斯山另一边的，教皇极权主义的”）。

对于现代德语语言史来说，“语言与政治”这一领域中最重要但却相当黑暗的一章，通常被传播学和研究界不准确和误导性地称为**“非人道词典”“第三帝国的语言”**或**“纳粹语言”**（Nazisprache）。最初的研究往往采用传统的辞典语文学方法，缺乏文本分析，仅仅将脱离语境的单词汇编在一起，并将它们解释为纳粹“语言”或纳粹“语汇”的组成部分。人们片面关注“纳粹”或“非人道”，这一方面导致人们至今也高估了个别词语无意间带来的政治效果，另一方面忽视了德国法西斯分子及其追随者的语言使用方式与德国几代最有影响力的群体所使用的政治宣传语言固有的风格特征密切相关。正如国家社会主义只能被理解为法西斯主义在德国的表现形

① 意为：民族的，爱国的，社会的，自由的，反动的，教皇极权主义的，法西斯主义的，财阀统治的，帝国主义的。

② 意为：剥削者，进步，成绩，容克地主，企业巨头，立领无产者，战争纵火犯。

③ 意为：进步的，红色的，左翼的，右翼的，反动的，-极端的，-激进的，极端的-。

式——法西斯主义本身也必须置于19世纪中期以来的经济、社会和思想史的发展背景中来理解——因此，纳粹分子借以夺取权力和施加暴力的语言方式也必须置于政治和社会公共领域长期流行的语体背景中去理解。典型的“纳粹语言”其实并不新鲜；纳粹政府以一种巧妙的方式将标语口号和关键词以及一切令20世纪20和30年代保守而驯顺的德国人听来熟悉而悦耳的话语混合在一起进行宣传，以此麻痹那些缺乏独立思考能力的头脑简单之人，这些话语深植于各种“运动”和意识形态之中：在解放战争和波拿巴主义腐蚀的帝国思想之中，在唯命是从和政教合一之中，在普鲁士军国主义和经济扩张主义、沙文主义之中，在历史主义和反犹主义之中，在浪漫派和彼得迈耶（Biedermeier）之中，在青年运动[①]和格奥尔格派（Georgekreis）中（参见 Berning, 1960−1963, 1964; Schmitz-Berning 2007; Dieckmann 1964）。

19世纪和20世纪德国政治语言史的读本要比单纯的词汇表更为有必要。从语言学的角度来看，传统的“单词法”（Einzelwortmethode）也是存在争议的。在实际交流中，我们并不是以词为单位进行言说，而是以句子为单位，甚至是以文本为单位；词义是由语境决定的（参见 Weinrich 1976）。因此，基于文本进行分析更为恰当。以下列出了从1848年至1943年的演讲和宣言片段，它们在内容上具有共同点，即这些文本都产生了公共影响，其观点符合从法兰克福国民会议（1848）直到波茨坦驻军教堂国家庆典（1933）期间对德国政治产生过深远影响的思想倾向。

---

① 青年运动，Jugendbewegung，指20世纪上半叶的欧洲青年运动，有别于19世纪上半叶的“青年德意志”，das Junge Deutschland。

An das deutsche Volk. Brüder! Deutsche Kriegsflotten wiegten einst ihre Masten auf allen Meeren, schrieben fremden Königen Gesetze vor, verfügten selbst über die Kronen der Feinde deutscher Macht und Herrlichkeit. Jetzt sind wir wehrlos auf der weltverbindenden See, jetzt sind wir wehrlos selbst auf unsern heimathlichen Strömen. Ihr wißt es, was mit gerechtem heiligem Zorn jedes deutsche Herz entflammt. Das kleine Dänemark verhöhnt das große, im Lichte seiner Freiheit, im Bewußtsein seiner hohen Weltsendung doppelt mächtige Deutschland. [...]

(Proklamation des Fünfziger-Ausschusses, Frankfurt a. M., 11.5.1848)

致德国人民。兄弟们！德国舰队曾四海扬帆，曾对番王发号施令，甚至在敌人的王冠之上展示德意志的伟力和荣耀。如今我们在连结世界的海洋上毫无防备之力，如今我们甚至在我们本土的河流上也毫无防备之力。你们知道，这让每个德国人的心中燃起了正义的、神圣的怒火。渺小的丹麦在德意志自由的光辉之下，在德意志崇高的世界使命意识之中，嘲笑着双倍强大的德国……

（《五十人委员会宣言》，法兰克福，1848年5月11日）

[...] Katholiken und Protestanten! Vereinigt euch in brüderlicher Liebe

gegen den Todfeind des Deutschtums, den Judenkapitalismus und die asiatische Geldmoral! Zeigt den Mut des stolzen Germanen, indem Ihr alle, die ihr unter der skrupellosen Konkurrenz des Judentums und der furchtbaren Geißel des Großkapitals leidet, am 16. Juni für diejenige Partei eintretet, von welcher das fremde Parasitenvolk mit Entschlossenheit und nach Gebühr bekämpft wird. – CHRISTLICHSOZIAL muß jeder Arbeiter, Bürger und Bauer, jeder [...] sein, der arischen Blutes ist und der seine Muttersprache und seine Heimat liebt!

(Plakat der Christlich-sozialen Partei zur Reichtagswahl in München am 16.6.1903)

……天主教徒和新教徒！以兄弟之爱团结起来，对抗德国的死敌：犹太资本主义和亚洲金钱道德！展现出骄傲的日耳曼人的勇气，这样你们所有在犹太人无所顾忌的竞争中和大资本的可怕灾难下受苦的人，就在6月16日支持那个坚决且适当地对抗外国寄生虫的政党。——基督教社会党人必须是每一个工人、市民和农民，每一个……具有雅利安血统、热爱他的母语和家乡的人！

（基督教社会党慕尼黑帝国议会选举海报1903年6月16日）

[⋯] Man will nicht dulden, daß wir in entschlossener Treue zu unserem Bundesgenossen stehen, der um sein Ansehen als Großmacht

kämpft und mit dessen Erniedrigung auch unsere Macht und Ehre verloren ist. So muß denn das Schwert entscheiden. [...] Jedes Schwanken, jedes Zögern wäre Verrat am Vaterlande. Um Sein oder Nichtsein unseres Reiches handelt es sich, das unsere Väter sich neu gründeten. Um Sein oder Nichtsein deutscher Macht und deutschen Wesens. Wir werden uns wehren bis zum letzten Hauch von Mann und Roß, und wir werden diesen Kampf bestehen auch gegen eine Welt von Feinden. Noch nie ward Deutschland überwunden, wenn es einig war. Vorwärts mit Gott, der mit uns sein wird, wie er mit den Vätern war!

(Kaiser Wilhelm II., Rede „An das deutsche Volk", 6.8.1914)

……人们不会容忍，我们坚决忠于盟友，他正在为了维护其作为大国的威望而战，我们的权力和荣耀也将在他受到屈辱时丧失。因此，必须要用利剑来决定。……任何动摇，任何犹豫都是对祖国的背叛。这关系到由我们祖先建立的帝国是否存在。这关系到德国的力量和德国精神的存亡。无论是军人还是战马，都将战斗到最后一口气，我们将战胜全世界的敌人，在斗争中取得胜利。德国团结一心，还从未被战胜过。上帝与我们同在，正如他也与我们的祖先同在一样！

（德皇威廉二世演讲《致德国人民》，1914年8月6日）

[...] Aus Bauern, Bürgern und Arbeitern muß wieder werden ein

deutsches Volk. Es soll dann für ewige Zeiten in seine treue Verwahrung nehmen unseren Glauben und unsere Kultur, unsere Ehre und unsere Freiheit. [...] Heute, Herr Generalfeldmarschall, läßt Sie die Vorsehung Schirmherr sein über die neue Erhebung unseres Volkes. Dies Ihr wundersames Leben ist für uns alle ein Symbol der unzerstörbaren Lebenskraft der deutschen Nation. So dankt Ihnen des deutschen Volkes Jugend und wir alle mit, die wir Ihre Zustimmung zum Werk der deutschen Erhebung als Segnung empfinden. Möge sich diese Kraft auch mitteilen der nunmehr eröffneten neuen Vertretung unseres Volkes.

(Hitler, Rede zur Eröffnung des Reichstages in der Garnisonkirche Potsdam, 21.3.1933)

……农民、市民和工人必须再次成为德意志民族。它将永远地保护我们的信仰和文化，我们的荣耀和自由。……今天，陆军元帅先生，天意让您成为我们民族新的崛起的守护神。您神奇的生命对我们所有人来说都是德意志民族坚不可摧的生命力的象征。因此，德意志青年感谢您，我们所有人都感谢您！您对德国崛起之功的认可就是一种祝福。愿这种力量也能传达给今天新成立的我们的人民代表。

（希特勒，《在波茨坦驻军教堂帝国议会开幕式上的讲话》，1933 年 3 月 21 日）

[...] Jeder deutsche Stamm und jede deutsche Landschaft, sie haben ihren schmerzlichen Beitrag geleistet zum Gelingen dieses Werkes. Als letzte Opfer der deutschen Einigung aber sollen in diesem Augenblick vor uns auferstehen jene zahlreichen Kämpfer, die in der nunmehr zum Reich zurückgekehrten alten Ostmark die gläubigen Herolde der heute errungenen deutschen Einheit waren und als Blutzeugen und Märtyrer mit dem letzten Hauch ihrer Stimme noch das aussprachen, was von jetzt an uns allen mehr denn je heilig sein soll: Ein Volk, ein Reich. Deutschland! Sieg Heil!

(Hitler, Reichstagsrede, 18.3.1938)

……每个德意志部族和每个德意志地区，他们都为这件事业的成功做出了悲壮的贡献。但作为德意志统一的最后牺牲者，那些在我们面前挺身而出的无数战士，作为在现在已经回归帝国的东部边境地区的实现德国统一的虔诚先驱，作为用最后一口气作证的殉道者和烈士，说出了从现在起对我们所有人都应当更加神圣的这句话：一个民族，一个帝国。德国！胜利万岁！

（希特勒，《国会演讲》，1938年3月18日）

[...] In dieser geschichtlichen Auseinandersetzung ist jeder Jude unser Feind, gleichgültig, ob er in einem polnischen Ghetto vegetiert oder in Berlin oder in Hamburg noch sein parasitäres Dasein fristet

oder in New York oder Washington in die Kriegstrompete bläst. Alle Juden gehören aufgrund ihrer Geburt und Rasse einer internationalen Verschwörung gegen das nationalsozialistische Deutschland an. [...] Eine dieser Maßnahmen ist die Einführung des gelben Judensterns, den jeder Jude sichtbar zu tragen hat. [...] Es ist das eine außerordentlich humane Vorschrift, sozusagen eine hygienische Prophylaxe, die verhindern soll, daß der Jude sich unerkannt in unsere Reihen einschleichen kann, um Zwietracht zu säen. [...]

(Goebbels, Leitartikel in der Wochenzeitung *Das Reich*, 16.11.1941)

在这场历史性的对抗中，每一个犹太人都是我们的敌人，无论他是在波兰的犹太人区里苟且偷生，还是在柏林或汉堡勉强维持着寄生虫生活，抑或是在纽约或华盛顿吹响战争的号角。因其出身和种族，所有犹太人都是反纳粹德国的国际阴谋的一部分。……这些措施之一是引入黄色的犹太六芒星，每个犹太人都必须在显眼的地方佩戴它。……这是一项非常人道的规定，从某种角度上可以说是一项卫生预防措施，旨在防止犹太人在未被发现的情况下混入我们的队伍中挑拨离间。

（戈培尔，在《帝国周报》上的社论，1941 年 11 月 16 日）

Der Ansturm der Steppe gegen unseren ehrwürdigen Kontinent ist in diesem Winter mit einer Wucht losgebrochen, die alle menschli-

chen und geschichtlichen Vorstellungen in den Schatten stellt. Die deutsche Wehrmacht bildet dagegen mit ihren Verbündeten den einzigen überhaupt in Frage kommenden Schutzwall. [...] Zehn Jahre Nationalsozialismus haben genügt, das deutsche Volk über den Ernst der schicksalhaften Problematik, die aus dem östlichen Bolschewismus entspringt, vollkommen aufzuklären.

(Goebbels, Sportpalastrede, Berlin, 18.2.1943)

这个冬天，西伯利亚大草原对我们崇高的大陆发起了猛攻，其威力令所有人类和历史的想象相形见绌。德国国防军与其盟友形成了总体而言唯一可能的防护墙。……十年的国家社会主义足以使德国人民充分认识到来自东方的布尔什维克主义所带来的致命问题的严重性。

（戈培尔，《柏林体育宫讲话》，1943 年 2 月 18 日）

从希特勒法西斯主义（Hitlerfaschismus）的历史结果来看，不难理解其语言使用主要有**“残忍”“暴力”“极权”**等特征。这些特点固然显而易见，但关键问题在于，这是否是纳粹主义语言使用的本质、有效和危险之处。最残忍、最不人道的语言运用方式是谎言，比如戈培尔社评中的“人道”（*human*）一词或其宣称“因其出身和种族，所有犹太人都是反纳粹德国的国际阴谋的一部分”，这完全是对语言的一种恶意滥用。但这些公开的讽刺只是言外表现。如果每一种语言表达都暗示着陈述元素（参见 Weinrich 1966）——这是所言之事的有效性和真实性的前提条件——被故意歪曲，那么这就只是对观点和现实之间关系的一种扭曲。在这里，谋杀性的暴力不是通过语言而是通过故意传播错误观点来施加的。此外，所谓的“暴力语言”通常是一些肤浅的且易于识别的语言，比如断言整体性和夸耀蛮力的傲慢词汇和短语：*jeder, alle, vollkommen, noch nie, mehr denn je, von jetzt an, für ewige Zeiten, unzerstörbar, gleichgültig ob ..., einzig überhaupt in Frage kommend, entschlossen, stolz, groß, hoch, letzte, mächtig, Welt, Großmacht, Macht und Herrlichkeit, Ehre, Ansehen, Kampf, Sieg, Kraft, Wucht, Mut, Vorwärts*，[①] 根据语境和使用频率，这些词汇会产生一种语言煽动效果，可以描述为“强制性的团结和认同”或“集体自我主义的形成”。它们——连同 *deutsch*（“德语”）、*Volk*（“人民”）和 *Nation*（“民族”）的频繁使用——在威廉时期就已经非常流行了（在类似的语境中还有：*einmalig, unvergleichlich, nie da gewesen, großartig, kolossal, schneidig, heroisch, restlos, ein für alle Mal, unabdingbar, total, absolut, schlagartig, energisch, rücksichtslos* 等等）。[②]（参见 Ehlich 1995）

语言上的极权主义超出了这些夸夸其谈的话语而产生了使人顺

---

① 意为：每个人，所有的，完美的，前所未有的，超过以往的，从现在开始的，永远，不可摧毁的，不管是否……，唯一的问题，坚决的，骄傲的，伟大的，高尚的，最后的，强大的，世界，强国，权力和辉煌，荣耀，威望，斗争，胜利，力量，武力，勇气，前进。

② 意为：独特的，无可比拟的，前所未有的，伟大的，巨大的，潇洒的，英雄的，彻底的，一劳永逸的，不容商量的，完全的，绝对的，突然的，精力充沛的，肆无忌惮的。

应时势随大流（Konformismus）的效果（至今仍旧如此），这在*Wir*（“我们”）和*Unser*（“我们的”）风格中更加显而易见的，演讲者用这种风格向听众传达了一种未经讨论也不可讨论的共同体意识。在希特勒的驻军教堂讲话里，*unseren Glauben und unsere Kultur, unsere Ehre und unsere Freiheit, die es* [nämlich das Volk] *in seine treue Verwahrung nehmen*①中的*unser*（“我们的”）揭示了这种手法的真实意图。在这种语境以及其他类似情况下，当*Wir*（“我们”）与*Volk*（“人民”）或*Nation*（“民族”）的上下文关系不明确时，便会形成一个人民概念的语言神话，它不再与（与*Volk*［“人民”］认同的）*Wir*（“我们”）一致，而是作为一个独立的实体与之并列（例如，*Wir glauben an die Kraft unserer eigenen Nation*）②。极权主义简化语言的一个有效手段是集合名词的单数形式：*der Germane*（“日耳曼人”，单数），*der Jude*（“犹太人”，单数）而不是*die Germanen*（“日耳曼人”，复数），*die Juden*（“犹太人”，复数）。这种用法源于科学领域的抽象化（*der Maikäfer, die Buche, der mittelalterliche Mensch*），③这是一种类型化手段，在某些语境中可以起到加强分化群体意识的作用。*arisch*（“雅利安人的”）这个词也属于这种情况，早在1903年的选举海报上它就已产生过影响了。这个词最初是语言学和民族学专业术语，指*indopersisch*（“印度波斯的”），后来又一般化为*indogermanisch*（“印度日耳曼的”）（见I，1），在理查德·瓦格纳的作品中该词已有*nichtjüdisch*（“非犹太的”）的含

① 意为：我们的信仰和文化，我们的荣耀和自由，它（即民族）加以保护。

② 意为：我们相信自己民族的力量。

③ 意为：金龟子，山毛榉，中世纪人。

义。反义词 *arisch - nichtarisch*（“雅利安–非雅利安”）的危险之处在于，表缺概念[①] *nichtjüdisch*（“非犹太的”）用非表缺的、纯假设的专业术语 *arisch*（“雅利安的”）来表示，而这个词又与非表缺概念 *jüdisch*（“犹太的”）的表缺概念 *nichtarisch*（“非雅利安的”）形成反义对立，这样一来，表缺的贬义效果和概念简化效果（比如 *undeutsch, ungeistig, Unruhe, Unsitte, Unzucht, entartet*）[②]。一个对大多数人来说不明确的 *Wir*（“我们”）概念在这里与一个被妖魔化的、对许多人来说同样不明确的 *Nicht-Wir*（“非我们”）的概念形成对立，这种语言上的恐怖控制无疑为那个众所周知的后果起到了推波助澜的作用。最流行的诽谤性修辞手段之一，旨在引发不加思索的恐惧，是用生物病理学的隐喻来描绘政治社会条件和进程：*Parasitenvolk, parasitäres Dasein, vegetieren, hygienische Prophylaxe*[③]，尤其是 *Rasse*（“种族”）这个词。至今，在针对不合时宜的异类（指那些以不同方式思考、以不同方式生活、以不同方式爱的人）的论战中，仍然会遇到很多这种情况，无论是出于旧习惯（*zersetzende Kritik, ansteckend, krankhaft, anormal*），[④] 还是为了通过病态化语言（*Symptom, Komplex, Bazillus, Neurose, Exzess, Reformfieber, Anerkennungspsychose, Verzicht- Masochismus*）[⑤] 以产生普遍蔑视倾向。

---

① 表缺，Privativum，指根据词义而定义的派生词，表达“除去”，“剥离”等意义，动词经常带有表示“去除”意义的前缀 ent-，aus-，ab-。

② 意为：非德意志的，非精神的，不安定，伤风败俗，淫乱，退化。

③ 意为：寄生虫民族，寄生虫生存，艰苦偷生，卫生预防。

④ 意为：腐蚀性的批判，传染性的，病态的，不正常的。

⑤ 意为：症状，复合体，细菌，神经病，过度，改革热潮，识别精神病，放弃受虐。

国家社会主义者和所有其他“Euthanasie”（“安乐死”）的支持者们发现了“Rassenhygiene”（“种族优生学”）的“Notwendigkeit”（“必要性”），其“zentrales Begriffspaar”（“中心术语词组”）是 *erbgesund – erbkrank*（“遗传性健康的”—“遗传性疾病的”）这对反义形容词。针对那些“*Erbkranken*”（“有遗传病的人”）形成了无数污名化词汇：*Minderwertige, minderwertige Elemente, Schwächlinge aller Sorten, Neben-Menschen, Defektmenschen, Degenerierte, Kretins, Halb-/Viertel-/Achtelkräfte, Ballastexistenzen, leere Menschenhüllen, geistig Tote*[①] 形容词 *lebensunwert*（“不配活着”）被应用于所有这些 *Krüppelexistenzen*（“残疾人”），这里暗含着两层意思：一方面，“当事人自己认为其生活无法忍受，求‘解救’；另一方面，也不能再指望社会接受这种人活着。”（Schlosser 2013, 214—215）。

与语言煽动手段同样重要的还有**伪装和转移注意力**的手段，以及一种柔和的引诱方式，促使人们不知不觉中适应和认同其意识形态。这种策略不仅包括委婉表达如 *muss das Schwert entscheiden*（“必须用剑来决定”），*Auseinandersetzung*（“冲突”），使用 *Kampf*（“斗争”）而回避使用 *Krieg*（“战争”），或者用 *aufklären*（“启蒙”）来代替 *propagieren*（“宣传”）和 *beeinflussen*（“影响”）（在其它文本中还有：用 *Frontbegradigung*［“战线拉直”］代替 *Rückzug*［“撤退”］，用 *Krise*［“危机”］代替 *Niederlage*［“战败”］，用 *Sicherstellung*［“确保”］代替 *Beschlagnahme*［“扣押”］，*Minder-*

① 意为：劣等人，劣等元素，各种弱者，次等人，缺陷人，退化人，呆傻病人，半 / 四分之一 / 八分之一人力，累赘存在，空壳人，心智死者。

heitenstatus［“少数族群身份”］代替 *Pogrom*［“集体迫害”］，*Sonderbehandlung*［“特殊处置”］和 *Endlösung*［“终极解决”］代替 *Massenmord*［“大屠杀”］）。这种委婉的表达很快就被看穿了，特别由于它们都出自“戈培尔部”（Goebbels-Ministerium）[①] 明确的语言规定（参见 Glunk 1966—1971）。对于（在“夺权”和巩固政权的那几年中具有决定性意义的）右派和“上层”的追随者来说，更有效的是制造氛围的语言风格成分，它们可以通过**信仰和情感**使市民阶层进入一种高度合法化的兴高采烈的情绪之中。比如：圣保罗教堂委员会带着 *heiligem Zorn*（“神圣的愤怒”）和 *deutschem Herzen*（“德意志之心”），有着 *hoher Weltsendung*（“崇高世俗使命”）的意识，因着 *heimathlichen Ströme*（“故乡的大河”）去找 *Brüder*（“兄弟们”）求助。1903 年慕尼黑的基督教社会主义者们并没有忘记将反犹主义包裹在 *brüderliche Liebe*（“兄弟之爱”）以及对 *Muttersprache*（“母语”）和 *Heimat*（“家乡”）之爱中。滔滔不绝的德皇呼吁 *Treue*（“忠诚”），*Vaterland*（“祖国”），*unsere Väter*（“我们的父亲”）和 *Gott*（“上帝”，他也喜欢称之为 *unseren alten Alliierten dort droben*［我们在天国的长久同盟］）。希特勒更深刻地谈到了 *Vorsehung*（“天命”），用 *unserem Glauben*（“我们的信仰”），*deutscher Erhebung*（“德意志崛起”），*wundersamem Leben*（“神奇的生命”），*Symbol*（“象征”），*Segnung*（“赐福”），*letztem Opfer*（“最后的牺牲”），*auferstehen*（“复活”），*gläubigen Herolden*（“忠

---

① “戈培尔部”，Goebbels-Ministerium，指纳粹德国的国民启蒙（又译“教育”）与宣传部（Reichsministerium für Volksaufklärung und Propaganda），戈培尔担任部长。

实的先驱者”），*Blutzeugen und Märtyrern*（“血的证人和殉道者”），*heilig*（“神圣的”），*Heil*（“治愈”）来将纳粹意识形态加以神话化，以及用 *treuer Verwahrung*（“忠实的保管”）和 *schmerzlichem Beitrag*（“痛苦的贡献”）来感化并引发情感共鸣。他在波茨坦驻军教堂使用了一种布道式的句法和词序，他身穿长礼服站在一个镀金的巴洛克式讲台上，力图赢得普鲁士保守派们的支持。他利用古风表达迎合了历史主义市民阶级的“文化趣味”。演讲者把自己和听众带入了一个世界，这个世界里依旧有 *Germanen*（“日耳曼人”），*Stämme*（“部落”），*Ostmark*（“东部边境地区”），*Geißeln*（“苦难”），*Schwerter*（“干戈”），*Herolde*（“先锋”）和 *Schutzwälle*（“防护墙”）。他使用了 *Des Kaisers*（“皇帝的”）*ward*[①] 而不用 *wurde* 和 *des Führers*（“元首的”）前置属格定语（*des deutschen Volkes Jugend*［德国人民的青年］，在致 *greisen*［“年迈的”］兴登堡的那段话中还有另外三处），这些古风用法对“有教养的”市民听众来说，与**诗意修饰手法**一样都属于有效的政治宣传工具：*was jedes deutsche Herz entflammt*（“点燃了每一颗德意志之心的”），*im Lichte seiner Freiheit*（“在它的自由之光里”），*der arischen Blutes ist*（“这正是雅利安之血”，矫饰古风第二格），*bis zum letzten Hauch*（“直至最后一息”），*von Mann und Ross*（“由人和骏马”），*zum Gelingen dieses Werkes*（“为成此功”），*nunmehr*（“从今而后”），*mit dem letzten Hauch ihrer Stimme*（“用他们的最后一口气”），*Zwietracht säen*（“挑拨离间”）。

---

① *ward*，古诗中 *werden* 的过去时直陈式形式。

虽然这种文体特征作为修辞文学教育衰退的遗产而更接近于所谓“**拙劣艺术**”（Kitsch）和“低俗文学”（它们也并非完全与政治无关），但更高级的教育社会学的**术语**元素则满足了有文学善养者的深层次需求：*im Bewusstsein*（“在意识里”），*Sein oder Nichtsein*（“生存还是毁灭”，莎士比亚《哈姆雷特》引文），*deutsches Wesen*（“德意志之本”），*unsere Kultur*（“我们的文化”），*geschichtliche Auseinandersetzung*（“历史的解释”），*Ansturm der Steppe*（“草原的猛攻”），*ehrwürdiger Kontinent*（“古老的大陆”），*alle menschlichen und geschichtlichen Vorstellungen*（“一切人文历史思想”），*Ernst der schicksalshaften Problematik*（“命运问题的严肃性”）。能这样讲话的人都会声称自己是德国“人文主义”文法学校和大学教育的忠实继承人。戈培尔，这位成功的魔笛手，他以魔笛声引诱了那些“有教养”而又不愿成为“知识分子”的人们，他在败于苏联的斯大林格勒战役之后的安民演说中发现，使用贬义词汇如*Steppe*（“草原”）和*östlich*（“东方的”）来激起末世论情绪是很有效的（也可参考1903年选举海报文本中的*asiatisch*［“亚洲的”］）。这只是因为在传统的德国历史和地理教育中，*Hunnen*（“匈人”），*Türken*（“土耳其人”），*Dschingis Khan*（“成吉思汗”），*Schlitzaugen*（“细长眯缝眼”），*Polnische Wirtschaft*（“波兰经济”）等与西方对立的概念强化了*Abendland*（“西方”）意识形态，并试图将斯拉夫民族和马克思主义排斥在欧洲文化圈之外。这里还必须注意语义语境关系的消解。*Östlicher Bolschewismus*（“东方布尔什维主义”）在这里绝不是作为 **westlicher Bolschewismus*（“* 西方布尔什维主义”）的反义词，而是作为一种被*östlich*（“东方的”）这个修饰语贬义化了的布尔什维主义。

喜欢**说词语**（**Worte-Sprechen**）而不喜欢说句子（相当于半文盲的纯词语思维），总的来说是沙文主义-法西斯主义宣传风格的一个特点，这不只发生在德国。这种“词汇音乐”（Vokabelmusik，维尔弗雷多·帕累托[①]创造的术语；参见Topitsch 1960）诉诸感性而非理性。这一点从希特勒演讲中，*Volk*（“人民”）和*unser Glaube*（“我们的信仰”）之间关系模糊的句子中可以看得很清楚。在理性论证的说话方式中，人们更倾向于将*Glaube*, *Freiheit*, *Ehre*[②]等抽象概念分解为与之语义对应的简单而完整的谓语，或者从这些句子中推导出抽象概念的应用，例如：*X glaubt an Y, X hat den Glauben an Y; X ist frei von Y für Z, X hat die Freiheit zu Z; X ehrt Y, X ist eine Ehre für Y, Y hat Ehre von X*[③]等等。当语境中不存在参与者X、Y、Z时，就很难重构。当词语脱离谓语语境，只是作为单纯的“词语内容”符号，不再是“句子内容”的部分时，而是可任意交换且可重复使用的“展品”，那么句子对它们来说就只是一个“展柜”。这种处理词语的方式显然起源于赞美诗和礼拜仪式。在这类文本中使用抽象名词，语言的描述功能较少，而更多的是呼吁或标志功能（参见Bühler 1965），这往往是对科学语言风格的颠覆，在这种风格中，这类构词首先大多被用作“句词”（见

① 维尔弗雷多·帕累托，Vilfredo Pareto，1848—1923，意大利经济学家和社会学家，其理论对墨索里尼和意大利法西斯主义发展有影响。

② 意为：信仰，自由，荣誉。

③ 意为：X信仰Y，X对Y有信仰；X为了Z而摆脱了Y，X有对Z的自由；X尊重Y，X是Y的荣誉，Y有来自X的荣誉。

III，4 和 IV，8）。在 *Deutschtum*（“德意志民族性、德意志文化”）和 *Judentum*（“犹太民族性、犹太教”）等派生词中，由于上下文不明确，后缀对立被消除了（参见 *Christentum*“基督教”≠ *Christenheit*“基督徒总称”，*Beamtentum*“官场”≠ *Beamtenschaft*“官员总称”）。在 *Deutschtum* 和 *Judentum* 的 *-tum* 构词形式中，集群指称（“德国人总称 / 犹太人总称“）和性质指称（“所有德国人 / 犹太人的共同特征”）融合了。这种将群体意识意识形态化的语言手段产生了深远影响，以至于这两个 *-tum* 派生词在今天基本上已成为禁忌词。类似 *Christentum*，*Judentum* 也可以指犹太人的宗教和世界观。

当讨论 1945 年之前德国盛行的这种政治语言使用的持续影响时，通过将其称为“不人道”“纳粹”“法西斯主义的”或“如法西斯的”来列出一个禁忌词汇表，并无益处。这种语言风格可以追溯到更悠久的历史中，对于进行这种笼统分类来说，其特征束过于复杂。此外，之所以使用这些语言上的宣传手段其实大多正是用来掩盖法西斯主义的政治、社会和经济根源和特征的。为了防止这种“词汇音乐”再次被用于政治煽动和暴力，迫切需要一种新的语言教学法，它应该远离任何关于诗意的、古风的和宗教的语言风格的规范要求，它也应该包括对政治和其他宣传文本的批判性分析，最重要的是，在语言学和现代逻辑的基础上还要寻求与外语教学、传播学、社会学、心理学和民主宪法学相联系。只有通过语用–语义分析和论证文体学，增强言说人对抗榜样力量的语言能力，才能抵御对习以为常模式的简单复制和公共生活语言在“次级系统”中的僵化（参见 Pankoke 1967）。

7. 政治与语言：1945 年之后

第二次世界大战**改变了德语在东部地区的分布情况**。从 1941 年至 1945 年间约有 1400 万德国人被迫迁移并融入到德国其他各州的人口中，这导致除了罗马尼亚的特兰西瓦尼亚萨克森方言以及在波兰、捷克斯洛伐克（即后来的“捷克和斯洛伐克联邦共和国”）、匈牙利、苏联或俄罗斯和哈萨克斯坦的少数残留之外，一些东德方言（低地、高地和西普鲁士语、东波美拉尼亚语、东勃兰登堡方言、西里西亚语、北、西和南波希米亚语以及语言岛方言）逐渐衰落。在某种程度上方言是在老一辈人的私人语言使用中得以幸存下来的。对于移民和难民的后代来说，（在社会和经济上更有价值的）本地方言或区域口语更有优势。但总的来说，1945 年之后的人口大融合，以及到 1961 年约 300 万人从苏占区和民主德国移民或逃亡，这大大增加了语言标准化和普通化的趋势，从而削弱了方言特征。由于希特勒与墨索里尼的协议，意大利博尔扎诺-南蒂罗尔省（意大利语 Bolzano – Alto Adige）的南蒂罗尔德语曾一度陷入危机，但意大利、奥地利和省政府之间的条约确保了这一语言得以保存。在法国的上莱茵省和下莱茵省，德语在年轻一代中的使用逐渐减少，仅在家庭语言中保留了阿尔萨斯德语，而在学校中德语则作为外语教授。在卢森堡，卢森堡语（自 1945 年以来作为书面语推广的独立的摩泽尔法兰克方言）作为第二书面语与法语并驾齐驱，特别是在学校以及官署中，其重要性日益突出。在法国、比利时、荷兰和丹麦的一些边境地区，通过接收德国电视节目，人们对德语的兴趣在 20 世纪 70 年代再次增加。战后，德语作为外语的地位在全世界范围内大大下降，并被英语取代。在斯堪的纳维亚国家和荷兰的学校里，德语曾被作为第一或第二外语，但今天它已经或正在被英语取代。在中东和东欧国家，包括苏联在内，多年以来德语在学校教授并在商业贸易和科研中使用。在国际学术研讨会上，曾经出现过这样的情况，匈牙利、捷克、斯洛伐克或波兰学者用德语发言，而西德同事则用英语。歌德学院的总部设在慕尼黑，自 1951 年以来一直致力于在国外推广德语和德国文化，设有许多分支机构。近来，人们对德语的兴趣也在增加，这主要是因为德国因其经济地位以及作为移民目的地国而在世界各地人们的心目中具有较高地位。

作为德语区最后的外语少数民族之一，上卢萨提亚和下卢萨提亚部分地区约有 6 万**索布人**，他们的西斯拉夫语从中世纪一直延续至今，在经历了数百年的被忽视和被压迫之后，于 1945 年以包岑为中心获得了文化自治权；由于前联邦德国和民主德国的统一条约，索布语也成为统一后的德国公认的少数民族语言。这种语言在文学方面也得到了护养，这与荷兰弗里斯兰省的西弗里斯兰语的情况大致相同。在西海岸和石勒苏益格-荷尔斯泰因的近海岛屿上，仍有部分人说北弗里斯兰语；东弗里斯兰语则在 20 世纪初消失了。在奥地利的克恩滕州，斯洛文尼亚少数民族也正在争取更多权利。

战后，德国被划分为不同的占领区，从中发展出的德意志联邦共和国在政治、社会秩序和经济方面倾向于美国-西方的，而德意志民主共和国则倾向于苏联-东方的，这也影响了德语在词汇领域的发展。英语影响的新阶段（见 V, 3）以及它在西方世界的国际语言平衡中所占的地位（现代公共生活领域专业术语），其影响绝不仅限于西方国家。不应低估的是，通过文学作品、接收西德电台和电视广播或私人旅行和通讯联系，英语在民主德国也变得普遍（参见 Kristensson 1977）。相对而言，**俄语的影响**在民主德国则要小得多。即便在学校里强制教授俄语，也并没有改变这种情况。缺乏历史传统、语言亲和力以及个人的学习意愿，这些都是造成1945年后美英在联邦德国和其他西方国家影响力大增的原因。关于民主德国俄语借词的影响，我们应该采取非常谨慎的态度（参见 Dieckmann 1967; Reich 1968; Ostmann 2014; Marek 2015）。不应算作俄语借词的是引语词或指称外来语（见 V, 2），因为这些词只用于有关苏俄的报告中：*Kreml*（“克里姆林宫”），*Sowjet*（“苏维埃”），*Bolschewiki*（“布尔什维克”），*Towarischtsch*（“同志”），*Kolchos*（“集体农庄”），*Komsomol*（“共青团”），*Datscha*（“乡间别墅”），*Sputnik*（“人造卫星”），*njet*（“不”）等。其中一些词在德意志联邦共和国和其他国家也通过新闻传媒而为人所知，并且基本上在德语词汇中（在民主德国也是如此）作为专有名词或其他指定的外来词。在为数不多的真正的俄语**借词**中，值得注意的是，这些词汇没有一个是古老的俄语词汇，即具有俄语语素结构的词汇，而都是由国际通用词汇中的拉丁语或希腊语词素组成的：*Divcrsant, Kapitulant, Kursant, Aspirant, Kollektiv, Politökonomie, Kombinat, Exponat, Agronom*。[1] 它们看起来都像是民主德国德语自己从拉丁语或希腊语元素中生成的；而且这些词也可能是在联邦德国形成的。

---

① 意为：多样化，投降派，选课者，申请人，集体，政治经济学，联合企业，展品，农学家。

在这里，来自社会主义国家的中欧和东欧语言平衡融入了古老的西欧和中欧语言平衡（来自教会、人文主义和启蒙运动）。由于这种情况的形成本身是由法国大革命、德国哲学和马克思主义所导致的，因此这些借用并不算真正的俄语影响，而属于**欧洲语言平衡**的一部分，也不仅仅是“西方的”平衡（参见 Korlén 1965）。十月革命前，有教养的俄罗斯人的希腊语、拉丁语、法语、英语和德语的语言能力也产生了间接影响。因此，联邦德国的宇航员按照美语模式而被称为 *Astronauten*，而在民主德国，他们按照俄语模式被称为 *Kosmonauten*，这只是欧洲语言平衡分裂的一个偶然现象；一个去了“星球”（Gestirnen），而另一个去了“太空”（Weltall），但只是根据希腊语词源。有些在联邦德国不常用的或含义不同的英语借词，在民主德国也按照俄语模式成为了官方术语：*Meeting*（“群众政治集会”），*Dispatcher*（“中控员”），*Kombine*（“联合收割机”）或著名的 *Broiler*（“烤鸡”）。

在许多情况下，在民主德国的官方语言中出现了基于苏联模式的**译仿**（**Lehnübersetzung**）：*Volkseigen*, *Plansoll*, *Perspektivplan*, *Kulturhaus*, *Held der Arbeit*[①] 这种情况占据主导地位；此外还有或**仿义**（**Lehnbedeutung**）：*Akademiker*（“东德以外的社会主义国家的学院成员”），*parteilich*（“根据德国统一社会党原则”），*aufklären*（带人称宾格的二价，“在政治上指导、说服某人”）；或**借用短语**（**Lehnwendung**）：*im Ergebnis*（比如 *Im Ergebnis der Politik der Hitlerfaschisten ist der Produktionsapparat zerstört wor-*

① 意为：全民所有，计划目标、远景规划、文化中心、劳模。

den）[①]，*mit ... an der Spitze*（比如 *Die Delegation unserer Republik mit dem Genossen X an der Spitze*）。[②] 定语形容词的使用也受到了俄语的影响，因为俄语不像德语那样有那么多的复合词：*tierische/pflanzliche Produktion* 代替 *Vieh-/Pflanzenproduktion*，*sowjetischer Mensch* 代替 *Sowjetmensch*，*friedliebende Kräfte* 代替 *Friedenskräfte*（参见 Kraft 1968）。另一方面，许多推动自己事业的修饰语又归了德国工人运动中的古老**革命热情**的传统：*heroisch, stolz, groß, ruhmreich, hervorragend, kämpferisch, schöpferisch, stürmisch, flammend, brüderlich, leidenschaftlich, kühn*。[③] 这些修饰语以及古风（*heroisch, kühn, Patriot, Banner, Bollwerk, Bastion, Kampagne, Kerker*）[④] 和其他带有激进情绪的文体手段，构成了民主德国官方语言的**传统一面**；例如：

> *Stalins Worte in jedes Haus, in jede Familie tragen!* [...] *Unser Volk muß dem großen Führer der friedliebenden Menschheit, J. W. Stalin, für seine Worte ganz besonders dankbar sein. Er gibt damit allen Patrioten und Friedenskämpfern neue scharfe Waffen für den Friedenskampf in die Hand und erfüllt sie mit der Zuversicht, daß der Friede erhalten und gefestigt wird, „wenn die Völker die*

---

① 意为：由于希特勒法西斯主义者的政策，生产机构遭到了破坏。

② 意为：以 X 同志为首的我国代表团。

③ 意为：英雄的，骄傲的，伟大的，光荣的，杰出的，战斗的，创造性的，暴风雨般的，火焰般的，兄弟般的，热情的，大胆的。

④ 意为：英雄，勇敢，爱国者，旗帜，堡垒，堡垒，战役，地牢。

Sache der Erhaltung des Friedens in ihre Hände nehmen und den Frieden bis zum Äußersten verteidigen". (Neues Deutschland, 22.2.1951).[①]

社会主义和民族主义的宣传语共同起源于 19 世纪的情绪化时期，这一点可以解释为什么德意志民族主义者和国家社会主义者的激情能够产生明显的共鸣。同样，联邦德国的庆祝**演讲风格**，特别是在表达对失去的故乡或铁幕另一边的同胞的思念时，很大程度上借鉴了教会布道的风格；例如：

Der Tag der deutschen Einheit ist für uns ein Tag der Besinnung. [...] *Der Tag der deutschen Einheit soll uns sein ein Tag ernster Mahnung.* [...] *Die Wiedervereinigung Deutschlands in Frieden und in Freiheit ist für uns eine Gewissenspflicht und unser unverzichtbares Recht. Daß wir die 18 Millionen Deutschen, die in Not und Bedrängnis, ohne Recht und Gerechtigkeit, in schmachvoller Unterdrückung durch die Schergen einer diktatorisch regierten Macht dahinleben, daß diese Deutschen ein Recht auf unsere Liebe, auf unsere Treue, auf unsere Hilfe haben, das muß uns dieser Tag vor*

---

① 意为：把斯大林的话带进每一户房子，带进每一个家庭！[……] 我们的人民必须特别感激这位爱好和平的人类的伟大领袖 J.W. 斯大林的教诲。他用这些话语给所有爱国者与和平斗士提供了为和平而斗争的新的锐利武器，并使他们充满信心，‘如果人民把维护和平的事业掌握在自己手中并最大限度地捍卫和平’，和平将得到维护和巩固。（《新德国》，1951 年 2 月 22 日）

allem klarmachen. (Adenauer, Rede am 16.6.1954)[①]

这种感伤的、诗化的或古风的（*schmachvoll*“屈辱”, *Schergen*“走狗”）文体手段是陈旧的修辞传统，政治家们只是使用了一种古老的修辞遗产，期望德国人仍然会被其感动。如今，可以看到政治演讲风格的差异，与其说是西方和东方之间的差异，不如说是战后政治的不同时代之间的差异，是由几代人的风格习惯决定的。与其他国家相比，在德国，在政治演讲中公开表达激情是不受欢迎的，在某种程度上，奥地利也是如此。

在**政治论战**的文体手段方面，东西德之间也没有明显区别。只有观点，即语言之外的内容是不同的。一边的 *Kriegsbrandstifter, Militarist, Natobischof, Spalter, Arbeiterverräter, Revanchist, Ultra, Neofaschist*[②]就是另一边的 *Machthaber, Marionettenregierung, Satellitenregime, moskauhörig, Linientreuer, Hundertfünfzigprozentiger, Schandmauer*。[③]唯一区别在于使用频率。在民主德国，所有媒体都带有更明显的政治指向性，通常不会试图区分事实报告和情感

① 意为：德国统一日对我们来说是一个反思的日子。[……]德国统一日应该是一个提醒我们严肃对待历史的日子。[……]在和平与自由中统一德国，对我们来说是一种良心责任，也是我们不可剥夺的权利。我们必须向生活在苦难和困境中，没有法律和正义，处于独裁政权的走狗的屈辱压迫下的1800万德国人表明，这些德国人有权得到我们的爱，得到我们的忠诚和帮助，这就是今天我们必须首先明确的事情。（阿登纳，1954年6月16日的讲话）

② 意为：战争贩子，军国主义者，北约主教，分裂分子，工人的叛徒，反动派，极端分子，新法西斯分子。

③ 意为：统治者，傀儡政府，卫星政权，莫斯科的忠臣，路线的忠臣，狂热分子，耻辱之墙。

论战。另一方面，在联邦共和国和其他西方国家，在大型订阅报刊或公共广播电视中，过去和现在都对强调新闻和强调观点的表述形式进行了区分，以便在公众中形成一个有距离的、客观的和公正的形象。因此，在对西德和东德的报纸进行语言学比较时，不能只局限于西德的《法兰克福汇报》这类报纸，而应包括党报、选举宣传材料和小报。

我们也不应认为**民主德国的行政官署和经济词汇**导致了德语的“分裂”或故意制造分裂。首先，没有证据表明这些领域的语言创新在民主德国比在联邦德国更多。一边有 *Staatsrat*、*Volkskammer*、*Volksarmee*、*Kombinat*、*Kollektiv*、*Plansoll*、*Produktionsgenossenschaft*、*Agronomist*、*Aktivist*、*Kader*、*Brigade*、*Objekt*、*VEB*、*MTS*、*HO* 等[①]；而另一边则是 *Bundesebene*、*Bundeswehr*、*Kressbronner Kreis*、*Konfessionsproporz*、*soziale Marktwirtschaft*、*Lastenausgleich*、*Soforthilfeprogramm*、*Zonenrandgebiete*、*Weisse Kreise*、*Splitting-Verfahren*、*Hearing*、*Team*、*konzertierte Aktion*、*EKD*、*WRK* 等[②]。其次，德国、奥地利和瑞士之间在政治和行政用语上一直存在着类似差异，而且这种差异仍在继续，但却没有任何关于德语分裂的说法。

联邦德国和民主德国官方语之间的本质差异，存在于**政治意识**

---

① 意为：国务委员会，人民议会，人民军队，联合企业，集体，计划目标，生产合作社，农艺师，积极分子，干部，生产队，资产，人民企业，拖拉机站，国营商店。

② 意为：联邦一级，联邦国防军，克雷斯布隆区，教派比例代表制，社会市场经济，战争损失赔偿，紧急援助预案，周边地区，白圈运动，拆分程序，听证会，团队，一致行动，德国福音派教会，普世改革宗教会协会。

形态词汇的语义学领域。这不仅造成交流困难，更对德语的进一步发展至关重要。如果诸如 *Frieden, Recht, gerecht, Demokratie, fortschrittlich, Freiheit, freiwillig, Humanismus, Gesellschaft, wissenschaftlich, diskutieren, aufklären*[①] 等词语，在东西德大多具有本质上不同的含义，其使用有着不同的语境条件，这绝不是说在西方保留了旧的、“非意识形态”的含义，而在东方发生了意识形态的含义变化。这些意义上的差异大多存在于早期，例如在20世纪20年代，共产党人、社会民主党人、自由派、保守派和国家社会主义者之间存在着不同程度的差异。即使在联邦德国内部，从极右到极左的不同方向的政治家和支持者对 *Pressefreiheit*（“新闻自由”）或 *Demokratie*（“民主”）等术语的理解，过去和现在都有很大差异。认为一个词只能有一个“含义”，而且只有自己群体意识到的和宣传的才是“正确的”和“非意识形态的”，这种观点本身就是一种意识形态，因为集体行为的权力手段是大多数人无法识别的。同样，在联邦德国，由于长期保守和右翼自由主义的政治倾向，以及民主德国方面与反对派煽动的持续对抗，再加上新闻媒体集中于不加批判地支持这一政策的公司手中，以及教科书的影响，导致许多政治关键词的一词多义性（模糊性）受到了限制，即在某些使用条件下被意识形态化了（例如，Schippan 1968，尽管作者“论证”了马克思主义的明显意识形态性）。

从语言史和语言理论角度来说，重要的是这种对词义的意识形态控制的方法问题，即**政治语言规则化**的手段（参见 Betz 1960）。

---

① 意为：和平，法律，公正，民主，进步，自由，自愿，人文主义，社会，科学，讨论，启蒙。

这种“自上而下的语言监管”旨在“通过改变态度来永久地改变行为”（Suchowolec 2018, 397），但当取消了对不遵守规定的制裁后，语言监管很快就会失效。例如，在第三帝国，特别是在战争期间，戈培尔和他的国民启蒙与宣传部通过新闻发布会和新闻指示强制推行了这种明确的**语言规定**。个别词被禁止（如 *Ersatzstoff, Funktionär, Luftschutzkeller, Partisan*）[①]，代之以另外的词汇（*neuer Werkstoff, politischer Leiter, Luftschutzraum, Heckenschütze*）[②]，或者通过明确的语境指示将词限制在某种用途（如 *Führer, Propaganda, Mischehe*）[③]。这样单独的词汇规则通常只取得了部分的、暂时的成功，特别是因为缺乏发达的概念和定义系统，并没有改变世界观，当然也没有改变现实本身，因此这些规则很快就会在语言参与者的意识中得到纠正（参见 Glunk 1966–1971）。在战后，联邦德国全德事务部（从雅各布·凯泽到埃里希·门德）也多次通过直接指令实施这种有选择的语言管制，即禁止使用国家名称 *DDR*（“民主德国”），并宣布替代名称 *Ostdeutschland*（“东德”）不符合联邦政府的政策，建议用模糊的名称 *Mitteldeutschland*（“中部德国”）代替，至少在政治背景下，“奥得-尼斯河线”的内涵是合适的（参见 Korlén 1965）。这种语言管制在 1966 年大联合政府出现之前是成功的，尽管它没有极权主义的新闻力量，而只有新闻界本身的循规蹈矩，而新闻界则认为自己可以通过使用引号或在 *DDR* 的名称前加上 *sog.*（“所谓”）来解决不必要的被夸大的命名问题。类似的，但由国家强制执行的，

---

① 意为：替代材料，职能人员，防空洞，游击队员。

② 意为：新材料，政治领导人，防空空间，狙击手。

③ 意为：元首，宣传，异族联姻。

是民主德国相应的名称变化：*Staatsgrenze West*（西部国界）代替 *Zonengrenze*（占领区边界），*Friedensgrenze*（和平边界）代替 *Oder-Neiße-Linie*（奥得–尼斯河线），*Demokratischer Sektor von Berlin*（柏林民主区域）代替 *Ost-Berlin*（东柏林），*Bonner Kriegsministerium*（波恩战争部）代替 *Bundesverteidigungsministerium*（联邦国防部），*SP*（社民党）代替 *SPD*（德国社民党）。

通过在相同或类似的典型**语境**中不断**重复**某些元素来**确定意义**的原则，在所有自然语言中都是有效的，这一原则的运用远比附带的、有选择性的语言控制更有效。在阿登纳时代德国政府的政策中，*Wiedervereinigung Deutschlands in Frieden und Freiheit*（“德国在和平与自由中统一”）这一空洞的套话被听了一百遍。这似乎是对 *Wiedervereinigung*（“统一”）的定义，但由于 *Freiheit*（“自由”）没有被定义，因此，人们究竟是在考虑政治上的让步，还是无条件地致力于市民个人主义的自由概念及其政治影响，这一点始终无法确定。另一方面，如果人们有足够的认识，民主德国的官方语言则显得刻板而清晰，甚至达到了官僚主义的程度。民主德国官方语言更为严苛的另一面，是一个严格遵循科学教条的政治集团所进行的系统训练及其宣传所使用的技术语言。下面是一个文例：

> *Durch das Referat des Genossen Walter Ulbricht zieht sich wie ein roter Faden: Die Lösung der Aufgaben zur Gestaltung des entwickelten gesellschaftlichen Systems des Sozialismus, des ökonomischen Systems und zur Meisterung der wissenschaftlich-technischen Revolution bedarf ständig einer eindeutigen*

Position des konsequenten ideologischen Kampfes. [...] *Genosse Honecker hat sich in seinem Diskussionsbeitrag prinzipiell mit der Konvergenztheorie auseinandergesetzt, die den Klasseninhalt der gesellschaftlichen Entwicklung verleugnet und damit den Stoß gegen die historisch objektiv notwendige führende Rolle der Partei der Arbeiter- klasse und der sozialistischen Ideologie führt.* (Neues Deutschland, 27.10.1968)

沃尔特–乌尔布里希特同志的讲话有一个共同的特点。塑造社会主义发达的社会制度，经济制度和掌握科学技术革命的任务，始终需要有一个明确的一贯的思想斗争的立场。[……]昂纳克同志在他对讨论的贡献中，原则上处理了趋同理论的问题，该理论否认了社会发展的阶级内容，从而打击了工人阶级政党和社会主义意识形态的历史客观必要的领导作用。(《新德国》, 27.10.1968)

这种**政治术语**充斥着民主德国的报纸，有些人称之为“党内语言”(Parteichinesisch)，它与法西斯主义那种煽情的“词汇音乐”(Vokabelmusik)相去甚远，同样也有别于传统联邦政治中那种试图取悦与安抚的风格。在两个包含 5 个限定动词的句子结构中，14 个形容词、11 个属格定语和 3 个介词修饰语堆积在一起，甚至还包含多个从属关系，这种堆砌让人联想到味同嚼蜡的学术官僚文风。然而，这种复杂的语言结构的积累并不包含任何冗余的修饰语。大多数词汇和短语——从“发达的社会制度”到“历史客观必要的领导作用”和“社会主义意识形态”——都是术语形式，也就是说，它们在德国统一社会党的同志们和意识形态发达的民主德国公民的语料库中，配备有固定的官方定义，可随时按需使用。这种语言控制既不是通过新闻界的秘密指令，或思想自选词汇，也不是通过低劣的转移视线的花言巧语来生效，而是基于发达的概念体系，而且这种概念体系与市民资本主义世界相比业已发生巨大变化的现实联系在一起。它通过学校课程、培训项目和正式讨论被系统灌输；甚至莱比锡版的《杜登正字法词典》也被用作明确语言规范的工具，并引经据典（马克思、恩格斯、列宁、斯大林），给最重要的政治术语都给以官方定义，并根据各自的意识形态地位，在每个新版本中加以检查和更新（参见 Betz 1964; Reich 1968）。这个程序一方面区分了许多对立的语义，例如，*bürgerliche Demokratie ≠ sozialistische Demokratie, (sozialistischer) Gewinn ≠ (kapitalistischer) Profit, (sozialistischer) Leistungslohn ≠ (kapitalistischer) Akkordlohn, (sozialistische) Gesellschaftswissenschaft ≠ (bürgerliche) Soziologie*。[①] 另一方面，通过这种语言对舆论的控制，思维被固定在基于“朋友”和“敌人”、“进步”和“反动”、“好 ”和“坏”、社会方面和未来方面等完全确定的词义上，并根据马克思列宁主义、党性教条和亲苏主义的要求而牺牲了多样性。

与甚至不允许出现理性政治思维的法西斯主义语言煽动相比，民主德国的语言使用意味着国家公民的正式政治化，他们因此获得

---

① 意为：资产阶级民主≠社会主义民主，（社会主义）利润≠（资本主义）利润，（社会主义）绩效工资≠（资本主义）计件工资，（社会主义）社会科学≠（资产阶级）社会学。

了用于政治讨论的系统套话和理据。但它在很大程度上只是一个集体的、不加批判的思想指南，其成功之处在于，东德的反动派被这种语义固定的语汇弄得哑口无言，而且东德公民对西德人的缺乏系统性、情绪化和个人主义的说话方式基本上是免疫的。然而，这对社会主义国家本身来说也意味着一种几乎失控的危险，即语言操纵和舆情管控出现分歧，以至于那些内心抗拒或无动于衷的人仅仅将其作为一种"语言仪式"来完成这种政治术语和论证方式的强制性练习，以保护他们自身的政治利益（参见 Reich 1968）。东德公民大都非常清楚，为了自己的利益，在哪些情况下，对哪些人，他们必须说带有群体象征意义的"我们的"（*unsere*）完整国名，而不是缩写 *DDR*。

民主德国政界和语言学界一贯从政治角度解读民主德国的典型语言使用。一方面，"法西斯语言"被认为已经被当前的语言使用所克服，另一方面，他们将自己视为"资本主义联邦德国"的对立面（参见 Wolf 2009a）。这体现在 1983 年作为"小百科"系列出版的民主德国著作《德语》（*Deutsche Sprache*）中题为"Sprachentwicklung beim Übergang zum Sozialismus"（"社会主义过渡时期的语言发展"）一章中：

> *Beim Aufbau einer von Ausbeutung und Unterdrückung freien Gesellschaftsordnung in der DDR wird die Kommunikation – in engem Zusammenhang mit der Herausbildung der sozialistischen deutschen Nation – u. a. dadurch geprägt, daß sich die Beziehungen der Menschen untereinander neu gestalten. Jeder ist aufgerufen,*

bewußt und aktiv an der Entwicklung der gesellschaftlichen Verhältnisse mitzuwirken. (Schildt 1983, 685—686)

在民主德国建立没有剥削和压迫的社会秩序的过程中，交流——与社会主义德意志民族的形成密切相关——将被塑造，其中包括，人们彼此之间的关系将被重新塑造。每个人都被要求自觉地，积极地参与社会关系的发展。（Schildt 1983, 685—686）

这在联邦共和国是完全不同的：

In der BRD, in der Teile der bürgerlichen deutschen Nation weiterbestehen, sind die Bedingungen der sprachlichen Kommunikation weiterhin durch eine Gesellschaftsordnung bestimmt, die durch antagonistische Klassengegensätze charakterisiert ist; diese determinieren nicht nur die Beziehungen der Menschen untereinander in einer spezifischen Weise, sondern u. a. auch die Inhalte der sprachlichen Kommunikation, den Erwerb und Gebrauch von Sprache. (Schildt 1983, 686)

在联邦德国，部分资产阶级德意志民族继续存在，语言交流的条件依旧由以敌对的以阶级对立为特征的社会秩序决定；这些不仅以特定的方式决定了人们之间的关系，而且还决定了语言交流的内容，语言的习得和使用等。（Schildt 1983, 686）

自1990年以来，这也成为了历史。在众多民主德国特有的词汇中，只有少数几个存活到了统一的德国。例如，在大众传媒中出现的名词*Fakt*（“事实”），它在民主德国是作为对俄语词（*факт*）的借用而进入公众视野的（人们经常把德语的*Fakt*及其使用归功于瓦尔特·乌布利希[①]）。前面已经提到过的*Broiler*（“烤鸡”）甚至因为被列入《杜登正字法词典》而被“提升了地位”，而它至今仍然可以归入方言词汇。

然而，对民主德国来说，他们“自己的”政治语言具有重要的身份认同功能，因为“德国统一社会党希望通过自己的语言身份认同来确定民主德国的国家地位”（Bergsdorf 2008/2009, 1847）。在民主德国，“政治当局、新德国统一社会党中央机关和新闻机构德意志通讯社（ADN）的语言规定”也为这一目标服务（同上，1848）；除了所有官署德语之外，这些文本的特点是“情绪化，[……]最高级措辞，对军事领域术语的偏爱”以及“伴随着极端评价的强烈模式化”（同上）。

① 瓦尔特·乌布利希，Walter Ulbricht，民主德国国家元首，曾任统一社会党第一书记（1950—1971）。

结论和展望

——全球化时代的德语

纵观德语的历史，语言的发展从一开始就在与其他语言的接触中进行，因此也在与其他语言的对抗中进行。一种（单一）语言的发展也是语言接触的发展。这源于“事物的本质”：如果我们从三个核心的社会“行动域”（Ammon 2015, 408），即“‘精神生活’‘法律生活’和‘经济生活’”（同上，407）的语言实现来看，那么很容易发现，德语一直在不断与其他语言接触。不言而喻，语言不是生命体，因此不能主动接触。是言说者，在我们的例子中是不同语言的言说者，他们互相接触，因而也使语言互相接触。“言说者”之一也可以是其他语言的文本。“语言接触是通过个别语言持有者的直接或间接的社会互动发生的”。（Oksaar 2004, 3160）语言接触“不仅对个人语言特点，而且对一个语言共同体的语言系统都能带来变革性影响：接触使一种语言对另一种语言产生影响；发生语言学的和情境上的干扰。”（同上）

显而易见的是，德英或英德语言接触在当下发挥着特殊的作用，这在生活和相关的各个领域都是如此。英语正在或已经在生活的中心领域和行动的中心领域取代了德语，德语作为一种语言正在被“剥夺资格”，这一事实或过程最终是20世纪历史的影响。在两次世界大战中，德语被视为“敌方语言”。在纳粹时代，对知识分子和艺术家的驱逐导致了科学家和文化工作者的大量流亡，同时也使美国科学第一次达到了高峰，因而声望大增。

在20世纪初，德语仍然是主导语言，特别是在自然科学领域。

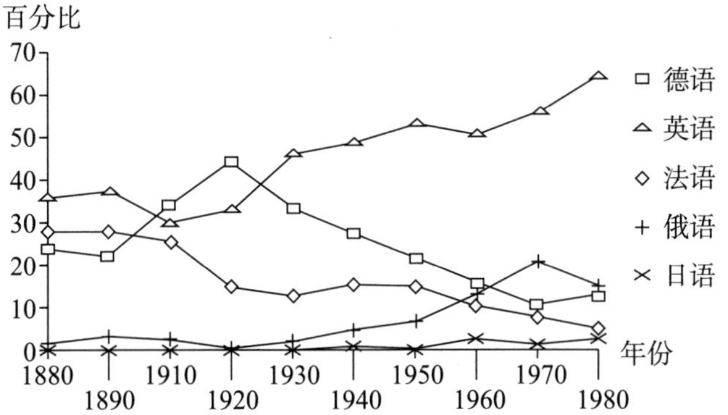

图6：100年来科学出版物（生物学、化学、物理学、数学、医学）中的语言比重。资料来源：Ammon 2000, 2188。

图6显示，自20世纪中期以来，各学科语言发生了根本性的变化，除了历史和政治环境外，在美国和英国的德语教学，乃至整个外语教学急剧衰退也是导致这种变化的原因之一。在美国的大学里，1960年代末还有基本有效的外语学习要求，现在几乎已经完全消失了。美国强大的经济地位，它在流行音乐和体育方面的优势，英语成为了世界上许多国家的官方语言：这最终推动了英语成为国际商业的通用语言，最终也成为（自然）科学的通用语言。

在国际学术会议上，德语失去了会议语言的地位。大多数学术期刊，甚至那些在德国或奥地利出版的期刊，也都以英语出版。这主要是在自然科学领域。在人文和社会科学领域，其研究对象是语言具有基本建构功能的文化，因此德语仍然占据重要地位。

然而，语言和政治之间的特殊关系所起的作用不是毫无问题的：在“博洛尼亚进程”（Bologna-Prozess）[①] 之后，德语世界的高等教育研究也发生了根本性的变化。几乎所有的学科都设立了学士和硕士学位（*Bachelor*- und *Master*-Studiengänge）。大学和学院不再授予拉丁语或德语学术头衔，而是授予英语头衔。仅这一点就表明了各语言的价值地位。因此，在一些德国大学，人们可以学习 *Political and Social Studies* 以及 *Political and Social Science*。利用电子数据处理的人文研究被称为 *Digital Humanities*，它在一些大学的日耳曼研究机构中也有开设。

奥地利科学基金会是该国最大的研究资助机构，包括德国研究在内的所有人文学科，它只接受英文申请，以确保可以进行国际同行评审。这意味着申请人必须会英语，但评委不一定要会德语。早在 20 世纪 80 年代和 90 年代初，德国学术交流中心（DAAD）就曾呼吁德国高校用英语授课，以使母语非德语的学生不会因语言要求而放弃在德国学习；此后，这一立场在一定程度上被放弃了。如今德语国家的大学仍然用英语发布招聘广告，即使是德语研究方面的职位。提及这些例子，是为了说明科研领域中对德语作为科学语言的态度已经发生了根本性的变化，尤其是

---

① “博洛尼亚进程”（Bologna-Prozess），是欧洲各国间在高等教育领域互相衔接的一个项目，1999 年在意大利博洛尼亚大学签订了《博洛尼亚宣言》，以确保欧洲各国高等教育标准相当。

在科研机构中。

当然也会有反对的声音。2007年9月，“德语作为科学语言工作组”（ADAWIS）成立，此后致力于通过维护和进一步发展德语科学语言以及科研和教学中的语言多样性来促进科研和教育。该组织主席、慕尼黑医生拉尔夫·莫西卡特（Ralph Mocikat）在为《时代》杂志撰写的一篇特约文章中强调：

> 我们每天都在经历研讨会或科学研讨不再使用母语所带来的影响：无法深入讨论。例如，在许多研讨会上，人们注意到当技术语言是英语时，即使所有参与者都精通英语，讨论的意愿也会大大降低。这是因为语言不仅具有交际功能，更具有认知功能。我们的思维模式、假设的发现、论证的链条——即使是在自然科学领域——也始终扎根于基于母语的思维。科学理论总是利用从日常语言中借用的词语、图像和隐喻来工作。（Mocikat 2010）

除了实践经验，现代语言学的研究成果，特别是隐喻理论，也发挥了根本性的作用。记者沃尔夫·施耐德（Wolf Schneider）也持有类似的观点，他特别引用了拥有理论生物物理学博士学位的科学记者斯特凡·克莱因（Stefan Klein）的话。早在2007年，克莱因就注意到，社会为“科学”提供资金，因此需要参与到科学讨论中来。为此，本国语言是不可缺少的。此外，认知语言学的观点也发挥了作用，根据这种观点，每一种语言对现实的分类和解释是不同的，因为每一种语言都浓缩了一个语言共同体数百年的经验（参见

Schneider 2008）。

这些倡议和声明也取得了初步的成功：2009 年，歌德学院、德国学术交流中心和全德校长联席会议发表了一份联合声明，呼吁在科学领域增加多语言的使用，并强调更多地将英语翻译成德语。换句话说，这份文件鼓励加强多样化的语言接触，以便在研究和教学中利用一切可能的知识，包括与语言相关的知识。

德国学术交流中心将促进学生和教师之间的流动视为一项基本任务，并负责管理欧盟的相应计划，从而以这种方式激发起一种特殊类型的学术移民。这种移民并没有影响甚至改变（德语）语言，也没有产生新的语言变体。

与此相反，劳工移民对德语产生了极其惊人的影响。自 20 世纪 50 年代初以来，大量的劳动力迁徙已经成为一种社会现象，在许多方面改变了德国和德语。德语与许多其他语言接触，因此“移民语言学”（Migrationslinguistik）已经确立为“接触语言学”（Kontaktlinguistik）的一个子类，其出发点在于：“德语［……］在一个以移民、多元文化、多语和无序融合为特征的时代，会比过去更快、更持久地［发生变化］”。（Hinrichs 2013, 19）因此，几个“文化人类方言”（Ethnolekte）是作为相当新的德语变体出现的。正如该术语所暗示的，文化人类方言取决于言说者的文化人类属性（参见 Peterson 2015）。当几个文化人类群体参与到变体的形成中，那么我们就可以说这是一个“多文化人类方言”（Multiethnolekt）。这些文化人类方言不是德语的衰败形式，而是成熟的变体，在某些情况下也拥有自己的语法系统。土耳其裔作家费里敦·扎伊莫格鲁（Feridun Zaimoglu）在柏林以双语长大，他在 1995 年的小说《卡纳克语》（Kanak Sprak）中这样描述“卡纳克语”[①]这种文化人类方言的出现：

> Es begann damit, dass die Idee einer temporären „Gastarbeit“ in Deutschland sich als nicht lesbar herausstellte: „Gastarbeiterkinder“ wurden geboren, „Immigranten der zweiten Generation“, erste Generation der Kanaken. In Deutschland wuchsen sie auf, hier gingen sie zur Schule. In der Schule wurde deutsch, zu Hause türkisch gesprochen. [⋯]
>
> Längst haben sie einen Untergrundkodex entwickelt und sprechen einen eigenen Jargon: die „Kanak-Sprak“, eine Art Creol oder Rotwelsch mit geheimen Codes und Zeichen. (Zaimoglu 2011, 15 und 18)
>
> 这一现象的起点是，最初关于德国临时的“客工”设想被证明是不可持续的：“客工的孩子”出生，“第二代移民”，第一代卡纳克。他们在德国长大，在这里接受学校教育。在学校讲德语，在家里讲土耳其语。[……]他们早已发展出一套地下代码，说着自己的行话：卡纳克语（Kanak-Sprak），这是一种带有密码和暗号的克里奥尔语或黑话。（Zaimoglu 2011, 15 和 18）

① 卡纳克语（Kanak-Sprak），又译作“土耳其佬的德语”，这个译法更有助于理解其含义。

借着概念“卡纳克语”（Kanak-Sprak），扎伊莫格鲁创造了一个术语，用来指称不同寻常的、完全独特的文化人类方言现象。通过重释这个贬义称谓，扎伊莫格鲁对其进行了褒义化。

尽管如此，问题仍然是扎伊莫格鲁是否确实引用了一种社会方言（Soziolekt）——文化人类方言即族群语以及社会方言——抑或是仅仅创造了一种人造语言。《德国当代文学批评百科全书》（*Kritisches Lexikon zur deutschsprachigen Gegenwartsliteratur*）指出：

> 北德方言、青年口语、英语嘻哈词汇以及意第绪语和黑话（但并非土耳其语）混合在一起，无数原创新词与清晰的表达内容和具有阳刚气质的语调相结合，形成了文学艺术语言“卡纳克语”。（Yeşilada 2007/2010）

另一方面，对扎伊莫格鲁来说，卡纳克语是一套“地下代码”，“一种带有密码和暗号的克里奥尔语或黑话”，作为一种社会方言，起到向内认同和向外设限的作用。“就像他［扎伊莫格鲁］已经从卡纳克语的雏形中成长起来一样，交际德语也已经正常化，被称为基茨德语（*Kiezdeutsch*）或“多文化人类方言”（*multikultureller Ethnolekt*）”。（Dittmar/Şimşek 2017, 204）其他说法还有“卡纳克德语”（Kanakendeutsch）、“隔都语”（Ghettosprache）、“土耳其俚语”（Türkenslang）、“基茨德语”（Kiez-Deutsch）、“土耳其德语”（Türkendeutsch）和“卡纳克语”（Kanakisch）。

保守的语言评论家认为这种文化人类方言是语言衰败的产物，必须加以抵制。2012 年 2 月 15 日，小报《柏林信使报》（*Berliner*

Kurier）网络版援引德语语言协会一位官员的话说：“基茨语（Kiezsprache）是一个警示信号，它表明在某些地区和柏林这样的大都市，语言发展被忽视了。移民和来自社会弱势群体的儿童和年轻人没有得到充分支持。”（Gorny 2012）而事实上，当人在观察无语境的单个句子时也会产生这种印象（例子来自 Wiese 2010）：

(1) Lassma Viktoriapark gehen, Lan.

(2) Ich höre Alpa Gun, weil der so aus Schöneberg kommt.

(3) Ich hab meiner Mutter so Zunge rausgestreckt, so aus Spaß. Wallah.

(4) Das ist mein Schule.

以上几个例子显示出一些语法领域的简化倾向，如屈折形态（4），介词的使用（1）或冠词（1，3）。此外，还有新的祈使信号（*lassma*，1）或小品词使用（*so*，2，3）。最后，诸如 *lan*（1）或 *wallah*（3）这样的外来词脱颖而出。这种语法现象是口语，特别是青年语言的特点。这也适用于 *lassma* 等。典型的文化人类方言是对移民原籍语言的借用。互联网门户网站“在线学习”（*Online lernen*）给出了以下例子：

青年用语（Jugendsprache）	标准语（Hochsprache = Standardsprache）
moruk（土耳其语）	*Alter*（口语）
lan（土耳其语）	*Mann, Typ*

wallah（字面意义：和真主，阿拉伯语）	*Echt!*（以确认）
yallah（字面意义：噢真主，阿拉伯语）	*Los!*（要求）
hadi!（土耳其语）	*Los!*

(https://online-lernen.levrai.de/deutsch-uebungen/jugendsprache/10_wallah_jal- lah_lan_moruk_uebungen.htm [6.11.2018])

因此，在基茨德语中起作用的不仅仅是意第绪语或黑话，还有土耳其语和阿拉伯语的词汇元素。然而，与海克·魏瑟（Heike Wiese 2010, 35）所指出的相反，基茨德语不是一种方言：方言是按地方或区域定义的。而魏瑟自己也写道，基茨德语是“超区域性的多民族城市空间的本土化”（同上，35）。这也表明，（多）文化人类方言是年轻人群体所使用的社会方言。因此，不同的移民流动和生活空间产生了一种特殊形式的青年语，尽管其基本结构特征是所有青年语表现形式所共有的（参见 Auer 2003, 2013；Dittmar/Bahlo 2008）。

全球化的一个特殊后果是所谓的新右翼政党和“运动”的出现和加强。也就是世界范围内的人员流动以及移民现象，如来自战区或由于经济问题而难以为其人口提供生活前景的地区的难民。

右翼民粹主义政党在民众中煽动恐惧或制造恐惧，例如惧怕“外国渗透 ”或国家社会服务体系的崩溃。这类政党使用的语言，其文体和修辞技巧似乎让人联想到纳粹语言，所使用的词汇在结构上也让人联想到纳粹词汇。就语言史而言，公共话语采用了这种新右翼语言用法的基本要素，这一点也很重要。

这里还值得一提的是，不能仅仅列举个别的词或文体，而应以文本段落作为出发点。我们的目的不是为了丑化个别作者或发言者，也不是为了让他们获得被引用的荣誉；因此，下文将不提及他们的名字。在大多数情况下，这些文本来自“新媒体”，据此，这里只选择了在党内活动中使用的文本，而非在竞选活动中发表的文本，它们主要用于提供内部认同。

Rechtspopulistisches Textbeispiel 1

Aber wir wollen weder in der Welt noch in Europa aufgehen. Wir haben eine ruhmreiche Geschichte, die länger dauerte als 12 Jahre. Und nur wenn wir uns zu dieser Geschichte bekennen, haben wir die Kraft, die Zukunft zu gestalten.

Ja, wir bekennen uns zu unserer Verantwortung für die 12 Jahre. Aber, liebe Freunde, Hitler und die Nazis sind nur ein Vogelschiss in unserer über 1000-jährigen Geschichte. Und die großen Gestalten der Vergangenheit von Karl dem Großen über Karl V. bis zu Bismarck sind der Maßstab, an dem wir unser Handeln ausrichten müssen. Gerade weil wir die Verantwortung für die 12 Jahre übernommen haben, haben wir jedes Recht, den Stauferkaiser Friedrich II., der in Palermo ruht, zu bewundern. Der Bamberger Reiter gehört zu uns wie die Stifterfiguren des Naumburger Doms.

Liebe Freunde, denken wir immer daran, dass ein deutscher Jude,

Ernst Kantorowicz, den Ruhm des Stauferkaisers beschrieben hat. Nein, der Islam gehört nicht zu uns. Unsere Vorfahren haben ihn 1683 vor Wien besiegt.

右翼民粹主义文本示例 1

但我们既不想献身世界也不想献身欧洲。我们有着光辉的历史，远远超过了 12 年。只有当我们承认这段历史时，我们才有力量塑造未来。

是的，我们承认我们对那 12 年负有责任。但是，亲爱的朋友们，希特勒和纳粹只是我们千年历史中的一个小插曲。从查理曼大帝到查理五世再到俾斯麦，过去的伟人们是我们应该以之为准则来衡量自己行动的标杆。正因为我们已经承担了那 12 年的责任，我们有权崇拜在巴勒莫长眠的史陶芬皇帝腓特烈二世。班贝格骑士像和诺姆堡大教堂的创始人雕像同样属于我们。

亲爱的朋友们，请永远记住，德国犹太人恩斯特·康托洛维茨曾描述过史陶芬皇帝腓特烈二世的荣耀。不，伊斯兰不属于我们。我们的祖先早在 1683 年就在维也纳城外击败了他们。

这段文字的特点是将“我们”（*Wir*）与“非我们”（*Nicht-Wir*）对立起来，这是民粹主义语言的基本技巧。虽然“我们”的定义并不明确，但从上下文可以推断出："我们"（*Wir*），即不是"其他人"（die Anderen）。这种"民粹主义"（Populismus）表现为一个分裂社会的"二元对立"："对民粹主义者来说，社会的分裂不是在阶级或阶层之间，而是在称为人民的多数人和称为'精英、寡头或财阀'的少数人之间"。（Priest 2012, 12）

人民，也就是"我们"（das *Wir*），是由"辉煌的千年历史"（*ruhmreiche* oder *über 1000-jährige Geschichte*）塑造的。这些是经不起推敲的，主要目的是为了煽情。这包括对代表辉煌历史的人名进行无差别提及。在查理大帝时代，德意志（*deutsch*）这个词甚至都不存在，施陶芬家族的腓特烈二世几乎没有在德国生活过，也几乎没有说过德语，而这些对于右翼民粹主义者来说都不重要。除了人名之外，还有其他名称，如班贝克骑士和瑙姆堡大教堂的捐赠者也是这个作用。

"我们"把自己定义为"文化同质性"（Eckert 2010, 26）。族裔（Ethnie）、人民（Volk）、人口（Bevölkerung）不再是生物学意义上的概念，而是如种族（Rasse），是文化统一体。从某种意义上说，这就是"新右翼"的基本纲领。在共同文化基础上构成的同质民族，与其他民族有着根本区别，后者具有根本不同的文化特征，其领土上有着理想的家园。它是一种"关于民族和文化的多样性以及关于每个民族维护其身份的权利的理论"（Stöss 2016）。拥有身份认同感的民族是至高无上的，个人的任务是融入这一民族身份；作为民主主体的个人权利理论上并不存在。"文化认同是通过宏大叙事创造的：文学和音乐被奉为文化瑰宝，景观被理想化，如德意志森林，纪念碑如勃兰登堡门，还有仪式、象征、节日等"。

（Feustel/Grochol/Prüwer/Reif 2018, 76）

新右翼论述中的“宏大叙事”可以归结为如下观点：来自其他国家的人（移民）（破）坏了这种身份，因此移民被视为一个巨大的威胁。难民的数量被夸大成自然灾害，如难民潮或难民洪水和难民雪崩；这种情况发展成为难民问题，并进一步发展成为难民难题和难民危机。由于德国宪法中的人权条款，难民主要是寻求庇护者，但他们在欧洲共同体所有国家的待遇不尽相同，因此，根据右翼政客的意见，庇护之旅已在德国兴起，慈善家已经建立了名副其实的庇护产业，包括反驱逐出境产业。由于难民很少持签证进入一个国家，难民入境在过去和现在都属于非法移民，应该而且必须加以抵制。

新右翼的文化概念仍然刻意保持着模糊性，但文本 1 的例子表明，代表“高雅文化”的主要是著名政治、历史事件（往往是战争）和著名人物。

Rechtspopulistisches Textbeispiel 2

Liebe Freunde, zu unserer historischen Erinnerung gehören Stauffenberg und Rommel, Mars- la-Tour und Sedan und Cambrai und das Schlachthaus von Verdun. Das ist deutsche Geschichte, und die lassen wir nicht von einer türkischstämmigen Deutschen entsorgen.

右翼民粹主义文本示例 2

> 亲爱的朋友们，施陶芬堡伯爵和隆梅尔，马斯拉图尔战役、色当会战和康布雷战役以及凡尔登屠宰场都是我们历史记忆中的一部分。这是德国的历史，我们不会让一个土耳其血统的德国人把它们抹去。

在这样的文本中，人名不再用于识别个体，而更多作为情感化的记忆符号，它排除了一切负面的东西，或者把它缩小成微不足道的存在。

在这个意义上，有移民背景的人不属于德国人民：*Nein, der Islam gehört nicht zu uns. Unsere Vorfahren haben ihn 1683 vor Wien besiegt*。[①] 另一方面，不仅凡尔登属于我们的文化，1683 年奥斯曼土耳其第二次围攻维也纳的那一年也属于我们的文化，更不用说维也纳之战的胜利是由波兰国王扬三世·索别斯基领导之下的一支波兰精锐部队取得的。此外，17 世纪末的奥地利人是我们的祖先，这一事实表明，新右翼分子无疑是德意志民族主义者，对他们来说，“文化人类多元主义”在这种情况下并不适用。

这两段讲话摘录清楚表明，民粹主义的基本修辞模式构建了这些讲话，并作为一种思想模式发挥作用：“忧心忡忡的人们认为自己处于双重防御斗争之中，既要对抗外敌入侵，又要对付内患破坏。”（Feustel/Grochol/Prüwer/Reif 2018, 152）

就语言史而言，应该注意到，1945 年后出现了一种社会共识，

---

① 意为：伊斯兰不属于我们。我们的祖先早在 1683 年就在维也纳城外击败了他们。

即至少在公开场合避免使用一些“负载”词汇。新右翼的政客废除了这种被诋毁为“政治正确”的共识，代之以“人可以发声”的格言。词汇如“民族的”或“民族转化”的使用以及这类词语用法的传播，旨在突破“可以发声”的界限（参考 Niehr 2017）：*Wir werden uns als Demokraten und Patrioten trotz dessen nicht den Mund verbieten lassen. Denn die politische Korrektheit gehört auf dem Müllhaufen der Geschichte.*[①] 与之相辅相成的是对迄今为止被否定的东西的重新评估：

Rechtspopulistisches Textbeispiel 3

Und deshalb, liebe Freunde, haben wir auch das Recht, uns nicht nur unser Land, sondern auch unsere Vergangenheit zurückzuholen. Wenn die Franzosen zu Recht stolz auf ihren Kaiser sind und die Briten auf Nelson und Churchill, haben wir das Recht, stolz zu sein auf die Leistungen deutscher Soldaten in zwei Weltkriegen.

右翼民粹主义文本示例 3

因此，亲爱的朋友们，我们也有权利不仅夺回我们的国家，而且夺回我们的过去。如果法国人因他们的皇帝而自豪，

---

① 意为：作为民主党人和爱国者，尽管如此我们也不会允许自己的嘴巴被封住。因为政治正确性属于历史的垃圾堆。

英国人因纳尔逊和丘吉尔而自豪，那么我们也有权利为德国士兵在两次世界大战中的成就感到骄傲。

“德意志民族的/我们的民族的敌人”不仅偷走了“我们的国家”，还偷走了“我们的过去”，因此，为了“夺回”被偷走的东西，甚至连边界调整——诚然并未如此直接地表达——都是可以想象的。

“统一”后不久，二又二分之一个“西方”德语国家的官方代表与东德的官方代表之间的沟通似乎受到了严重阻碍，[①]尽管德语的语法系统和基本词汇并无二致；这主要是由于政治概念体系和现实的差异与有计划地改变。当前，既定的政治力量和新右翼之间的沟通同样困难，因为公共语言往往不是为了交流信息，而是为了在受众中制造情绪。在这个意义上，“另类事实”（这个词来自美国竞选经理和总统顾问凯莉安妮·康韦）不是简单的谎言，而是试图影响情绪，改变对一个对象的评价，或使另一种看法变得合理。在任何情况下，都不能以退而求其次的意识形态理论来解决这样的问题，如“文字的魔力”“语言的滥用”“病态的语言”。语言“不能单独发生作用，也不能否认政治团体为实现自己的目的利用语言交际的权利，这是属个人及其团体的。”对人的操纵是一种言外现象，它一直将语言作为其最有效的手段之一，其合理性不能由语言学来判断（参见 Dieckmann 1964 和 1968；Glunk 1966−1971；Polenz

---

① 此处“二又二分之一个‘西方’德语国家”指西德、奥地利和瑞士德语区，此处著者忽略了德语国家卢森堡和列支敦士登。

1973）。语言学及其分支学科——语言史，有可能沦为庸俗政治工具，如果德语语言学家和语言教师将那些不属于自己群体的人的语言使用视为“另类”“不真实”或“错误”德语的话。并不存在可称为“德语”的特定规范，能够将某些群体的语言使用标识为异类。相反，德语只是所有生活在不同国家和属于不同群体的人的潜在语言能力（乔姆斯基意义上的“能力”）的抽象总和，他们从小就习惯于借助基本的德语词汇和规则的语法体系来表达和行动。语言学和语言教学的任务是揭示或帮助克服过去和现在在一种语言内部和语言之间使用各种群体规范和事实规范时遭遇的交流困难和影响。由于旧的语言意识形态的持续影响一直被用作社会控制的手段，因此，对集体言论和语言评价进行批判性反思是语言教学的一个重要组成部分。

文本示例

对比不同时期的德语《圣经》译文能够具体阐明德语语言史的发展历程。以下文本示例选自《路加福音》（第 2，4—6 章）[①] 的文本示例显示，除了内容上的翻译差异之外，在拼写、发音、屈折变化、词序和句子结构以及词汇和风格上，从日耳曼语时期（以哥特语为代表）至今的德语也发生了许多变化。[②]

第 11 版补充：以下文本示例来自弗里茨·切尔奇（Fritz Tschirch）编纂的《圣经》译文汇编（见注释 2），该汇编包含当时的各种版本。从某些方面来说，编辑学从那时起就得到了长足发展，这一点在《四福音合璧》（Evangelienharmonie）中体现得尤为明显，这部书也被称为“古高地德语塔提亚恩”。我们在此保持原文状态不变，因为我们的主要目的是为了观察语言在“拼写、发音、屈折变化、词序和句子结构以及词汇和风格上”的演变，可读性也得到了显著提高。

---

① 中文《圣经》和合本译文：约瑟也从加利利的拿撒勒城上犹太去，到了大卫的城，名叫伯利恒，因他本是大卫一族一家的人。要和他所聘之妻马利亚，一同报名上册。那时马利亚的身孕已经重了。他们在那里的时候，马利亚的产期到了。（《路加福音》2: 4—6）

② 原书注：德语《圣经》译文精选汇编请见：F. Tschirch: 1200 Jahre deutsche Sprache in synopischen Bibeltexten. Ein Lese-und Arbeitsbuch. 2. Aufl, Berlin 1969.

1. 哥特语（《乌斐拉圣经》，约 350）：

Urrann þan jah Iosef us Galeilaia, us baurg Nazaraiþ, in Iudaian, in baurg Daweidis sei haitada Beþlahaim, duþe ei was us garda fadreinais Daweidis, anameljan miþ Mariin sei in fragiftim was imma qeins, wisandein inkilþon. warþ þan, miþþanei þo wesun jainar, usfullnodedun dagos du bairan izai.

2. 古高地德语（《塔提亚恩四福音合璧》，富尔达，约 830）：

Fuor thō Ioseph fon Galileu fon thero burgi thiu hiez Nazareth in Iudeno lant inti in Dauides burg, thiu uuas ginemnit Bethleem, bithiu uuanta her uuas fon huse inti fon hiuuiske Dauides, thaz her giiahi saman mit Mariun imo gimahaltero gimahhun sō scaffaneru. Thō sie thar uuarun, vvurðun taga gifulte, thaz siu bari.

3. 晚期中古高地德语（马蒂亚斯 · 冯 · 贝海姆《福音书》，中部德语，1343）：

Abir Jōsēph gīnc ouch ūf von Galilēa von der stat Nazarēth in Judēam in di stat Dāvīdis, di geheizen ist Bēthlehēm, darumme daz her was von dem hūse und von dem gesinde Dāvīdis, ūf daz her vorjehe mit Marīen ime vortrůwit zů einer hůsvrowin swangir. Und geschēn ist, dō si dā waren, dō sint irfullit ire tage, daz si gebēre.

4. 早期新高地德语（《路德圣经》，1522）：

Da macht sich auff, auch Joseph von Gallilea, aus der stadt

Nazareth, ynn das Judisch land, zur stad Dauid, die da heyst Bethlehem, darumb, das er von dem hauße vnd geschlecht Dauid war, auff das er sieh schetzen ließe mit Maria seynem vertraweten weybe, die gieng schwanger. Vnnd es begab sich, ynn dem sie daselbst waren, kam die zeyt das sie geperen sollte.

5. 新高地德语，18 世纪（尼古拉斯·路德维希·青岑多夫伯爵，1739）：

Da machte sieh aber auch Joseph auf, von Galiläa, aus der stadt Nazareth, in Judäa, in die stadt Davids, die Bethlehem heisset, weil er aus dem hause und familie David war, auf daß er sich aufschreiben liesse mit seiner braut Maria, die empfangen hatte. Und als sie daselbst waren, kam die zeit, daß sie gebähren solte.

6. 新高地德语，20 世纪初（赫尔曼·门格，1926）：

So zog denn auch Joseph aus Galiläa aus der Stadt Nazareth nach Judäa hinauf nach der Stadt Davids mit Namen Bethlehem, weil er aus Davids Haus und Geschlecht stammte, um sich daselbst mit Maria, seinem jungen Weibe, die guter Hoffnung war, eintragen zu lassen. Während ihres dortigen Aufenthalts kam für Maria die Zeit ihrer Niederkunft.

7. 新高地德语，20 世纪中叶（约尔格·青克，《我们靠什么生活，〈圣经〉要义今语》，1963）：

Da wanderte auch Joseph von Galiläa, aus der Stadt Nazareth, nach

Judäa in die Stadt der Familie Davids, nach Bethlehem. Denn er gehörte zur Familie und zum Stamme Davids. Und er ließ sich in die Listen des Kaisers mit Maria zusammen, seiner Verlobten, eintragen. Maria aber war schwanger. Als sie in Bethlehem waren, kam die Zeit für sie, zu gebären.

8. 中古低地德语，约 1478 年（科隆《圣经》，东威斯特伐利亚语版）：

vnde ock ioseph de gynck vp van galilea van der stad nazareth in iudeam in de stad dauids de dar is geheten bethlehem darumme dat he was van dem huse vnde van dem ingesinde dauids. dat he sick apenbarde ok mit maria siner getruweder swangeren husfrowen. vnde dat geschach do se dar weren. de dage worden voruult dat se geberen scholde.

9. 新低地德语（恩斯特·福斯《为讲低地德语的人提供的母语版〈圣经新约〉》，1960 第三版，北部低地萨克森语）：

Un ok Joseph reist' ut Galiläaland, ut dei Stadt Nazareth, nah Land Judäa nah David sin Stadt, nah Bethlehem. Denn hei stammt' jo her ut David sin Hus un Geslecht. Hei müßt sik ok ni upschriwen laten. Un sin Fru Maria nehm hei mit. Dei drög 'n Kind unner'n Harten, un as sei nu dor wiren, dunn wiren ok ehr Dag' dor.

10. 荷兰语（荷兰《圣经》公会，1968）：

Ook Jozf trok op van Galilea, uit de stad Nazaret, naar Judea, naar de stad van David, die Betlehem heet, omdat hij uit het huis en het geslacht van David was, om zich te laten inschrijven met Maria, zijn ondertrouwde vrouw, welke zwanger was. En het geschiedde, toen zij daar waren, dat de dagen vervult werden, dat zij baren zou.

11. 南非语（南非荷-非教堂注释版，1967）：

En Josef hei ook opgegaan van Galilea, uit die stad Nasaret, na Judea, na die stad van David, wat Betlehem genoem word, omdat hy uit die huis en geslag van Dawid was, on hom te laat inskrywe saam met Maria, die vrou aan wie hy hom verloof het, wat swanger was. En terwyl hulle daar was, is die dae vervul dat sy moes baar.

12. 意第绪语[①]（我们的主和救世主[goël[②]]受膏者耶稣[JESCHUA HAMASCHI'ACH[③]]的《新约》（B^eRITH CHADASCHAH[④]），译自希腊语，并与阿哈伦·克雷尔博伊姆的其他多语种译本进行了比较，费城，1949）：

איז אריך ארויפגעגאנגען פון גליל, אריס דער שטאט נצרת, קיין יהודה, אין דער שטאט פון דוד׳
וועלכע הייסט בית לחם, ווייל ער איז געווען פון דעם הויז און משפחה פון דוד (המלך); אז ער זאל זיך
לאזן ·רעגיסטרירן צוזאמען מיט מרים, וואס איז געווען פארקנסט צו אים, און איז געווען מעוברת
און עס איז געשען, בשעת זיי זענען דארט געווען דאס די,
טעג פון איר קימפעט זענען דערפילט

① 原书注：在此感谢海德堡的施普雷歇（M. Sprecher）教授在文本提供、转录和注释方面给予的指导和帮助。由于《圣经新约》没有官方意第绪语译本，因此这里不得不使用现代基督教译文，以确保与其他文本示例具有可比性。

② 原书注：希伯来语，“救世主”。

③ 原书注：希伯来语，“受膏者耶稣”。

④ 原书注：希伯来语，“新约”。

转录为拉丁文字母[①]：

un jossef is oich aroifgegangen fun golil, oiss der schtot nazareth, këin[②] jehudeh, in der schtot fun dowid, welche hëisst bëith lechem, wail er is gewen fun dem hois un mischpoche[③] fun dowid (hamelech[④]); as er sol sich losn registrirn zusamen mit mirjem, woss is gewen farknasst[⑤] zu im, un is gewen mëubereth[⑥]. un ess is gescheen, b^{e}schath[⑦] sëi senen dort gewen, doss di teg fun ir kirmpet[⑧] senen derfilt geworn.

---

① 原书注：希伯来语文本应从右往左读。字母 Alef 在元音发音之前没有语音意义。来自希伯来语的借词和名称通常不写元音符号。在转录中，（浊）Saijn 和（清）Ssamech 之间的对立由 *s* 和 *ss* 表示，双 J 在更开和更窄的双元音之间的对立由 *ai* 和 *ëi* 表示；上标的 e 表示央元音；*ch* 始终是软腭摩擦音。

② 原书注：新高地德语 gen，“反对”。

③ 原书注：希伯来语，“家族”。

④ 原书注：希伯来语，“国王”。

⑤ 原书注：“订婚”，来自希伯来语 *knass*，“罚金”（比如作为终止合约的条件）。

⑥ 原书注：希伯来语，“有孕”。

⑦ 原书注：希伯来语，“那时”。

⑧ 原书注：新高地德语，*Kindbett*，意为“产期”。

参考书目

《语言史——德语语言史及其研究手册》(Sprachgeschichte. Ein Handbuch zur Geschichte der deutschen Sprache und ihrer Erforschung)提供了有关(德语)语言史的所有理论、方法和研究问题的信息。第二版编者 W. 贝施(W. Besch)/ A. 贝滕(A. Betten)/ O. 赖希曼(O. Reichmann)/ S. 松德雷格(S. Sonderegger)。柏林 / 纽约，共 4 卷。1998/2000/2003/2004。

普通语言学

Abraham, W.: Terminologie zur neueren Linguistik. 2 Bde. 2. Aufl. Tübingen 1988.

Althaus, H. P. / Henne, H. / Wiegand, H. E. (Hrsg.): Lexikon der Germanistischen Linguistik. 2. Aufl. Tübingen 1980.

Ammon, U.: Probleme der Soziolinguistik. Tübingen 1973.

Arens, H.: Sprachwissenschaft. Der Gang ihrer Entwicklung von der Antike bis zur Gegenwart. 2 Bde. Freiburg/München 1969.

Bloomfield, L.: Language. New York 1933. Dt.: Die Sprache. Wien 2001.

Brekle, H. E.: Semantik. München 1972.

Bühler, K.: Sprachtheorie. 2. Aufl. Stuttgart 1965.

Bußmann, H. (Hrsg.): Lexikon der Sprachwissenschaft. 4. Aufl. Stuttgart 2008.

Chomsky, N.: Aspekte der Syntax-Theorie. Frankfurt a. M./Berlin 1969.

Coseriu, E.: Einführung in die strukturelle Betrachtung des Wortschatzes. Tübingen 1970. Dittmar, N.: Soziolinguistik. Mit kommentierter

Bibliographie. Frankfurt a. M. 1973.

Dittmar, N.: Grundlagen der Soziolinguistik. Tübingen 1997.

Erben, J.: Sprachwissenschaft als Kulturwissenschaft. In: Perspektiv Wechsel oder: Die Wiederentdeckung der Philologie. Bd. 1: Sprachdaten und Grundlagenforschung in der Historischen Linguistik. Hrsg. von S. Kwekkeboom / S. Waldenberger. Berlin 2016, 167–188.

Fishman, J. A.: Soziologie der Sprache. München 1974.

Funkkolleg Sprache. Eine Einführung in die moderne Linguistik. 2 Bde. Frankfurt a. M. 1973. Geckeler, H.: Strukturelle Semantik und Wortfeldtheorie. München 1971.

Glück, H. (Hrsg.): Metzler-Lexikon Sprache. Stuttgart/Weimar 2000.

Göttert, K.-H. / Herrlitz, W.: Linguistische Propädeutik. 2 Bde. Tübingen 1977.

Große, R. / Neubert, A. (Hrsg.): Beiträge zur Soziolinguistik. Halle 1974.

Helbig, G.: Geschichte der neueren Sprachwissenschaft unter dem besonderen Aspekt der Grammatik-Theorie. München 1971.

Hertzler, J. O.: A Sociology of Language. New York 1965.

Homberger, D.: Sachwörterbuch zur Sprachwissenschaft. Stuttgart 2000.

Humboldt, W. v.: Über die Verschiedenheit des menschlichen Sprachbaues und ihren Einfluß auf die geistige Entwickelung des Menschengeschlechts. Berlin 1836.

Klein, W. / Wunderlich, D.: Aspekte der Soziolinguistik. Frankfurt a. M. 1971.

Köller, W.: Philosophie der Grammatik. Stuttgart 1988.

Kronasser, H.: Handbuch der Semasiologie. Heidelberg 1952. Langacker, R. W.: Sprache und ihre Struktur. Tübingen 1971.

Lehrgang Sprache. Einführung in die moderne Linguistik. Tübingen 1974.

Lepschy, G. C.: Die strukturale Sprachwissenschaft. München 1969.

Lewandowski, Th.: Linguistisches Wörterbuch. 3 Bde. 4. Aufl. Heidelberg 1984–1985. Löffler, H.: Germanistische Soziolinguistik. 5. Aufl. Berlin 2016.

Lyons, J.: Einführung in die moderne Linguistik. München 1971.

Marschall, W.: Wozu die Kulturwissenschaften da sind. In: Kulturwissenschaften. Positionen und Perspektiven. Hrsg. von J. Anderegg / E. A. Kunz. Bielefeld 1999, 19–30.

Martinet, A. (Hrsg.): Linguistik. Ein Handbuch. Stuttgart 1973. Penzl, H.: Methoden der germanischen Linguistik. Tübingen 1972.

Robins, H. H.: Ideen- und Problemgeschichte der Sprachwissenschaft mit besonderer Berück- sichtigung des 19. und 20. Jahrhunderts. Frankfurt a. M. 1973.

Saussure, F. de: Grundfragen der allgemeinen Sprachwissenschaft. 2. Aufl. Berlin 1967. Schaff, A. (Hrsg.): Soziolinguistik. Wien 1976.

Schifko, P.: Bedeutungstheorie. Einführung in die linguistische Semantik. Stuttgart 1975. Schippan, Th.: Einführung in die Semasiologie. Leipzig 1972.

Schlieben-Lange, B.: Soziolinguistik. Eine Einführung. 7. Aufl. Stuttgart 1973.

Schmidt, L.: Wortfeldforschung. Darmstadt 1973.

Serébrennikow, B. A. (Hrsg.): Allgemeine Sprachwissenschaft. 2 Bde. München 1973, 1975. Simon, G.: Bibliographie zur Soziolinguistik. Tübingen 1974.

Sociolinguistics/Soziolinguistik. An International Handbook of the Science of Language and Society/Ein internationales Handbuch zur Wissenschaft von Sprache und Gesellschaft. Hrsg. von U. Ammon / N. Dittmar / K. J. Mattheier / P. Trudgill. 3 Bde. Berlin/New York 2004/2005/2006.

Ullmann, St.: Grundzüge der Semantik. Berlin 1967.

Wartburg, W. v.: Einführung in Problematik und Methodik der Sprachwissenschaft. 3. Aufl. Tübingen 1970.

Weinreich, U.: Erkundungen zur Theorie der Semantik. Tübingen 1970.

Weisgerber, L.: Die vier Stufen in der Erforschung der Sprachen. Düsseldorf 1963. Welte, W.: Moderne Linguistik: Terminologie, Bibliographie. München 1974.

Wolf, N. R.: „Kultur“: Eine kultursemiotische Analyse. In: Русская Германистика [Russkaja Germanistika] 8. Moskwa 2011, 184–193.

Wolf, N. R.: Textanalyse und Korpuslinguistik. In: Sie leben nicht vom Verb allein. Beiträge zur historischen Textanalyse, Valenz- und Phraseologieforschung. Hrsg. von H. E. Lenk / U. Richter-Vapaatalo. Berlin 2015, 31–41.

Wolf, N. R.: Der Text als Zentrum des Sprachspiels. In: Zentrum und Peripherie. Aus sprach- wissenschaftlicher Sicht. Hrsg. von V. Kotůlková / G. Rykalová. Opava 2017, 15–26.

历史语言学

Borst, A.: Die Geschichte der Sprachen im abendländischen Denken. In: WiWo 10, 1960, 129–143.

Borst, A.: Der Turmbau von Babel. Geschichte der Meinungen über Ursprung und Vielfalt der Sprachen und Völker. 4 Bde. München 1995.

Cherubim, D. (Hrsg.): Sprachwandel. Reader zur diachronischen Sprachwissenschaft. Berlin 1975.

Clyne, M.: Forschungsbericht Sprachkontakt. Kronberg i.Ts. 1975.

Coseriu, E.: Synchronie, Diachronie und Geschichte. Das Problem des Sprachwandels. München 1974.

Dinser, G. (Hrsg.): Zur Theorie der Sprachveränderung. Kronberg i.Ts. 1974.

Höfler, O.: Stammbaumtheorie, Wellentheorie, Entfaltungstheorie. In: Beitr. 77, 1955, 30–66, 424–476.

Isenberg, H.: Zur Theorie des Sprachwandels. In: Syntaktische Studien (Studia Grammatica V). Berlin 1966, 133–168.

Juhasz, J.: Interferenzlingustik. In: LGL², 1980, 646–652.

King, R.: Historische Linguistik und generative Grammatik. Frankfurt a. M. 1971.

Lehmann, W. P.: Einführung in die historische Linguistik. Heidelberg 1969.

Lehmann, W. P.: Historiolinguistik, in: LGL², 1980, 547–557. Lüllwitz, B.: Interferenz und Transferenz. Hildesheim 1972.

Nübling, D.: Historische Sprachwissenschaft des Deutschen. In Zusammenarbeit mit A. Dammel / J. Duke / R. Szczepaniak. Tübingen 2006.

Paul, H.: Prinzipien der Sprachgeschichte. 8. Aufl. Tübingen 1968.

Pisani, V.: Die Etymologie. Geschichte – Fragen – Methode. München 1975.

Sprache, Gegenwart und Geschichte. Probleme der Synchronie und Diachronie. Düsseldorf 1969.

Tschirch, F.: Wachstum oder Verfall der Sprache? In: Mspr. 75, 1965, 129–139,161–169.

Weinreich, U.: Sprachen in Kontakt. Ergebnisse u. Probleme der Zweisprachigkeitsforschung. München 1977.

德语语言史

Agricola, E. / Fleischer, W. / Protze, H. (Hrsg.): Die deutsche Sprache. 2 Bde. Leipzig 1969 (= Kleine Enzyklopädie).

Bach, A.: Geschichte der deutschen Sprache. 9. Aufl. Heidelberg 1970. Besch, W. / Wolf, N. R.: Geschichte der deutschen Sprache. Berlin 2009.

Eggers, H.: Deutsche Sprachgeschichte. I: Das Althochdeutsche. II: Das Mittelhochdeutsche. III: Das Frühneuhochdeutsche. Reinbek b. Hamburg 1963, 1965, 1969.

Elspaß, S.: Vom Mittelneuhochdeutschen (bis ca. 1950) zum Gegenwartsdeutsch. In: ZDL 75, 2008, 1–20.

Ernst, P.: Deutsche Sprachgeschichte. 2. Aufl. Wien 2012.

Frings, Th.: Zur Grundlegung einer Geschichte der deutschen Sprache. In: Beitr. (Halle) 76, 1955, 402–534.

Frings, Th.: Grundlegung einer Geschichte der deutschen Sprache. 3. Aufl. Halle 1967. Hartmann, S.: Deutsche Sprachgeschichte. Grundzüge und Methoden.

Tübingen 2018.

Keller, R.: The German Language. London/Boston 1978. Dt.: Die deutsche Sprache und ihre historische Entwicklung. 2. Aufl. Hamburg 1995.

König, W.: dtv-Atlas Deutsche Sprache. 16. Aufl. München 2007.

Krischke, W.: Was heißt hier Deutsch? Kleine Geschichte der deutschen Sprache. München 2009.

Mollay, K.: Einführung in die deutsche Sprachgeschichte. Budapest 1971.

Moser, H.: Deutsche Sprachgeschichte, 6. Aufl. Tübingen 1969.

Polenz, P. v.: Deutsche Sprachgeschichte vom Spätmittelalter bis zur Gegenwart. 3 Bde. Bd. 1: Einführung, Grundbegriffe. 14. bis 16. Jahrhundert. 2. Aufl. Berlin/New York 2000; Bd. 2: 17. und 18. Jahrhundert. 2. Aufl. bearb. von C. Moulin. Berlin/New York 2013; Bd. 3: 19. und 20. Jahrhundert. Berlin/New York 1999.

Riecke, J.: Geschichte der deutschen Sprache. Stuttgart 2016.

Schildt, J.: Abriß der Geschichte der deutschen Sprache. Zum Verhältnis von Gesellschafts- und Sprachgeschichte. Berlin 1976.

Schmid, H. U.: Einführung in die deutsche Sprachgeschichte. 3. Aufl. Stuttgart 2017. Schmidt, W.: Geschichte der deutschen Sprache. 11. Aufl. Hrsg. von E. Berner / N. R. Wolf. Stuttgart 2013.

Stedje, A.: Deutsche Sprache gestern und heute. 6. Aufl. Paderborn 2007.

Stricker, S. / Bergmann, R. / Wich-Reif, C. / Kremer, A.: Sprachhistorisches Arbeitsbuch zur deutschen Gegenwartssprache. 2. Aufl. Heidelberg 2016.

Tschirch, F.: Geschichte der deutschen Sprache. 2 Bde. 2. Aufl. Berlin 1971, 1975. Waterman, J. T.: History of the German Language. Seattle/London 1967.

Wegera, K.-P. / Waldenberger, S.: Deutsch diachron. Eine Einführung in den Sprachwandel des Deutschen. Berlin 2012.

Wellmann, H.: Sprachgeschichtsschreibung und Historische Grammatik.

In: r, 1972, 198–221. Wolf, H.: Zur Periodisierung der deutschen Sprachgeschichte. In: r, 1971, 78–105.

德语历史语法学

Behaghel, O.: Deutsche Syntax. Eine geschichtliche Darstellung. 4 Bde. Heidelberg 1923, 1924, 1928, 1932.

Dal, I.: Kurze deutsche Syntax auf historischer Grundlage. 4. Aufl. bearb. von H.-W. Eroms. Berlin/Boston 2014.

Ebert, R. P.: Historische Syntax des Deutschen. Stuttgart 1978.

Fleischer, J.: Historische Syntax des Deutschen. Eine Einführung. Tübingen 2011. Henzen, W.: Deutsche Wortbildung. 3. Aufl. Tübingen 1965.

Herrlitz, W.: Historische Phonologie des Deutschen. Teil I. Tübingen 1970. Kienle, R. v.: Historische Laut- und Formenlehre des Deutschen. Tübingen 1960.

Moulton, W. G.: Zur Geschichte des deutschen Vokalsystems. In: Beitr. 63, 1961, 1–35. Paul, H.: Deutsche Grammatik. 5 Bde. Halle 1916–1920.

Penzl, H.: Geschichtliche deutsche Lautlehre. München 1969.

Penzl, H.: Vom Urgermanischen zum Neuhochdeutschen. Eine historische Phonologie. Berlin 1975. Wilmanns, W.: Deutsche Grammatik. 4 Bde. 2. Aufl. Straßburg 1897, 1899, 1906,1909.

德语历史词汇学

Bach, A.: Deutsche Namenkunde. 5 Bde. Heidelberg 1952–1956. Bauer, G.: Deutsche Namenkunde. 2. Aufl. Berlin 1998.

Carstensen, B.: Deutsche Transferenzen in anderen Sprachen. In: LGL, 1973, 510–512. Dornseiff, F.: Bezeichnungswandel unseres Wortschatzes. Lahr 1966.

Duden. Das Herkunftswörterbuch. Etymologie der deutschen Sprache. 5. Aufl.

bearb. von Jörg Riecke. Berlin 2014.

Fischer, R. / Eichler, E. / Naumann, H. / Walther, H.: Namen deutscher Städte. Berlin 1963. Fleischer, W.: Die deutschen Personennamen. Berlin 1968.

Fritz, G.: Bedeutungswandel im Deutschen. Neuere Methoden der diachronen Semantik. Tübingen 1972.

Fritz, G.: Historische Semantik. Stuttgart 1998.

Fritz, G.: Einführung in die historische Semantik. Tübingen 2005. Gottschald, M.: Die deutschen Personennamen. 2. Aufl. Berlin 1955. Grimm, J. / Grimm, W.: Deutsches Wörterbuch. 32 Bde. Leipzig 1854–1963.

Kluge, F.: Etymologisches Wörterbuch der deutschen Sprache. 25. Aufl. bearb. von E. Seebold. Berlin/New York 2011.

Maurer, F. / Rupp, H. (Hrsg.): Deutsche Wortgeschichte. 2 Bde. 3. Aufl. Berlin 1974. Paul, H. / Henne, H.: Deutsches Wörterbuch. 10. Aufl. Tübingen 2002.

Pfeifer, W.: Etymologisches Wörterbuch des Deutschen. 5. Aufl. München 2000.

Probleme der Lexikologie und Lexikographie. Düsseldorf 1976.

Reichmann, O.: Germanistische Lexikologie. Stuttgart 1976.

Röhrich, L.: Das große Lexikon der sprichwörtlichen Redensarten. 3 Bde. Darmstadt 2011. Schirmer, A. / Mitzka, W.: Deutsche Wortkunde. Kulturgeschichte des deutschen Wortschatzes. 5. Aufl. Berlin 1965.

Schulz, F. / Basler, O.: Deutsches Fremdwörterbuch. Straßburg 1913 ff. Schwarz, E.: Orts- und Personennamen. In: DPhA, 1966–1969, 1, 1523–1598. Schwarz, E.: Kurze deutsche Wortgeschichte. Darmstadt 1967.

Seiler, F.: Die Entwicklung der deutschen Kultur im Spiegel des deutschen Lehnwortes. 4 Bde. Halle 1910 ff.

Wellmann, H.: Historische Semantik (1968–1973). In: WiWo 24, 1974, 194–213, 268–285.

德语方言学

Bach, A.: Deutsche Mundartforschung. 2. Aufl. Heidelberg 1950.

Beckers, H.: Westmitteldeutsch. In: LGL², 1980, 468–473.

Besch, W. / Knoop, U. [u. a.] (Hrsg.): Dialektologie. Ein Handbuch zur deutschen und allgemeinen Dialektforschung. 2 Bde. Berlin/New York 1982/1983.

Eichhoff, J.: Wortatlas der deutschen Umgangssprachen. 4 Bde. Bern/München 1977, 1978, 1993, 2000.

Foerste, W.: Geschichte der niederdeutschen Mundarten. In: DPhA, 1966–1969, 1, 1729–1898.

Goossens, J.: Strukturelle Sprachgeographie. Heidelberg 1969.

Goossens, J.: Areallinguistik. in: LGL², 1980, 445–453.

Hard, G.: Zur Mundartgeographie. Ergebnisse, Methoden, Perspektiven. Düsseldorf 1966.

Henzen, W.: Schriftsprachen und Mundarten. Ein Überblick über ihr Verhältnis und ihre Zwischenstufen im Deutschen. 2. Aufl. Zürich/Leipzig 1954.

Hünecke, R. / Jakob, K. (Hrsg.): Die obersächsische Sprachlandschaft in Geschichte und Gegenwart. Heidelberg 2012.

Kleiber, W.: Westoberdeutsch. In: LGL², 1980, 482–486.

Kloss, H.: Deutsche Sprache außerhalb des geschlossenen deutschen Sprachgebiets. In: LGL², 1980, 537–546.

Kranzmayer, E.: Historische Lautgeographie des gesamtbairischen Dialektraumes. Wien 1956.

Kretschmer, P.: Wortgeographie der hochdeutschen Umgangssprache. 2. Aufl. Göttingen 1969.

Löffler, H.: Probleme der Dialektologie. Eine Einführung. Darmstadt 1974.

Löffler, H.: Dialektologie. Eine Einführung. Tübingen 2003. Mitzka, W.: Handbuch zum Deutschen Sprachatlas. Marburg 1952.

Mitzka, W.: Hochdeutsche Mundarten. In: DPhA, 1966–1969, 1, 1599–1728.
Mitzka, W. (Hrsg.): Wortgeographie und Gesellschaft. Berlin 1968.

Mitzka, W.: Stämme und Landschaften in dt. Wortgeographie. In: DWg, 1974, 2, 647–698.

Mitzka, W. / Schmitt, L. E. [u. a.]: Deutscher Wortatlas. 22 Bde. Gießen 1951–1980.

Niebaum, H.: Westniederdeutsch. In: LGL², 1980, 458–464.

Niebaum, H. / Macha, J.: Einführung in die Dialektologie des Deutschen. 3. Aufl. Berlin/Boston 2014.

Putschke, W.: Ostmitteldeutsch. In: LGL², 1980, 474–478.

Schirmunski, V. M.: Deutsche Mundartkunde. Vergleichende Laut- und Formenlehre der deutschen Mundarten. Berlin 1962. Neuausgabe Frankfurt a. M. 2010.

Schmid, H. U.: Bairisch. Das Wichtigste in Kürze. München 2012. Stellmacher, D.: Ostniederdeutsch. In: r, 1980, 464–468.

Straßner, E.: Nordoberdeutsch. In: LGL², 1980, 479–482.

Wenker, G. / Wrede, F. / Mitzka, W. / Martin, B.: r. Marburg 1927–1956.

Wiesinger, P.: r. In: LGL², 1980, 491–500.

导论书目

Beheim (1343): Des Matthias von Beheim Evangelienbuch in mitteldeutscher Sprache 1343, hrsg. R. Bechstein, Leipzig 1867.

Duden. Das Herkunftswörterbuch. Etymologie der deutschen Sprache. 5. Aufl. bearb. von Jörg Riecke. Berlin 2014.

Elspaß, S.: Vom Mittelneuhochdeutschen (bis ca. 1950) zum Gegenwartsdeutsch. In: ZDL 75, 2008, 1–20.

Erben, J.: Die Entstehung unserer Schriftsprache und der Anteil deutscher Grammatiker am Normierungsprozess. In: Sprachwissenschaft 14, 1989, 6–28.

Erben, J.: Sprachwissenschaft als Kulturwissenschaft. In: PerspektivWechsel oder: Die Wiederentdeckung der Philologie. Bd. 1: Sprachdaten und Grundlagenforschung in der Historischen Linguistik. Hrsg. von S. Kwekkeboom / S. Waldenberger. Berlin 2016, 167–188.

Flachmann, H.: Martin Luther und das Buch. Tübingen 1996.

Giesecke, M.: Der Buchdruck in der frühen Neuzeit. Frankfurt a. M. 1991.

Grimm, J.: Deutsche Grammatik. Erster Theil. Göttingen 1819.

Hempfer, K. W.: Gattung, in: Reallexikon der deutschen Literaturwissenschaft Bd. 1, Berlin/New York 1997, 651–655.

Humboldt, W. v.: Über die Verschiedenheit des menschlichen Sprachbaues und ihren Einfluß auf die geistige Entwickelung des Menschengeschlechts. Berlin 1836.

Köller, W.: Philosophie der Grammatik. Stuttgart 1988. Kronasser, H.: Handbuch der Semasiologie. Heidelberg 1952.

Lewandowski, Th.: Linguistisches Wörterbuch. 3 Bde. 4. Aufl. Heidelberg 1984–1985.

Marschall, W.: Wozu die Kulturwissenschaften da sind. In: Kulturwissenschaften. Positionen und Perspektiven. Hrsg. von J. Anderegg / E. A. Kunz. Bielefeld 1999, 19–30.

Mentelin 1466: Digitalisat der Bibelübersetzung. Bayer. Staatsbibliothek Rar. 285. http://daten. digitale-sammlungen.de/0003/bsb00036981/images/index.html? fip=193.174.98.30&id=00036981&seite=1 [Zugriff 06.01.2017].

Nübling, D.: Historische Sprachwissenschaft des Deutschen. In Zusammenarbeit mit A. Dammel / J. Duke / R. Szczepaniak. Tübingen 2006.

Paul, H.: Deutsche Grammatik. 5 Bde. Halle 1916–1920.

Paul, H.: Prinzipien der Sprachgeschichte. 8. Aufl. Tübingen 1968.

Reiffenstein, I.: Die Anfänge der neuhochdeutschen Diphthongierung im Bairischen, in: Sprache und Name in Mitteleuropa. Fs. Maria Hornung.

Wien 2000, S. 325–333.

Reinitzer, H.: Biblia deutsch. Luthers Bibelübersetzung und ihre Tradition. Wolfenbüttel 1983. Sick, D.: Der Dativ ist dem Genitiv sein Tod. Köln 2014.

Sonderegger, S.: Grundzüge deutscher Sprachgeschichte. Bd. 1.: Einführung, Genealogie, Konstanten. Berlin/New York 1979.

Wegera, K.-P. / Waldenberger, S.: Deutsch diachron. Eine Einführung in den Sprachwandel des Deutschen. Berlin 2012.

Wittgenstein, L.: Tractatus logico-philosophicus. Tagebucher 1914–1916. Philosophische Untersuchungen. Frankfurt (Main) 2006.

Wolf N. R.: Handschrift und Druck. In: SprG Bd. 2. Berlin/New York 2000, 1705–1713.

Wolf N. R.: Die neuhochdeutsche Schriftsprache als „protestantischer dialecct". Luthers sprachliche Wirkung. In: De consolatione philologiae. Studies in Honor of E. S. Firchow. Hrsg. v. A. Grotans/H. Beck/A. Schwob. Göppingen 2000a, S. 733–746.

Wolf, N. R.: „Kultur": Eine kultursemiotische Analyse. In: Русская Германистика [Russkaja Germanistika] 8. Moskwa 2011, 184–193.

Wolf, N. R.: Textanalyse und Korpuslinguistik. In: Sie leben nicht vom Verb allein. Beiträge zur historischen Textanalyse, Valenz- und Phraseologieforschung. Hrsg. von Hartmut E. H. Lenk/Ulrike Richter-Vapaatalo. Berlin 2015, S. 31–41.

Wolf, N. R.: Der Text als Zentrum des Sprachspiels. In: Zentrum und Peripherie. Aus sprachwissenschaftlicher Sicht. Hrsg. von V. Kotůlková / G. Rykalová. Opava 2017, 15–26.

Wustmann, G.: Allerhand Sprachdummheiten. Leipzig 1891.

Ylönen, S.: Entwicklung von Textsortenkonventionen. Am Beispiel von Originalarbeiten der Deutschen medizinischen Wochenschrift (DMW). Frankfurt a. M. [u. a.] 2001.

第 I 章书目

Bahnick, K. R.: The Determination of Stages in the Historical Development of the Germanic Languages by Morphological Criteria. An Evaluation. The Hague/Paris 1973.

Coetsem, F. v.: Zur Entwicklung der germanischen Grundsprache. In: KGgPh, 1970/1971, Bd. 1, 1–93.

Coetsem, F. v.: The Germanic Consonant Shift, Compensatory Processes in Language. In: Lingua 30, 1972, 203–215.

Eggers, H. (Hrsg.): Der Volksname Deutsch. Darmstadt 1970.

Esau, E.: The Germanic Consonant Shift. Substratum as an Explanation for the First Sound Shift. In: Orbis 22, 1973, 454–473.

Fourquet, J.: Die Nachwirkungen der ersten und zweiten Lautverschiebungen. In: ZMaf 22, 1954, 1–33.

Frings, Th.: Grundlegung einer Geschichte der deutschen Sprache. 3. Aufl. Halle (Saale) 1957.

Frings, Th.: Das Wort deutsch, in: Altdeutsches Wort und Wortkunstwerk. Georg Baesecke zum 65. Geburtstag. Halle (Saale) 1941, 46–82. Wieder abgedruckt in Eggers 1970, 209–244.

Grimm, O.: Steckbrief: Goldhorn von Gallehus (Jylland, DK). Bearb. 2008. www.runenprojekt.uni- kiel.de/abfragen/steckbrief2.asp?findno=28&AFB=G [5.11.2018].

Hammerich, L. L.: Die germanische und die hochdeutsche Lautverschiebung. In: Beitr. 77, 1955, 1–29, 165–203.

Heeroma, K.: Zur Raumgeschichte des Ingwäonischen. In: ZDL 39, 1972, 267–283.

Heinrichs, H. M.: Sprachschichten im Mittelalter. In: Nachrichten der Gießener Hochschulgesellschaft 31, 1962, 93–107.

Hettrich, H.: Die Indogermanen in Archäologie und Sprachwissenschaft.

Unveröff. Manuskr. Würzburg 2006a.

Hettrich, H.: Stammen die europäischen Sprachen aus Anatolien? Unveröff. Manuskr. Würzburg 2006b.

Hutterer, C. J.: Die germanischen Sprachen. Ihre Geschichte in Grundzügen. Budapest 1975.

Indogermanistik: Die Beschreibung des Fachs Indogermanistik. https://www. indogermanistik. org/indogermanistik/selbstdarstellung.html [04.02.2019]

Jungandreas, W.: Westfränkisch? In: Leuvense Bijdragen 61, 1972, 213–230.

Kluge, F.: Etymologisches Wörterbuch der deutschen Sprache. 25. Aufl. bearb. von E. Seebold. Berlin/New York 2011.

Krahe, H.: Sprache und Vorzeit. Vorgeschichte nach dem Zeugnis der Sprache. Heidelberg 1954.

Krahe, H.: Germanische Sprachwissenschaft. Bd. 1: Einleitung und Lautlehre. Bd. 2: Formen-lehre. 7. Aufl. von W. Meid. Berlin 1969.

Krahe, H.: Einleitung in das vergleichende Sprachstudium. Innsbruck 1970.

Krause, W.: Runen. 2. Aufl. Berlin/New York 1993.

Kuhn, H.: Zur Gliederung der germanischen Sprachen. In: ZdA 86, 1955, 1–47.

Lerchner, G.: Studien zum nordwestgermanischen Wortschatz. Ein Beitrag zu den Fragen um Aufbau und Gliederung des Germanischen. Halle 1965.

Markey, Th. L.: Germanic Dialect Grouping and the Position of Ingvaeonic. Innsbruck 1976.

Maurer, F.: Nordgermanen und Alemannen. 3. Aufl. Bern 1952.

Meier-Brügger, M.: Indogermanische Sprachwissenschaft. 8. Aufl. Berlin/New York 2002.

Munske, H.H.: Germanische Sprachen und deutsche Gesamtsprache, in: LGL², 1980, 661–672.

Petri, F.: Zum Stand der Diskussion über die fränkische Landnahme und die Entstehung der germanisch-romanischen Sprachgrenze. Darmstadt 1954.

Pisani, V.: Indogermanisch und Europa. München 1974.

Porzig, W.: Die Gliederung des indogermanischen Sprachgebiets. Heidelberg 1954. Ramat, P.: Das Friesische. Innsbruck 1976.

Ris, R. / Seebold, E.: Deutsche Sprache und germanische Sprachen. In: LGL², 1980, 564–569.

Rösel, L.: Die Gliederung der germanischen Sprachen nach dem Zeugnis ihrer Flexionsformen. Nürnberg 1962.

Scardigli, P.: Die Goten. München 1973.

Schmitt, L. E. (Hrsg.): Kurzer Grundriß der germanischen Philologie bis 1500. Bd. 1: Sprach- geschichte. Berlin 1970.

Schützeichel, R.: Das westfränkische Problem. In: Deutsche Wortforschung in europäischen Bezügen. Bd. 2. Hrsg. v. L. E. Schmitt. Gießen 1963, 470–523.

Schützeichel, R.: Die Grundlagen des westlichen Mitteldeutschen. 2. Aufl. Tübingen 1976.

Schwarz, E.: Germanische Stammeskunde. Heidelberg 1956.

Simmler, F.: Die westgermanische Konsonantengemination im Deutschen unter besonderer Berücksichtigung des Althochdeutschen. München 1974.

Stroh, F.: Indogermanische Ursprünge. In: DWg, 1974, 1, 3–34.

Törnqvist, N.: Gibt es tatsächlich eine westgermanische Spracheinheit? In: NphM 75, 1974, 386–401.

Weisgerber, L.: Theudisk. Der Volksname und die westliche Sprachgrenze. Darmstadt 1953. Wiederabgedruckt in Eggers 1970, 103–165.

Weisweiler, J.: Deutsche Frühzeit. In: DWg, 1974, 1, 55–133.

Wessén, E.: Die nordischen Sprachen. Berlin 1968.

Wolf, N. R.: Sprachgeschichte zwischen Philologie und Linguistik. In: Schnee von gestern? Die historische Dimension im Studium der Germanistik. Hrsg. von O. Grossegesse / E. Koller. Braga 2006, 39–52.

Wolf, N. R.: Von der Lust, in einem Sprachatlas zu lesen. In: Sprachgeographie digital. Die neue Generation der Sprachatlanten. Hrsg. von S. Elspaß / W.

König. Hildesheim/Zürich/New York 2008 (= Germanistische Linguistik 190–191), 213–229.

第 II 章书目

Baesecke, G.: Das Nationalbewußtsein der Deutschen des Karolingerreiches nach den zeitgenös- sischen Benennungen ihrer Sprache. In: Der Vertrag von Verdun 843. Hrsg. von Th. Mayer. Leipzig 1943, 116–143.

Baetke, W.: Die Aufnahme des Christentums durch die Germanen. Ein Beitrag zur Frage nach der Germanisierung des Christentums. Darmstadt 1950.

Beckers , H.: Westmitteldeutsch, in: Lexikon der Germanistischen Linguistik. 2. Aufl. Tübingen 1980, 468–474.

Bentzinger, R.: [Rez. zu J. Riecke: Geschichte der deutschen Sprache. Stuttgart 2016]. In: ZfdA 145, 2016, 403–409.

Bergmann, R.: Rückläufiges morphologisches Wörterbuch des Althochdeutschen. Auf der Grundlage des „Althochdeutschen Wörterbuchs“ von R. Schützeichel. Tübingen 1991.

Betz, W.: Karl der Große und die Lingua Theodisca. In: Karl der Große. Bd. 2. Hrsg. von B. Bischoff. Düsseldorf 1965, 300–306.

Betz, W.: Lehnwörter und Lehnprägungen im Vor- und Frühdeutschen. In: DWg, 1974, 1, 135–163. Bolli, E.: Die verbale Klammer bei Notker. Berlin 1975.

Braune, W. (Hrsg.) / Ebbinghaus, E. A. (Bearb.): Althochdeutsches Lesebuch. 16. Aufl. Tübingen 1979.

Braune, W. / Eggers, H. (Bearb.): Althochdeutsche Grammatik. 13. Aufl. Tübingen 1975. Braune, W. / Reiffenstein, I. (Bearb.): Althochdeutsche Grammatik I. Laut- und Formenlehre. 15. Aufl. Tübingen 2004.

Burger, H.: Zeit und Ewigkeit. Studien zum Wortschatz der geistlichen Texte des Alt- und Frühmittelhochdeutschen. Berlin 1972.

Coetsem, F. v.: Generality in Language Change. The Case of the Old High German Vowel Shift. In: Lingua 35, 1975, 1–34.

Cordes, G.: Altniederdeutsch, in: LGL², 1980, 576–580.

Cox, H. L./Zender, M.: Sprachgeschichte, Kulturraumforschung und Volkskunde, in: SprG Bd. 1, Berlin/New York 1998, 160–172.

Eggers, H. (Hrsg.): Der Volksname „Deutsch". Darmstadt 1970. Förstemann, E.: Altdeutsches Namenbuch. 2 Bde. 3. Aufl. Bonn 1913/1916.

Förster, U.: Der Verfallsprozeß der althochdeutschen Verbalendungen. Tübingen 1966.

Frings, Th.: Das Wort deutsch, in: Altdeutsches Wort und Wortkunstwerk. Georg Baesecke zum 65. Geburtstag. Halle (Saale) 1941, 46–82. Wieder abgedruckt in Eggers 1970, 209–244.

Frings, Th. / Lerchner, G.: Niederländisch und Niederdeutsch. Berlin 1966.

Goblirsch, K. G.: Lautverschiebungen in den germanischen Sprachen. Heidelberg 2005.

Goossens, J.: Areallinguistik, in: Lexikon der Germanistischen Linguistik. 2. Aufl. Tübingen 1980, 445–453.

Heinrichs, H. M.: Überlegungen zur Frage der sprachlichen Grundschicht im Mittelalter. In: ZMaf 28, 1961, 97–153.

Höfler, O.: Die zweite Lautverschiebung bei Ostgermanen und Westgermanen. In: Beitr. 79, 1957, 161–350.

Holthausen, F.: Altsächsisches Elementarbuch. Heidelberg 1921. Holthausen, F.: Altsächsisches Wörterbuch. Köln 1954.

Jaehrling, J.: Die philosophische Terminologie Notkers des Deutschen in seiner Übersetzung der Aristotelischen „Kategorien". Berlin 1969.

Karg-Gasterstädt, E. / Frings, Th. / Große, R.: Althochdeutsches Wörterbuch. Berlin 1952 ff.

König, W.: dtv-Atlas Deutsche Sprache. 14. Aufl. München 2004.

Krogmann, W.: Altsächsisch und Mittelniederdeutsch. In: KGgPh, 1970/1971, 1, 288–346.

Kuhn, H.: Zur zweiten Lautverschiebung im Mittelfränkischen. In: ZdA 105,

1976, 89–99.

Lerchner, G.: Zur II. Lautverschiebung im Rheinisch-Westmitteldeutschen. Halle 1971.

Lötscher, A.: Semantische Strukturen im Bereich der alt- und mittelhochdeutschen Schallwörter. Berlin 1973.

Matzel, K.: Karl der Große und die lingua theodisca. In: Rheinische Vierteljahresblätter 34, 1970, 172–189.

Mitzka, W.: Die althochdeutsche Lautverschiebung und der ungleiche fränkische Anteil. In ZdA 83, 1951a, 107–113.

Mitzka, W.: Zur Frage des Alters der hochdeutschen Lautverschiebung, in: Erbe der Vergangenheit, Fs K. Helm. Tübingen 1951b, 63–70.

Mitzka, W.: Die mittelfränkischen Denkmäler der althochdeutschen Literatur. In: ZMaf 30, 1963, 31–36.

Mitzka, W.: Ostgermanische Lautverschiebung? In: ZdA 96, 1967, 247–259.

Moser, H.: Deutsche Sprachgeschichte der älteren Zeit. In: DPhA, 1966–1969, 1, 694–812.

Penzl, H.: Lautsystem und Lautwandel in den althochdeutschen Dialekten. München 1971.

Polenz, P. v.: Karlische Renaissance, karlische Bildungsreformen und die Anfänge der deutschen Literatur. In: Mitteilungen des Marburger Universitätsbundes, 1959, H. 1/2, 27–39.

Rauch, I.: The Old High German Diphthongization. The Hague/Paris 1967.

Reiffenstein, I.: Die althochdeutsche Kirchensprache. In: Germanistische Abhandlungen. Innsbrucker Beiträge zur Kulturwissenschaft 6, 1959, 41–58.

Rhee, F. v. d.: Die hochdeutsche Lautverschiebung in den Langobardischen Gesetzen. In: Neophilologus 60, 1976, 397–411.

Riecke, J.: Geschichte der deutschen Sprache. Stuttgart 2016.

Robinson, O. W.: Abstract Phonology and the History of Umlaut. In: Lingua

37, 1975, 1–29. Rooth, E.: Saxonica. Beiträge zur niedersächsischen Sprachgeschichte. Lund 1949.

Rosenfeld, H. F.: Klassische Sprachen und deutsche Gesamtsprache. In: LGL², 1980, 653–660.

Schrodt, R.: Althochdeutsche Grammatik II. Syntax. Tübingen 2004.

Schützeichel, R.: Neue Funde zur Lautverschiebung im Mittelfränkischen. In: ZdA 93, 1964, 19– 30.

Schützeichel, R.: Althochdeutsches Wörterbuch. 7. Aufl. Berlin 2012.

Schwerdt, J.: Die 2. Lautverschiebung. Wege zu ihrer Erforschung. Heidelberg 2000.

Sonderegger, S.: Die Umlautfrage in den germanischen Sprachen. In: Kratylos 4, 1959, 1–12.

Sonderegger, S.: Althochdeutsch. In: KGgPh, 1970/1971, 1, 211–252.

Sonderegger, S.: Althochdeutsch. In: LGL², 1980, 569–576.

Sonderegger, S.: Althochdeutsche Sprache und Literatur. 3. Aufl. Berlin/New York 2003.

Sonderegger, S.: Das Althochdeutsche der Vorakte der älteren St. Galler Urkunden. In: ZMaf 28, 1961, 251–286.

Sonderegger, S.: Reflexe gesprochener Sprache in der althochdeutschen Literatur. In: Frühmittel- alterliche Studien, Bd. 5. Berlin 1971, 176–193.

Starck, T. / Wells, J. C.: Althochdeutsches Glossenwörterbuch. Heidelberg 1972 ff.

Szulc, A.: Diachronische Phonologie und Morphologie des Althochdeutschen. Warszawa 1974.

Trier, J.: Der deutsche Wortschatz im Sinnbezirk des Verstandes. Die Geschichte eines sprachlichen Feldes von den Anfängen bis zum Beginn des 13. Jahrhunderts. Heidelberg 1974.

Valentin, P.: Phonologie de l'allemand ancien. Les systèmes vocaliques. Paris 1969. Vennemann, Th.: Hochgermanisch und Niedergermanisch, in: Beitr. 106, 1984, 1–45. Wagner, K.: Hochsprache und Mundart in althochdeutscher Zeit. In: DU 8, 1956, H. 2, 14–23.

Weinreich, O.: Die Suffixablösung bei den nomina agentis während der althochdeutschen Periode. Berlin 1971.

Weisgerber, L.: Theudisk. Der Volksname und die westliche Sprachgrenze. Darmstadt 1953. Wiederabgedruckt in Eggers 1970, 103–165.

Wolf, N. R.: Althochdeutsch – Mittelhochdeutsch. Heidelberg 1981.

Wolf, N. R.: Große und kleine Grenzen der Sprache und in der Sprache. In: Русская Германистика [Russkaja Germanistika], Bd. 6. Moskwa 2006, 226–236.

Wolf, N. R.: Das Mitteldeutsche als Übergangslandschaft. Oder: Dialektologische Überlegungen zur 2. Lautverschiebung. In: Strukturen und Funktionen in Gegenwart und Geschichte. Fs F. Simmler. Hrsg. von C. Wich-Reif. Berlin 2007, 31–42.

Wolf, N. R.: Von der Lust, in einem Sprachatlas zu lesen. In: Sprachgeographie digital. Die neue Generation der Sprachatlanten. Hrsg. von S. Elspaß / W. König. Hildesheim/Zürich/New York 2008 (= Germanistische Linguistik 190–191), 213–229.

Wunder, D.: Der Nebensatz bei Otfrid, Heidelberg 1965.

第 III 章书目

Althaus, H. P.: Yiddish. In: Current Trends in Linguistics. Bd. 9. Hrsg. von Th. A. Sebeok. The Hague 1972, 1345–1382.

Bach, H.: Die thüringisch-sächsische Kanzleisprache bis 1325. 2 Bde. Kopenhagen 1937, 1943.

Bellmann, G.: Slavoteutonica. Lexikalische Untersuchungen zum slawisch-deutschen Sprachkontakt im Ostmitteldeutschen. Berlin 1971.

Bellmann, G.: Slawische Sprachen und deutsche Gesamtsprache. In: LGL², 1980, 680–685.

Benecke, G. F. / Müller, W. / Zarncke, F.: Mittelhochdeutsches Wörterbuch. 3 Bde. Leipzig 1854–1861.

Beranek, F. J.: Jiddisch. In: DPhA, 1966–1969, 1, 1955–1998.

Besch, W.: Sprachlandschaften und Sprachausgleich im 15. Jahrhundert. Studien zur Erforschung der spätmittelhochdeutschen Schreibdialekte und zur Entstehung der neuhochdeutschen Schriftsprache. München 1967.

Bielfeldt, H. H.: Die Entlehnung aus den verschiedenen slavischen Sprachen im Wortschatz der neuhochdeutschen Schriftsprache. Berlin 1965.

Bischoff, K.: Über die Grundlagen der mittelniederdeutschen Schriftsprache. In: Jahrbuch des Vereins für niederdeutsche Sprachforschung 85, 1962, 9–31.

Bischoff, K.: Sprache und Geschichte an der mittleren Elbe und unteren Saale. Köln/Graz 1967.

Boor, H. de / Wisniewski, R.: Mittelhochdeutsche Grammatik. 10. Aufl. Berlin/ New York 1998.

Brinkmann, H.: Die deutsche Sprache. Gestalt und Leistung. 2. Aufl. Düsseldorf 1971.

Burdach, K.: Vom Mittelalter zur Reformation. 1893 ff.

Ehrismann, O.: Ehre und Mut, Âventiure und Minne. Höfische Wortgeschichte aus dem Mittelalter. München 1995.

Ehrismann, O. / Ramge, H.: Mittelhochdeutsch. Einführung in das Studium der deutschen Sprachgeschichte. Tübingen 1976.

Erben, J.: Einführung in die deutsche Wortbildungslehre. 5. Aufl. Berlin 2006.

Erben, J. (Hrsg.): Ostmitteldeutsche Chrestomathie. Proben der frühen Schreib- und Druckersprache des mitteldeutschen Ostens. Berlin 1961.

Fleischer, W.: Untersuchungen zur Geschäftssprache des 16. Jahrhunderts in Dresden. Berlin 1970.

Fleischer, W.: Die Entwicklung des neuhochdeutschen Graphemsystems, in: Kleine Enzyklopädie. Die deutsche Sprache Bd. 1, Leipzig 1969, 228–234.

Freytag, H.: Frühmittelhochdeutsch. In: DWg, 1974, 1, 165–188.

Frings, Th.: Die Grundlagen des Meißnischen Deutschen. Sprache und Geschichte im mitteldeutschen Osten. In: Th. Frings: Sprache und Geschichte III. Halle 1956.

Frings, Th. / Schmitt, L. E.: Der Weg zur Hochsprache. In: Jahrbuch der deutschen Sprache 2, 1944, 67–121.

Goossens, J. (Hrsg.): Niederdeutsch. Sprache und Literatur. Eine Einführung. Bd. 1: Sprache. Neumünster 1973.

Götz, H.: Leitwörter des Minnesangs. Berlin 1957.

Guchmann, M. M.: Der Weg zur deutschen Nationalsprache. Berlin 1964. Härd, J. E.: Mittelniederdeutsch. In: LGL², 1980, 584–588.

Heinrichs, H. M.: Sprachschichten im Mittelalter. In: Nachrichten der Gießener Hochschulgesellschaft 31, 1962, 93–107.

Katara, P.: Das französische Lehngut in mittelniederdeutschen Denkmälern von 1300–1600. Helsinki 1966.

Kloocke, H.: Der Gebrauch des substantivierten Infinitivs im Mittelhochdeutschen. Göppingen 1974.

Koller, E. / Wegstein, W. / Wolf, N. R.: Neuhochdeutscher Index zum mittelhochdeutschen Wortschatz. Stuttgart 1990.

Kranzmayer, E.: Historische Lautgeographie des gesamtbairischen Dialektraumes. Wien 1956.

Kunisch, H.: Spätes Mittelalter (1250–1500). In: DWg, 1974, 1, 255–322.

Landmann, S.: Jiddisch. Das Abenteuer einer Sprache. 5. Aufl. Frankfurt a. M./ Berlin 1994.

Lasch, A. / Borchling, C. / Cordes, G.: Mittelniederdeutsches Handwörterbuch. Neumünster 1928 ff.

Lasch, A.: Mittelniederdeutsche Grammatik. Halle 1914.

Lexer, M.: Mittelhochdeutsches Handwörterbuch. 3 Bde. Leipzig 1872–1878.

Lexer, M.: Mittelhochdeutsches Taschenwörterbuch. 32 Aufl. Stuttgart 1966.

Lexer, M.: Mittelhochdeutsches Taschenwörterbuch in der Ausgabe letzter Hand.

Hrsg. von E. Koller / W. Wegstein / N. R. Wolf. Stuttgart 1989.

Lindgren, K. B.: Die Ausbreitung der neuhochdeutschen Diphthongierung bis 1500. Helsinki 1961.

Lindgren, K. B.: Mittelhochdeutsch. In: LGL², 1980, 580–584.

Loey, A. v.: Altniederländisch und Mittelniederländisch, in: KGgPh, 1970/1971, 1, 253–287.

Lüdtke, H.: Ausbreitung der neuhochdeutschen Diphthongierung? In: ZMaf 35, 1968, 97–109.

Lüers, G.: Die Sprache der deutschen Mystik des Mittelalters im Werke der Mechthild von Magdeburg. München 1926.

Maurer, F. (Hrsg.): Vorarbeiten und Studien zur Vertiefung der südwestdeutschen Sprachgeschichte. Stuttgart 1965.

Mihm, A.: Zur Geschichte der Auslautverhärtung und ihrer Erforschung. In: Sprachwissenschaft 29, 2004, 133–206.

Mitzka, W.: Die Ostwanderung der deutschen Sprache. In: Die Höhere Schule 10, 1957, 81–89. Mitzka, W.: Grundzüge nordostdeutscher Sprachgeschichte. 2. Aufl. Marburg 1959.

Moser, H.: Deutsche Sprachgeschichte der älteren Zeit. VI: Hochmittelalterliches Deutsch. VII: Spätmittelalterliches Deutsch. In: DPhA, 1966–1969, 1, 748–805.

Moser, H.: Die Kanzlei Maximilians I. Graphematik eines Schreibusus. Teil 1: Untersuchungen. Teil 2: Texte. Innsbruck 1977.

Moser, H.: Geredete Graphie. Zur Entwicklung orthoepischer Normvorstellungen im Frühneuhochdeutschen. In: ZfdPh 106, 1987, 379–399.

Moulton, W. G.: Zur Geschichte des deutschen Vokalsystems. In: Beitr. 63, 1961, 1–35.

Öhmann, E.: Hochsprache und Mundarten im Mittelhochdeutschen. In: DU 8, 1956, 24–35.

Öhmann, E.: Der romanische Einfluß auf das Deutsche bis zum Ausgang des

Mittelalters. In: DWg, 1974, 1, 323–396.

Oksaar, E.: Mittelhochdeutsch. Stockholm 1965.

Paul, H. / Klein, Th. (Bearb.) / Solms, H.-J. (Bearb.) / Wegera, K.-P. (Bearb.): Mittelhochdeutsche Grammatik. 25. Aufl. Tübingen 2007.

Paul, H. / Moser, H. / Schröbler, I.: Mittelhochdeutsche Grammatik. 21. Aufl. Tübingen 1975.

Paul, H. / Schröbler, I. / Wiehl, P. (Bearb.) / Grosse, S. (Bearb.): Mittelhochdeutsche Grammatik. 24. Aufl. Tübingen 1998.

Porzig, W.: Die Namen für Satzinhalte im Griechischen und im Indogermanischen. Berlin 1942.

Quint, J.: Mystik und Sprache. Ihr Verhältnis zueinander, insbesondere in der spekulativen Mystik Meister Eckharts. In: Altdeutsche und altniederländische Mystik. Hrsg. von K. Ruh. Darmstadt 1964, 113–151.

Reiffenstein, I.: Die Anfänge der neuhochdeutschen Diphthongierung im Bairischen. In: Sprache und Name in Mitteleuropa. Fs. M. Hornung. Hrsg. von H. D. Pohl. Wien 2000, 325–333.

Rosengren, I.: Semantische Strukturen. Eine quantitative Distributionsanalyse einiger mittelhochdeutscher Adjektive. Kopenhagen 1966.

Schieb, G.: Mittelhochdeutsch. In: KGgPh, 1970, 347–385.

Schieb, G.: Mittelhochdeutsch. In: KGgPh, 1970/1971, 1, 347–385.

Schmitt, L. E.: Die deutsche Urkundensprache in der Kanzlei Kaiser Karls IV. Halle 1936.

Schmitt, L. E.: Die sprachschöpferische Leistung der deutschen Stadt im Mittelalter. In: Beitr. 66, 1942, 196–226.

Schmitt, L. E.: Untersuchungen zu Entstehung und Struktur der, neuhochdeutschen Schriftsprache'. Bd. 1: Sprachgeschichte des Thüringisch-Obersächsischen im Spätmittelalter. Die Geschäftssprache von 1300–1500. Köln/Graz 1966.

Schönfeld, M.: Historische Grammatica van het Nederlands. 7. Aufl. von A. van

Loey. Zutphen 1964.

Schulze, U.: Studien zur Erforschung der deutschsprachigen Urkunden des 13. Jahrhunderts. Berlin 2011.

Schützeichel, R.: Mundart, Urkundensprache und Schriftsprache. Studien zur Sprachgeschichte am Mittelrhein. Bonn 1960.

Schützeichel, R.: Zur Entstehung der neuhochdeutschen Schriftsprache. In: Nassauische Annalen 78, 1967, 75–92.

Seiffert, L.: Wortfeldtheorie und Strukturalismus. Studien zum Sprachgebrauch Freidanks. Stuttgart 1968.

Skála, E.: Das Regensburger und das Prager Deutsch. In: Zeitschrift für bayerische Landesgeschichte 31, 1968, 84–103.

Sonderegger, S.: Das Althochdeutsche der Vorakte der älteren St. Galler Urkunden. In: ZMaf 28, 1961, 251–286.

Stopp, H.: Veränderungen im System der Substantivflexion zum Althochdeutschen bis zum Neuhochdeutschen. In: Studien zur Literatur und Sprache des Mittelalters. Fs. Hugo Moser. Berlin 1974, 324–344.

Stopp, H. / Moser, H.: Flexionsklassen der mittelhochdeutschen Substantive in synchronischer Sicht. In: ZdPh 86, 1967, 70–101.

Stötzel, G.: Zum Nominalstil Meister Eckharts. Die syntaktischen Funktionen grammatischer Verbalabstrakta. In: WiWo 16, 1966, 289–309.

Straßner, E.: Graphemsystem und Wortkonstituenz. Schreibsprachliche Entwicklungstendenzen vom Frühneuhochdeutschen zum Neuhochdeutschen, untersucht an Nürnberger Chroniktexten. Tübingen 1977.

Verdam, J.: Middelnederlandsch Handwoordenboek. 2. Aufl. s'Gravenhage 1932.

Wegera, K.-P. / Schultz-Balluff, S. / Bartsch, N.: Mittelhochdeutsch als fremde Sprache. Eine Einführung in das Studium der germanistischen Mediävistik. Berlin 2011.

Weissberg, J.: Jiddisch. Eine Einführung. Bern/Frankfurt a. M. [u. a.] 1988.

Wiercinski, D.: Minne. Herkunft und Anwendungsschichten eines Wortes. Köln/ Graz 1964.

Wießner, E. / Burger, H.: Die höfische Blütezeit. In: DWg, 1974, 1, 189–253.

Wolf, N. R.: Zur mittelhochdeutschen Verbflexion in synchronischer Sicht. In: The German Quarterly 44, 1971, 153–167.

Wolf, N. R.: Regionale und überregionale Norm im späten Mittelalter. Graphematische und lexikalische Untersuchungen zu deutschen und niederländischen Schriftdialekten. Innsbruck 1975.

Wolf, N. R.: Mystisches Sprechen zwischen Literatur- und Wissenschaftssprache. In: Studia Germanistica 10, 2012, 69–80.

第 IV 章书目

Adelung, J. Chr.: Versuch eines grammatisch-kritischen Wörterbuches der Hochdeutschen Mundart. 5 Bde. Leipzig 1774–1786.

Admoni, W. G.: Der Umfang und die Gestaltungsmittel des Satzes in der deutschen Literatursprache bis zum Ende des 18. Jahrhunderts. In: Beitr. (Halle) 89, 1966, 144–199.

Admoni, W. G.: Luthers Arbeiten an seinen Handschriften und Drucken in grammatischer Sicht. In: Beitr. (Halle) 92, 1970, 45–80.

Alberts, W.: Einfache Verbformen und verbale Gefüge in zwei Augsburger Chroniken des 15. Jahrhunderts. Göttingen 1976.

Arens, H.: Verborgene Ordnung. Die Beziehungen zwischen Satzlänge und Wortlänge in deutscher Erzählprosa vom Barock bis heute. Düsseldorf 1965.

Arndt, E.: Luthers deutsches Sprachschaffen. Berlin 1962.

Arndt, E.: Luther im Lichte der Sprachgeschichte. In: Beitr. (Halle) 92, 1970, 1–20.

Bach, H.: Laut- und Formenlehre der Sprache Luthers. Kopenhagen 1934.

Bach, H.: Handbuch der Luthersprache. Laut- und Formenlehre in Luthers

Wittenberger Drucken bis 1545. Bd. 1: Vokalismus. Kopenhagen 1974.

Bahder, K. v.: Zur Wortwahl in der frühneuhochdeutschen Schriftsprache. Heidelberg 1925.

Baudusch-Walker, R.: Klopstock als Sprachwissenschaftler und Orthographiereformer. Berlin 1958.

Bergmann, R. / Nerius, D.: Die Entwicklung der Großschreibung im Deutschen von 1500 bis 1700. Heidelberg 1998.

Besch, W.: Frühneuhochdeutsch. In: LGL², 1980, 588–597.

Besch, W.: Deutscher Bibelwortschatz in der frühen Neuzeit. Auswahl – Abwahl–Veralten. Frankfurt a. M. [u. a.] 2008.

Besch, W.: Luther und die deutsche Sprache. Berlin 2014.

Biener, C.: Veränderungen am deutschen Satzbau im humanistischen Zeitalter. In: ZdPh 78, 1959, 72–82.

Blackall, E. A.: Die Entwicklung des Deutschen zur Literatursprache 1700–1775. Stuttgart 1966.

Blume, H.: Deutsche Literatursprache des Barock. In: LGL², 1980, 719–725.

Bock, R.: Zum Gebrauch der gliedsatzähnlichen Konstruktion „Ersparung der temporalen Hilfsverben ‚haben' und ‚sein'" in den Flugschriften der Epoche der frühbürgerlichen Revolution. In: ZPSK 28, 1975, 560–573.

Campe, J. H.: Wörterbuch der deutschen Sprache 6. Bde. Braunschweig 1807.

Daniels, K.: Erfolg und Mißerfolg der Fremdwortverdeutschungen. Schicksal der Verdeutschungen von J. H. Campe. In: Mspr. 69, 1959, 46–54, 105–114, 141–146.

Dückert, J. (Hrsg.): Zur Ausbildung der Norm der deutschen Literatursprache auf der lexikalischen Ebene (1470–1730). Berlin 1976.

Dunger, H.: Engländerei in der deutschen Sprache. Berlin 1909, in: H. D.: Wörterbuch von Verdeutschungen entbehrlicher Fremdwörter. Engländerei in der deutschen Sprache. Mit einem Vorwort von W. Viereck. Hildesheim/Zürich/New York 1989.

Eichler, I. / Bergmann, G.: Zum Meißnischen Deutsch. Die Beurteilung des Obersächsischen vom 16. bis zum 19. Jahrhundert. In: Beitr. (Halle) 89, 1968, 1–57.

Erämetsä, E.: Englische Lehnprägungen in der deutschen Empfindsamkeit des 18. Jahrhunderts. Helsinki 1955.

Erben, J.: Grundzüge einer Syntax der Sprache Luthers. Berlin 1954. Erben, J.: Frühneuhochdeutsch. In: KGgPh, 1970/1971, 1, 386–440.

Erben, J.: Luther und die neuhochdeutsche Schriftsprache. In: DWg, 1974, 1, 509–581. Étiemble: Parlez-vous franglais. Paris 1964.

Feudel, G.: Luthers Ausspruch über seine Sprache. Ideal oder Wirklichkeit? In: Beitr. (Halle) 92, 1970, 61–75.

Flachmann, H.: Martin Luther und das Buch. Tübingen 1996.

Fleischer, W.: Strukturelle Untersuchungen zur Geschichte des Neuhochdeutschen. Berlin 1966 (= Sitzungsberichte der Sächsischen Akademie der Wissenschaften, Ph.-hist. Kl., Bd. 112, H. 6).

Flemming, W. / Stadler, U.: Barock. In: DWg, 1974, 2, 3–30.

Ganz, P. F.: Der Einfluß des Englischen auf den deutschen Wortschatz 1640–1815. Berlin 1957.

Giesecke, M.: Der Buchdruck in der frühen Neuzeit. Frankfurt a. M. 1991.

Goebel, U. / Reichmann, O.: Frühneuhochdeutsches Wörterbuch. Berlin/New York 1989 ff. Goethe-Wörterbuch. Stuttgart [u. a.] 1966 ff.

Götze, A.: Frühneuhochdeutsches Glossar. 6. Aufl. Berlin 1960.

Götze, A. (Hrsg.): Frühneuhochdeutsches Lesebuch. 6. Aufl. Göttingen 1976.

Große, R.: Zur Hypotaxe bei Luther und in den spätmittelalterlichen Rechtsbüchern, in: Beitr. 92, 1970, 76–92.

Guchmann, M. M.: Der Weg zur deutschen Nationalsprache. Berlin 1964.

Henne, H.: Hochsprache und Mundart im schlesischen Barock. Studien zum literarischen Wortschatz in der ersten Hälfte des 17. Jahrhunderts. Köln/Graz 1966.

Henne, H.: Das Problem des Meißnischen Deutsch oder „Was ist Hochdeutsch“ im 18. Jahrhundert. In: ZMaf 35, 1968, 109–129.

Henne, H.: Semantik und Lexikographie. Untersuchungen zur lexikalischen Kodifikation der deutschen Sprache. Berlin 1972.

Henne, H. (Hrsg.): Deutsche Wörterbücher des 17. und 18. Jahrhunderts. Einführung und Bibliographie. 2. Aufl. Hildesheim/Zürich/New York 2001.

Hotzenköcherle, R.: Entwicklungsgeschichtliche Grundzüge des Neuhochdeutschen. In: WiWo 12, 1962, 321–331.

Huberti, F. H.: Leibnizens Sprachverständnis. In: WiWo 16, 1966, 361–375.

Ising, E.: Wolfgang Ratkes Schriften zur deutschen Grammatik. Berlin 1959.

Ising, E.: Zur Entwicklung der Sprachauffassung in der Frühzeit der deutschen Grammatik. In: Forschungen und Fortschritte 34, 1960, 367–374.

Ising, E.: Die Anfänge der volkssprachlichen Grammatik in Deutschland und Böhmen. Teil 1. Berlin 1966.

Ising, G.: Die Erfassung der deutschen Sprache des ausgehenden 17. Jahrhunderts in den Wörterbüchern Matthias Kramers und Kaspar Stielers. Berlin 1956.

Ising, G.: Über die Erforschung der Ausgleichsvorgänge bei der Herausbildung des schriftsprachlichen Wortschatzes. In: Forschungen und Fortschritte 38, 1964, 240–243.

Jellinek, M. H.: Geschichte der neuhochdeutschen Grammatik von den Anfängen bis auf Adelung. 2 Bde. Heidelberg 1913/1914.

Kainz, F.: Klassik und Romantik. In: DWg, 1974, 2, 245–491.

Kettmann, G. / Schildt, J. (Hrsg.): Zur Ausbildung der Norm der deutschen Literatursprache auf der syntaktischen Ebene. Der Einfachsatz. Berlin 1976.

Kirkness, A.: Zur Sprachreinigung im Deutschen 1789–1871. Eine historische Dokumentation. 2 Bde. Tübingen 1975.

Kluge, F.: Von Luther bis Lessing. Aufsätze und Vorträge zur Geschichte unserer Schriftsprache. 5. Aufl. Straßburg 1918.

Kratz, B.: Deutsch-französischer Lehnwortaustausch. In: WgG, 1968, 446–487.

Kuhberg, W.: Verschollenes Sprachgut und seine Wiederbelebung in neuhochdeutscher Zeit. Frankfurt a. M. 1933.

Langen, A.: Klopstocks sprachgeschichtliche Bedeutung. In: WiWo 3, 1952/1953, 330–346.

Langen, A.: Deutsche Sprachgeschichte vom Barock bis zur Gegenwart. In: DPhA, 1966–1969, 1, 931–1396.

Langen, A.: Der Wortschatz des deutschen Pietismus. 2. Aufl. Tübingen 1968.

Langen, A.: Der Wortschatz des 18. Jahrhunderts. In: DWg, 1974, 2, 31–244.

Lüdtke, H.: Romanische Sprachen und deutsche Gesamtsprache. In: LGL^2, 1980, 672–679.

Luther, M.: Ausgewählte deutsche Schriften. Hrsg. von H. Volz. 2. Aufl. Tübingen 1966.

Maurer, F.: Untersuchungen über die deutsche Verbstellung in ihrer geschichtlichen Entwicklung. Heidelberg. 1926.

Merkel, G. F.: Vom Fortleben der Lutherischen Bibelsprache im 16. und 17. Jahrhundert. In: ZdS 23, 1967, 3–12.

Mihm, A.: Zur Geschichte der Auslautverhärtung und ihrer Erforschung. In: Sprachwissenschaft 29, 2004, 133–206.

Moser, H.: Sprachgesellschaften. In: Reallexikon der deutschen Literaturgeschichte. 2. Aufl. Bd. 4. Berlin/New York 1984, 122–132.

Moser, H. / Stopp, H.: Grammatik des Frühneuhochdeutschen. 1. Bd., 2. Teil II. Heidelberg 1974. Moser, V.: Frühneuhochdeutsche Grammatik. Heidelberg Bd. 1/1 1929; Bd. 1/3/2 1951.

Moser, V.: Deutsche Orthographiereformen des 17. Jahrhunderts. In: Beitr. 60, 1936, 193–258; 70, 1948, 467–496; 71, 1949, 386–465.

Moser, V.: Historisch-grammatische Einführung in die frühneuhochdeutschen Schriftdialekte. 2. Aufl. Darmstadt 1971.

Müller, P. O.: Deutsche Lexikographie des 16. Jahrhunderts. Konzeptionen und

Funktionen frühneuzeitlicher Wörterbücher. Tübingen 2001.

Narr, D.: Zur Sprache des, philosophischen Jahrhunderts‘. In: WiWo 13, 1963, 129–141.

Nerius, D.: Untersuchungen zur Herausbildung einer nationalen Norm der deutschen Literatursprache im 18. Jahrhundert. Halle 1967.

Osman, N. (Hrsg.): Kleines Lexikon untergegangener Wörter. Wortuntergang seit dem Ende des 18. Jahrhunderts. 16. Aufl. München 2007.

Otto, K. F.: Die Sprachgesellschaften des 17. Jahrhunderts. Stuttgart 1972.

Paul, H. / Schröbler, I. / Wiehl, P. (Bearb.) / Grosse, S. (Bearb.): Mittelhochdeutsche Grammatik. 24. Aufl. Tübingen 1998.

Piirainen, I. T.: Graphematische Untersuchungen zum Frühneuhochdeutschen. Berlin 1968.

Piirainen, I. T.: Deutsche Standardsprache des 17./18. Jahrhunderts. In: LGL², 1980, 598–603.

Putzer, O.: Konjunktionale Nebensätze und äquivalente Strukturen in der Heinrich von Langenstein zugeschriebenen „Erkenntnis der Sünde“. Wien 1979.

Reichel, J.: Dichtungstheorie und Sprache bei Zinzendorf. Bad Homburg 1968.

Reichmann, O. / Wegera, K.-P. (Hrsg.): Frühneuhochdeutsches Lesebuch. Tübingen 1988.

Reichmann, O. / Wegera, K.-P. (Hrsg.): Frühneuhochdeutsche Grammatik. Tübingen 1993.

Reinitzer, H.: Biblia deutsch. Luthers Bibelübersetzung und ihre Tradition. Wolfenbüttel 1983.

Reis, M.: Lauttheorie und Lautgeschichte. Untersuchungen am Beispiel der Dehnungs- und Kürzungsvorgänge im Deutschen. München 1974.

Rettig, W.: Sprachsystem und Sprachnorm in der deutschen Substantivflexion. Tübingen 1972.

Rieve, R.: Sentiment und sentimental. In: Europäische Schlüsselwörter. Bd. 2.

München 1964, 167–189.

Rosenfeld, H. F.: Klassische Sprachen und deutsche Gesamtsprache, in: LGL², 1980, 653–660.

Rosenfeld, H. F.: Humanistische Strömungen. In: DWg, 1974, 1, 399–508.

Saltveit, L.: Studien zum deutschen Futur. Bergen/Oslo 1962.

Schenker, W.: Die Sprache Huldrych Zwinglis im Kontrast zur Sprache Luthers. Berlin 1977.

Schieb, G.: Die deutsche Sprache zur Zeit der frühbürgerlichen Revolution. In: ZPSK 28, 1975, 532–559.

Schildt, J. (Hrsg.): Luthers Sprachschaffen. Gesellschaftliche Grundlagen – Geschichtliche Wirkungen. 3 Bde. Berlin 1984 (= Linguistische Studien A 119/I–III).

Schirokauer, A.: Der Anteil des Buchdrucks an der Bildung des Gemeindeutschen. In: Deutsche Vierteljahresschrift 25, 1951, 317–350.

Schirokauer, A.: Frühneuhochdeutsch. In: DPhA, 1966–1969, 1, 885–930.

Schneider, K. L.: Klopstock und die Erneuerung der deutschen Dichtersprache im 17. Jahrhundert. Heidelberg 1965.

Spillmann, H. O.: Untersuchungen zum Wortschatz in Thomas Müntzers deutschen Schriften. Berlin 1971.

Stenzel, J.: Zeichensetzung. Stiluntersuchungen an deutscher Prosadichtung. Göttingen 1966.

Stoll, C.: Sprachgesellschaften im Deutschland des 17. Jahrhunderts. München 1973.

Stolt, B.: Die Sprachmischung in Luthers Tischreden. Stockholm 1964.

Stolt, B.: Der prädikative Rahmen und die Reihung. Stockholm 1966.

Tesnière, L.: Eléments de syntaxe structurale. Paris 1959.

Trümpy, H.: Schweizerdeutsche Sprache und Literatur im 17. und 18. Jahrhundert. Basel 1955.

Tschirch, F.: Die Sprache der Bibelübersetzung Luthers damals und heute. In: F.

Tschirch: Spiegelungen. Berlin 1966, 53–108.

Volz, H.: Bibel und Bibeldruck in Deutschland im 15. und 16. Jahrhundert. Mainz 1960.

Volz, H. (Hrsg.): Vom Spätmittelhochdeutschen zum Frühneuhochdeutschen. Synoptischer Text des Propheten Daniel in sechs deutschen Übersetzungen des 14. bis 16. Jahrhunderts. Tübingen 1963.

Weber, H.: Das erweiterte Adjektiv- und Partizipialattribut im Deutschen. München 1970.

Weber, W. R.: Das Aufkommen der Substantivgroßschreibung im Deutschen. Bern 1958.

Werner, O.: Von ‚Formalismus zum Strukturalismus in der historischen Morphologie, in: ZfdPh 84 (1965), 100–127.

Weithase, I.: Zur Geschichte der gesprochenen deutschen Sprache. Tübingen 1961.

Werbow, St.: „Die gemeine teutsch". Ausdruck und Begriff. In: ZdPh 82, 1963, 44–63.

Windfuhr, M.: Die barocke Bildlichkeit und ihre Kritiker. Stuttgart 1966.

Wolf, H.: Die Sprache des Johannes Mathesius. Köln/Wien 1969.

Wolf, N. R.: Die neuhochdeutsche Schriftsprache als „protestantischer dialecct". Luthers sprachliche Wirkung. In: De consolatione philologiae. Studies in Honor of E. S. Firchow. Hrsg. von A. Grotans / H. Beck / A. Schwob. Göppingen 2000a, 733–746.

Wolf, N. R.: Handschrift und Druck. In: SprG Bd. 2. Berlin/New York 2000b, 1705–1713.

Woronow, A.: Die Pluralbildung der Substantive in der deutschen Sprache des 14. bis 16. Jahrhunderts. In: Beitr. (Halle) 84, 1962, 173–198.

第 V 章书目

Adamzik, K. (Hrsg.): Textsorten. Tübingen 2000.

Admoni, W. G.: Der deutsche Sprachbau. 2. Aufl. Moskau/Leningrad 1966.

Admoni, W. G.: Die Entwicklungstendenzen des deutschen Satzbaus von heute. München 1972.

Adorno, T. W.: Jargon der Eigentlichkeit. 13. Aufl. Frankfurt a. M. 1992.

Alanne, D.: Das Eindringen von Fremdwörtern in den Wortschatz der deutschen Handelssprache des 20. Jahrhunderts. In: NphM 65, 1964, 332–360.

Ammon, U.: Dialekt, soziale Ungleichheit und Schule. Weinheim 1972.

Ammon, U.: Dialekt und Einheitssprache in ihrer sozialen Verflechtung. Eine empirische Untersuchung. Weinheim 1973.

Ammon, U.: Geltungsverlust und Geltungsgewinn der deutschen Sprache seit der Mitte des 20. Jahrhunderts. In: SprG Bd. 2. Berlin/New York 2000, 2185–2190.

Augst, G.: (Hrsg.): Deutsche Rechtschreibung mangelhaft? Materialien und Meinungen zur Rechtschreibreform. Heidelberg 1974.

Badura, B.: Sprachbarrieren. Zur Soziologie der Kommunikation. Stuttgart/Bad Cannstadt 1971. Badura, B. / Gloy, K. (Hrsg.): Soziologie der Kommunikation. Stuttgart/Bad Cannstadt 1972.

Badura, B. / Gross, P.: Sprachbarrieren. In: LGL², 1980, 368–375.

Bartholmes, H.: Das Wort „Volk“ im Sprachgebrauch der SED. Düsseldorf 1964.

Bauer, G.: Einige Grundsätze im Kampf um die vereinfachte Rechtschreibung. In: Linguistische Berichte 25/1973, 103–110.

Baumgärtner, K.: Zur Syntax der Umgangssprache in Leipzig. Berlin 1959. Bausch, K.-H.: Soziolekte. In: LGL², 1980, 358–363.

Bausch, K.-H./ Schewe, W. / Spiegel, H.-R. (Hrsg.): Fachsprachen. Terminologie, Struktur, Normung. Berlin/Köln 1976.

Bausinger, H.: Subkultur und Sprache. In: Sprache und Gesellschaft. Düsseldorf 1971, 45–62.

Bausinger, H.: Dialekte, Sprachbarrieren, Sondersprachen. Frankfurt a. M. 1972.

Bausinger, H.: Sprachmoden und ihre gesellschaftliche Funktion. In:

Gesprochene Sprache (Jahrbuch 1972). Düsseldorf 1974, 245–266.

Beneš, E.: Syntaktische Besonderheiten der deutschen wissenschaftlichen Fachsprache. In: DaF 3, 1966, 26–35.

Beneš, E.: Fachtext, Fachstil und Fachsprache. In: Sprache und Gesellschaft. Düsseldorf 1971, 118–132.

Beneš, E.: Die sprachliche Kondensation im heutigen deutschen Fachstil. In: Linguistische Studien III. Düsseldorf 1973, 40–50.

Berens, J.: Analyse des Sprachverhaltens im Redekonstellationstyp ‚Interview'. München 1975.

Bergsdorf, W.: Rhetorik und Stilistik in der Politologie. In: Rhetorik und Stilistik. Ein internationales Handbuch historischer und systematischer Forschung. 2 Bde. Hrsg. von U. Fix / A. Gardt / J. Knape. Berlin/New York 2008/2009, 2, 1842–1856.

Berning, C.: Die Sprache des Nationalsozialismus. In: ZdS 16–19, 1960–1963.

Berning, C.: Vom „Abstammungsnachweis" zum „Zuchtwart". Vokabular des Nationalsozialismus. Berlin 1964.

Besch, W.: Dialekt als Barriere bei der Erlernung der Standardsprache. In: Linguistische Probleme der Textanalyse (Jahrbuch 1973). Düsseldorf 1975, 150–165.

Betz, W.: Sprachlenkung und Sprachentwicklung. In: Sprache und Wissenschaft. Göttingen 1960, 85–100.

Betz, W.: Zwei Sprachen in Deutschland. Der zweigeteilte Duden, in: Deutsch – gefrorene Sprache in einem gefrorenen Land? Hrsg. von F. Handt. Berlin 1964, 155–163, 164–178.

Betz, W.: Möglichkeiten und Grenzen der Sprachkritik. In: STZ 25, 1968, 7–27.

Beutin, W.: Sprachkritik – Stilkritik. Eine Einführung. Stuttgart [u. a.] 1976.

Bibliographisches Institut (Hrsg.): Geschichte und Leistung des Dudens. Mannheim 1968.

Bichel, U.: Problem und Begriff der Umgangssprache in der germanistischen

Forschung. Tübingen 1973.

Bichel, U.: Umgangssprache. In: LGL², 1980, 379–383.

Boesch, B.: Sprachpflege in der Schweiz. In: Sprachnorm, Sprachpflege, Sprachkritik (Jahrbuch 1966/67). Düsseldorf 1968, 220–235.

Boettcher, W. / Sitta, H.: Deutsche Grammatik III: Zusammengesetzter Satz und äquivalente Strukturen. Frankfurt a. M. 1972.

Böhm, S. [u. a.]: Rundfunknachrichten. In: Sprache und Gesellschaft. Hrsg. von A. Rucktäschel. München 1972, 153–194.

Bornemann, E.: Sex im Volksmund. Die sexuelle Umgangssprache des deutschen Volkes. Wörterbuch und Thesaurus. Reinbek bei Hamburg 1971.

Bornemann, E.: Unsere Kinder im Spiegel ihrer Lieder, Reime, Verse und Rätsel. Olten/Freiburg i. Br. 1973.

Bott, H.: Die Volksfeind-Ideologie. Zur Kritik rechtsradikaler Propaganda. Stuttgart 1969.

Brandt, W.: Die Sprache der Wirtschaftswerbung. In: Germanistische Linguistik 1/2, 1973, 1–290.

Brandt, W.: Das Wort „Klassiker". Wiesbaden 1976. Braun, P. (Hrsg.): Fremdwortdiskussion. München 1979.

Braun, P.: Tendenzen in der deutschen Gegenwartssprache. Sprachvarietäten. 4. Aufl. Stuttgart/ Berlin/Köln 1998.

Brinker, K.: Das Passiv im heutigen Deutsch. Düsseldorf/München 1971.

Brinkmann, H.: Die deutsche Sprache. Gestalt und Leistung. 2. Aufl. Düsseldorf 1971.

Brunner, O. / Conze, W. / Koselleck, R. (Hrsg.): Geschichtliche Grundbegriffe. Historisches Lexikon zur politisch-sozialen Sprache in Deutschland. 8 Bde. Stuttgart 2004.

Brunotte, B.: Rebellion im Wort. Eine zeitgeschichtliche Dokumentation. Flugblatt und Flugschrift als Ausdruck jüngster Studentenunruhen. Frankfurt a. M. 1973.

Bühler, H.: Sprachbarrieren und Schulanfang. 2. Aufl. Weinheim 1972. Bühler, K.: Sprachtheorie. 2. Aufl. Stuttgart 1965.

Bühring, K.: Allgemeine Semantik: Sprachkritik und Pädagogik. Düsseldorf 1973.

Burger, A.: Die Konkurrenz englischer und französischer Fremdwörter in der modernen deutschen Pressesprache. In: Mspr 76, 1966, 33–48.

Burger, H.: Mediensprache. Eine Einführung in Sprache und Kommunikationsformen der Massenmedien. 4. Aufl. Berlin/New York 2014.

Burger, H.: Phraseologie. Eine Einführung am Beispiel des Deutschen. 5. Aufl. Berlin 2015.

Burke, K.: Die Rhetorik in Hitlers „Mein Kampf". Frankfurt a. M. 1966.

Carstensen, B.: Englische Einflüsse auf die deutsche Sprache nach 1945. Heidelberg 1965.

Carstensen, B. / Galinsky, H.: Amerikanismen der deutschen Gegenwartssprache. Entlehnungsvorgänge und ihre stilistischen Aspekte. 2. Aufl. Heidelberg 1966.

Clément, D. / Thümmel, W.: Grundzüge einer Syntax der deutschen Standardsprache. Frankfurt a. M. 1975.

Clyne, M.: Zum Pidgin-Deutsch der Gastarbeiter. In: ZMaf 35, 1968, 130–139.

Clyne, M.: Kommunikation und Kommunikationsbarrieren bei englischen Entlehnungen im heutigen Deutsch. In: ZGL 1, 1973, 163–177.

Cobet, C.: Der Wortschatz des Antisemitismus in der Bismarckzeit. München 1973.

Dahle, W.: Der Einsatz einer Wissenschaft. Eine sprachinhaltliche Analyse militärischer Terminologie in der Germanistik 1933–1945. Bonn 1969.

Daniels, K.: Substantivierungstendenzen in der deutschen Gegenwartssprache. Düsseldorf 1963.

Daniels, K. (Hrsg.): Über die Sprache. Erfahrungen und Erkenntnisse deutscher Dichter und Schriftsteller des 20. Jahrhunderts. Bremen 1966.

Daniels, K.: Sprachwissenschaft und Sprachkritik. Tagung der „Kommission für Fragen der Sprachentwicklung“. In: DS, 1975, 368–371.

Dankert, H.: Sportsprache und Kommunikation. Tübingen 1969.

Das Aueler Protokoll. Deutsche Sprache im Spannungsfeld zwischen West und Ost. Düsseldorf 1964.

Decsy, G.: Die linguistische Struktur Europas. Vergangenheit – Gegenwart – Zukunft. Wiesbaden 1973.

Der Deutschunterricht 7, 1955, H. 3 (Themenheft: Die deutsche Rechtschreibreform).

Deutsche Wortbildung. Typen und Tendenzen in der Gegenwartssprache. Eine Bestandsaufnahme des Instituts für deutsche Sprache, Forschungsstelle Innsbruck. 1. Hauptteil: I. Kühnhold / H. Wellmann, Das Verb. 2. Hauptteil: H. Wellmann, Das Substantiv. 3. Hauptteil: I. Kühnhold / O. Putzer / H. Wellmann, Das Adjektiv. 4. Hauptteil: L. Ortner / E. Müller-Bollhagen, Substantivkomposita. 5. Hauptteil: M. Pümpel-Mader / E. Gassner-Koch / H. Wellmann, Adjektivkomposita und Partizipialbildungen. Morphem- und Sachregister zu Bd. 1–3. von I. Kühnhold / H.-P. Prell. Düsseldorf 1973, 1975, 1978, 1991, 1992, 1984.

Dialekt als Sprachbarriere? Ergebnisbericht einer Tagung zur alemannischen Dialektforschung. Tübingen 1973.

Dieckmann, W.: Information oder Überredung. Zum Wortgebrauch der politischen Werbung in Deutschland seit der Französischen Revolution. Marburg 1964.

Dieckmann, W.: Kritische Bemerkungen zum sprachlichen Ost-West-Problem. In: ZdS 23, 1967, 136–165.

Dieckmann, W.: Sprache in der Politik. Einführung in die Pragmatik und Semantik der politischen Sprache. Heidelberg 1968.

Digeser, A.: Groß- oder Kleinschreibung? Beiträge zur Rechtschreibreform. Göttingen 1974.

Dittmann, J. / Schmidt, C. (Hrsg.): Über Wörter. Grundkurs Linguistik. Freiburg i.Br. 2002.

Dittmar, N.: Ethnolektale Varietäten des Deutschen. Eine soziolinguistische Herausforderung, in: Bildungserfolg, Migration und Zweisprachigkeit. Berlin 2008, 57–67.

Dittmar, N. / Klein, W.: Untersuchungen zum PidginDeutsch spanischer und italienischer Arbeiter in der Bundesrepublik. In: Jahrbuch Deutsch als Fremdsprache 1, 1975, 170–194.

Drosdowsky, G.: Möglichkeiten und Grenzen einer Reform der Fremdwortorthographie. In: Jahrbuch für Internationale Germanistik 6, 1974, 2, 8–19.

Drosdowski, G./Henne, H.: Tendenzen der deutschen Gegenwartssprache, in: LGL², 1980, 619–632.

Drozd, L.: Zum Gegenstand und zur Methode der Terminologielehre. In: Mspr 85, 1975, 109–117.

Drozd, L. / Seibicke, W.: Deutsche Fach- und Wissenschaftssprache. Wiesbaden 1973.

Duckworth, D.: Der Einfluß des Englischen auf den deutschen Wortschatz seit 1945. In: ZdS 26, 1970, 9–31.

Duden. Die deutsche Rechtschreibung. 26. Aufl. Berlin 2013.

Duden. Das Aussprachewörterbuch. 7. Aufl. bearb. von S. Kleiner / R. Knöbel. Berlin 2015.

Duden. Das große Wörterbuch der deutschen Sprache. 6 Bde. Mannheim 1976 ff. 3. Aufl. 10 Bde. Mannheim 1999.

Duden. Die Grammatik. 9. Aufl. Berlin 2016.

Duden-Grammatik der deutschen Gegenwartssprache, bearb. von P. Grebe. 3. Aufl. Mannheim 1973.

Duden-Universalwörterbuch: Duden. Deutsches Universalwörterbuch. 8. Aufl. Berlin 2015.

Dunger, H.: Die deutsche Sprachbewegung und der Allgemeine Deutsche

Sprachverein 1885–1910. Berlin 1910.

Eggers, H.: Wandlungen im deutschen Satzbau. In: DU 13, 1961, H. 5, 47–68.

Eggers, H.: Deutsche Sprache im 20. Jahrhundert. München 1973a.

Eggers, H.: Deutsche Standardsprache des 19./20. Jahrhundert. In: LGL², 1980, 603–609.

Ehlich, K. (Hrsg.): Sprache im Faschismus. 3. Aufl. Frankfurt a. M. 1995.

Eibl, K.: Deutsche Literatursprache der Moderne. In: LGL², 1980, 746 –752.

Eichinger, L. M.: Deutsche Wortbildung. Heidelberg 1994 (=Studienbibliographien Sprachwissenschaft 10).

Eichinger, L. M.: Deutsche Wortbildung. Eine Einführung. Tübingen 2000.

Eichinger, L. M.: Gesprochene Alltagssprache. In: Vielfalt und Einheit der deutschen Sprache. Zweiter Bericht zur Lage der deutschen Sprache. Tübingen 2017, 284–331.

Eisenberg, P.: Grundriß der deutschen Grammatik. 2 Bde. 3. Aufl. Stuttgart 2006.

Eisenberg, P.: Anglizismen im Deutschen. In: Reichtum und Armut der deutschen Sprache. Erster Bericht zur Lage der deutschen Sprache. Berlin/Boston 2013, 57–119.

Eisenberg, P.: Das Fremdwort im Deutschen. 3. Aufl. Berlin/Boston 2018.

Elspaß, S.: Sprachgeschichte von unten. Tübingen 2005.

Empfehlungen des Arbeitskreises für Rechtschreibregelungen vom 15.10.1958. Authentischer Text. Mannheim 1959.

Engel, U.: Syntax der deutschen Gegenwartssprache. Berlin 1977.

Engel, U. / Schwencke, O. (Hrsg.): Gegenwartssprache und Gesellschaft. Beiträge zu aktuellen Fragen der Kommunikation. Düsseldorf 1972.

Erben, J.: Deutsche Grammatik. 11. Aufl. München 1972.

Erben, J.: Zur Normierung der neuhochdeutschen Schriftsprache. In: Festschrift für Karl Bischoff. Hrsg. von G. Bellmann [u. a.]. Köln 1975, 117–129.

Erben, J.: Die Entstehung unserer Schriftsprache und der Anteil deutscher Grammatiker am Normierungsprozess. In: Sprachwissenschaft 14, 1989,

6–28.

Erben, J.: Einführung in die deutsche Wortbildungslehre. 5. Aufl. Berlin 2006.

Erckenbrecht, U.: Politische Sprache. Marx, Rossi-Landi, Agitation, Kindersprache, Eulenspiegel, Comics. Gießen 1975.

Erk, H.: Zur Lexik wissenschaftlicher Fachtexte. Substantive – Frequenz und Verwendungsweise. München 1975.

Eroms, H.-W.: Zur Analyse politischer Sprache. In: LuD 17, 1974, 1–16. Eroms, H.-W.: Syntax der deutschen Sprache. Berlin/New York 2000. Eroms, H.-W.: Stil und Stilistik. Berlin 2008.

Eroms, H.-W. / Munske, H. H. (Hrsg.): Die Rechtschreibreform. Pro und Kontra. Berlin 1997. Etiemble: Parlez-vous franglais? Paris 1964

Fiehler, R./Barden. B./Elstsermann, M./Kraft, B.: Eigenschaften gesprochener Sprache. Tübingen 2004.

Fink, H.: Amerikanismen im Wortschatz der deutschen Tagespresse. München 1960.

Flader, D.: Strategien der Werbung. Ein linguistisch-psychoanalytischer Versuch zur Rekonstruktion der Werbewirkung. Kronberg i.Ts. 1974.

Flämig, W.: Untersuchungen zum Finalsatz im Deutschen. Berlin 1964.

Fleischer, W.: Zur linguistischen Charakterisierung des Terminus in Natur- und Gesellschaftswissenschaften. In: DaF 10, 1973, 193–203.

Fleischer, W.: Wortschatz der deutschen Sprache in der DDR. Leipzig 1987.

Fleischer, W.: Phraseologie der deutschen Gegenwartssprache. 2. Aufl. Tübingen 1997. Fleischer, W.: Wortbildung der deutschen Gegenwartssprache. 5. Aufl. Leipzig 1982.

Fleischer, W. / Barz, I.: Wortbildung der deutschen Gegenwartssprache. 3. Aufl. Tübingen 2007.

Fleischer, W. / Michel, G.: Stilistik der deutschen Gegenwartssprache. Leipzig 1975.

Fluck, H.-R.: Fachsprachen. Einführung und Bibliographie. 5. Aufl. Tübingen/

Basel 1996. Friederich, W.: Moderne deutsche Idiomatik. 2. Aufl. München 1976.

Fritz, T. A. / Koch, G. / Trost, I. (Hrsg.): Literaturstil – sprachwissenschaftlich. Fs. H.-W. Eroms. Heidelberg 2008.

Frühwald, W.: Deutsche Literatursprache von der Klassik bis zum Biedermeier. In: LGL², 1980, 732–740.

Galinsky, H.: Amerikanisch-deutsche Sprach- und Literaturbeziehungen. Systematische Übersicht und Forschungsbericht 1945–1970. Frankfurt a. M. 1975.

Gansel, C. / Jürgens, F.: Textlinguistik und Textgrammatik. 3. Aufl. Göttingen 2009.

Ganz, P. F.: Der Einfluß des Englischen auf den deutschen Wortschatz 1640–1815. Berlin 1957.

Gasser-Mühlheim, M.: Soziale Aufwertungstendenzen in der deutschen Gegenwartssprache. Bern 1972.

Gelhaus, H.: Das Futur in ausgewählten Texten der geschriebenen deutschen Sprache der Gegenwart. Studien zum Tempussystem. München 1975.

Gerneth, G. [u. a.]: Zur Fußballsprache. In: LuD 2, 1971, 200–218. Gesprochene Sprache (Jahrbuch 1972). Düsseldorf 1974.

Giesz, L.: Phänomenologie des Kitsches. Heidelberg 1980.

Gipper, H.: Zur Problematik der Fachsprachen. In: Festschrift für Hugo Moser. Hrsg. von U. Engel [u a.]. Düsseldorf 1969, 66–81.

Glaser, H.: Das öffentliche Deutsch. Frankfurt a. M. 1972. Glinz, H.: Deutsche Syntax. 3. Aufl. Stuttgart 1970.

Glinz, H.: Deutsche Grammatik. 2 Bde. Frankfurt a. M. 1971.

Glinz, H.: Deutsche Standardsprache der Gegenwart. In: LGL, 1973, 442–457.

Gloy, K.: Sprachnormen, Probleme ihrer Analyse und Legitimation. Konstanz 1974.

Glück, H./Krämer, W. (Hrsg.): Die Zukunft der deutschen Sprache. Eine

Streitschrift. Leipzig 2000.

Glunk, R.: Erfolg und Mißerfolg der nationalsozialistischen Sprachlenkung. In: ZdS 22–27, 1966– 1971.

Grebe, P. (Hrsg.): Akten zur Geschichte der deutschen Einheitsschreibung (1870–1880). Mannheim 1963.

Große, E. U.: Texttypen. Linguistik gegenwärtiger Kommunikationsakte. Theorie und Deskription. Stuttgart 1974.

Grosse, S. [u. a.] (Hrsg.): „Denn das Schreiben gehört nicht zu meiner täglichen Beschäftigung". Der Alltag kleiner Leute in Bittschriften, Briefen und Berichten aus dem 19. Jahrhundert. Ein Lesebuch. Bonn 1989.

Grubacic, E.: Untersuchungen zur Frage der Wortstellung in der deutschen Prosadichtung der letzten Jahrzehnte. Zagreb 1965.

Grünert, H. (Hrsg.): Politische Reden in Deutschland. Frankfurt a. M. 1974a.

Grünert, H.: Sprache und Politik. Untersuchungen zum Sprachgebrauch der ‚Paulskirche'. Berlin 1974b.

Gülich, B. / Raible, W. (Hrsg.): Textsorten. Frankfurt a. M. 1972.

Gutmacher, R. [u. a.]: Empirische Terminologieforschung. In: Mspr. 86, 1976, 355–367.

Haarmann, H.: Soziologie und Politik der Sprachen Europas. München 1975.

Hahn, W. v.: Fachsprachen. In: LGL², 1980, 390–395. Hall, T. A.: Phonologie. 2. Aufl. Berlin/New York 2011.

Handt, F. (Hrsg.): Deutsch – gefrorene Sprache in einem gefrorenen Land? Berlin 1964.

Harig, L.: Literarische Sprachspiele., in: LGL², 1980, 756–759.

Hartig, M. / Kurz, U.: Sprache als soziale Kontrolle. Neue Ansätze zur Soziolinguistik. Frankfurt a. M. 1971.

Harweg, R.: Die Rundfunknachrichten. In: Poetica 2, 1968, 1–14.

Hasselberg, J. / Wegera, K.-P.: Diagnose mundartbedingter Schulschwierigkeiten und Ansätze zu ihrer Überwindung. In: WiWo 25, 1975, 243–255.

Haug, W. F.: Der hilflose Antifaschismus. Frankfurt a. M. 1967.

Hauser, U. / Hoppe, G.: Die Vergangenheitstempora in der deutschen geschriebenen Sprache der Gegenwart. Düsseldorf/München 1972.

Heidolph, K. E. / Flämig, W. / Motsch, W. (Hrsg.): Grundzüge einer deutschen Grammatik. Berlin 1981.

Heilmann, W. (Hrsg.): Bibliographie zum öffentlichen Sprachgebrauch in der Bundesrepublik Deutschland und in der DDR. Düsseldorf 1976.

Heißenbüttel, H.: Deutsche Literatursprache der Gegenwart. In: LGL², 1980, 752–756.

Helbig, G.: Kleinere Schriften zur Grammatik. München 2004.

Helbig, G. / Buscha, J.: Deutsche Grammatik. Leipzig 1972. Heller, D.: Idiomatik. In: LGL², 1980, 180–186.

Heller, K.: Das Fremdwort in der deutschen Sprache der Gegenwart. Leipzig 1966.

Hengst, K.: Zum Einfluß des Russischen auf die dt. Gegenwartssprache. In: Zeitschrift für Slawistik 16, 1971, 3–13.

Henne, H.: Punktuelle und politische Sprachlenkung. Zu 13 Auflagen von Gustav Wustmanns „Sprachdummheiten". In: ZdS 21, 1966, 175–184.

Heringer, H. J.: Karl Kraus als Sprachkritiker. In: Mspr 77, 1967, 256–262.

Heringer, H. J.: Die Opposition von „kommen" und „bringen" als Funktionsverben. Düsseldorf 1968.

Heringer, H. J.: Deutsche Syntax. 2. Aufl. Berlin 1972.

Heringer, H. J.: Theorie der deutschen Syntax. 2. Aufl. München 1973.

Herrlitz, W.: Funktionsverbgefüge vom Typ „in Erfahrung bringen". Tübingen 1973.

Histand, W. (Hrsg.): Rechtschreibung. Müssen wir neu schreiben lernen? Weinheim 1974.

Hoffmann, L.: Kommunikationsmittel Fachsprache. Eine Einführung. Berlin 1976.

Hoffmann, L. [u. a.] (Hrsg.): Fachsprachen. Ein internationales Handbuch zur Fachsprachenforschung und Terminologiewissenschaft. 2 Bde. Berlin/New York 1998/1999.

Hoppenkamps, H.: Information oder Manipulation? Untersuchungen zur Zeitungsberichterstattung über eine Debatte des Deutschen Bundestages. Tübingen 1977.

Hornung, M.: Sprachpflege in Österreich In: Sprachnorm, Sprachpflege, Sprachkritik (Jahrbuch 1966/67). Düsseldorf 1968, 215−219.

Hundsnurscher, F.: Syntax. In: LGL², 1980, 211−242.

Ickler, T.: Die Ränder der Sprache. Heidelberg 1978.

Ihlenburg, K. H.: Entwicklungstendenzen des Wortschatzes in beiden deutschen Staaten. In: Weimarer Beiträge 10, 1964, 372−397.

Iluk, J.: Zur Fremdwort- und Lehnwortfrage. In: Mspr. 84, 1974, 287−290.

Ischreyt, H.: Studien zum Verhältnis von Sprache und Technik. Institutionelle Sprachlenkung in der Terminologie der Technik. Düsseldorf 1965.

Ising, G. (Hrsg.): Aktuelle Probleme der sprachlichen Kommunikation. Soziolinguistische Studien zur sprachlichen Situation in der DDR. Berlin 1974.

Iskos, A. / Lenkowa, A.: Deutsche Lexikologie. 2. Aufl. Leningrad 1963. Jäger, S.: Sprachplanung. In: Mspr 79, 1969, 42−52.

Jäger, S.: Der Konjunktiv in der deutschen Sprache der Gegenwart. Düsseldorf 1971.

Jäger, S.: Standardsprache. In: LGL², 1980, 375−379.

Jakob, K.: Maschine, mentales Modell, Metapher. Studien zur Semantik und Geschichte der Techniksprache. Tübingen 1991.

Janich, N.: Werbesprache. 6. Aufl. Tübingen 2013.

Janich, N. (Hrsg.): Handbuch Werbekommunikation. Tübingen 2012.

Jung, P.: Sprachgebrauch − Sprachautorität − Sprachideologie. Heidelberg 1974.

Kaltenbrunner, G.-K. (Hrsg.): Sprache und Herrschaft. Die umfunktionierten

Wörter. Freiburg i.Br. 1975.

Keim, I.: Gastarbeiterdeutsch. Tübingen 1978.

Keim, I.: Untersuchungen zum Deutsch türkischer Arbeiter. Tübingen 1984.

Keim, I.: Die „türkischen Powergirls“. Lebenswelt und kommunikativer Stil einer Migrantinnengruppe in Mannheim. Tübingen 2007.

Killy, W.: Deutscher Kitsch. Göttingen 1961.

Kirkness, A. / Müller, W.: Fremdwortbegriff und Fremdwörterbuch. In: DS 4/1975, 299–313.

Klappenbach, R. / Steinitz, W. (Hrsg.): Wörterbuch der deutschen Gegenwartssprache. Berlin 1961 ff.

Klaus, G.: Die Macht des Wortes. 4. Aufl. Berlin 1960.

Klaus, G.: Sprache der Politik. Berlin 1970.

Kleines politisches Wörterbuch. Berlin 1973.

Kleinstück, J.: Verfaulte Wörter. Demokratie – Modernität – Fortschritt. Stuttgart 1974.

Klemperer, V.: LTI. Notizbuch eines Philologen. 24. Aufl. Stuttgart 2010.

Kloß, H.: Die Entwicklung neuer germanischer Kultursprachen. München 1952.

Knobloch, J.: Ist die Rechtschreibreform in einer Sackgasse angelangt? In: Mspr 85, 1975, 130– 132.

Knoop, U.: Sprachnorm und Verstehen. In: Mspr 85, 1975, 234–243.

Kohler, K.: Deutsche Hochlautung. In: Mspr 80, 1970, 238–247.

Kolb, H.: Der ‚inhumane Akkusativ‘. In: ZdWf 16, 1960, 168–177.

Kolb, H.: Sprache in der unverstandenen Welt. In: ZdWf 17, 1961, 149–163.

Kolde, G.: Sprachnormen und erfolgreiches Sprachhandeln. In: ZGL 3, 1975, 149–174.

Kolde, G.: Sprachberatung: Motive und Interessen der Fragesteller. In: Mspr 86, 1976, 20–47.

König, W.: Atlas zur Aussprache des Schriftdeutschen in der Bundesrepublik Deutschland. 2 Bde. Ismaning 1989.

Koppelmann, H. L.: Nation, Sprache und Nationalismus. Leiden 1956.

Kopperschmidt, J.: Allgemeine Rhetorik. Einführung in die Theorie der persuasiven Kommunikation. Stuttgart 1972.

Korlén, G.: „Mitteldeutschland"– Sprachlenkung oder Neutralismus? In: Moderna Språk 59, 1965, 37–55.

Korlén, G.: Führt die politische Teilung Deutschlands zur Sprachspaltung? In: Satz und Wort im heutigen Deutsch (Jahrbuch 1965/66), Düsseldorf 1967, 36–54.

Korn, K.: Sprache in der verwalteten Welt. 2. Aufl. Olten/Freiburg i.Br. 1959.

Kraft, I.: Zum Gebrauch des attributiven Adjektivs in beiden Teilen Deutschlands mit besonderer Berücksichtigung des russischen Spracheinflusses. In: Mspr 78, 1968, 65–78.

Kraus, K.: Die Sprache. 2. Aufl. München 1954 (= Werke, Bd. III).

Krech, E. M. (Hrsg.): Wörterbuch der deutschen Aussprache. Leipzig 1964.

Krech, H. (Hrsg.): Beiträge zur deutschen Ausspracheregelung. Berlin 1961.

Kristensson, G.: Angloamerikanische Einflüsse in DDR-Zeitungstexten. Stockholm 1977.

Kühn, J.: Gescheiterte Sprachkritik. Fritz Mauthners Leben und Werk. Berlin 1975.

Küpper, H.: Wörterbuch der deutschen Umgangssprache. 5 Bde. Hamburg 1955 ff.

Küpper, H.: Am A ... der Welt. Landserdeutsch 1939–1945. Hamburg 1970.

Küpper, M. / Küpper, H.: Schülerdeutsch. Düsseldorf 1972. Ladendorf, O.: Historisches Schlagwörterbuch. Straßburg 1906.

Lehmann, H.: Russisch-deutsche Lehnbeziehungen im Wortschatz offizieller Wirtschaftstexte der DDR. Düsseldorf 1972.

Leibfried, E.: Deutsche Literatursprache vom Jungen Deutschland bis zum Naturalismus. In: LGL², 1980, 740–746.

Leinfellner, E.: Der Euphemismus in der politischen Sprache. Berlin 1972.

Leska, C.: Vergleichende Untersuchungen zur Syntax gesprochener und geschriebener deutscher Gegenwartssprache. In: Beitr. (Halle) 87, 1965, 427−464.

Liede, A.: Dichtung als Spiel. 2 Bde. Berlin 1963.

Linguistische Probleme der Textanalyse (Jahrbuch 1973). Düsseldorf 1975.

Littmann, A.: Die Problematik der deutschen Hochlautung. In: Deutschunterricht für Ausländer 15, 1965, 65−89.

Ljungerud, I.: Zur Nominalflexion in der deutschen Literatursprache nach 1900. Lund 1955.

Loose, G.: Soldatensprache des 2. Weltkrieges. In: JEGPh 46, 1947, 279−289.

Lotzmann, G.: Zur Norm und Realisation der deutschen Hochlautung. In: WiWo 17, 1967, 228− 238.

Lotzmann, G. (Hrsg.): Sprach- und Sprechnormen − Verhalten und Abweichung. Tagungsbericht. Heidelberg 1974.

Lübbe, H.: Der Streit um Worte. Sprache und Politik. Bochum 1967.

Mackensen, L.: Sprache und Technik. Lüneburg 1954.

Mackensen, L.: Die deutsche Sprache unserer Zeit. 2. Aufl. Heidelberg 1970.

Mackensen, L.: Traktat über Fremdwörter. Heidelberg 1972.

Mackensen, L.: Verführung durch Sprache. Manipulation als Versuchung. München 1973.

Mähl, H.-J.: Die Mystik der Worte. Zum Sprachproblem in der modernen deutschen Dichtung. In: WiWo 13, 1963, 289−303.

Mangold, M.: Laut und Schrift im Deutschen. Mannheim 1961.

Marek, R.: Russische Lehnwörter im Deutschen, in: Germanica Wratislaviensia 140, 2015, 187−194.

Marx-Nordin, S.: „Sozialismus" und „sozialistisch" in der politischen Sprache der DDR. Mannheim 1974.

Mauthner, F.: Beiträge zu einer Kritik der Sprache. 3 Bde. 3. Aufl. Leipzig 1923.

Mechow, M.: Zur deutschen Soldatensprache des zweiten Weltkrieges. In: ZdS

27, 1971, 81–100.

Meisel, J.: Sprachnorm in Linguistik und ‚Sprachpflege'. In: Linguistische Berichte 13/1971, 8–14.

Meisel, J.: Der Erwerb des Deutschen durch ausländische Arbeiter. In: Linguistische Berichte 38, 1975, 59–69.

Meyer, R. M.: 400 Schlagworte. Leipzig 1910.

Mittelberg, E.: Wortschatz und Syntax der Bild-Zeitung. Marburg 1967.

Möckelmann, J. / Zander, S.: Form und Funktion der Werbeslogans. Göppingen 1970.

Möcker, H.: Wie ‚international' kann unsere Rechtschreibung gemacht werden? Beobachtungen und Überlegungen zur ‚Eindeutschung' von Fremdwörtern. In: Mspr 85, 1975, 379–399.

Möhn, D.: Sprachwandel und Sprachtradition in der Industrielandschaft. In: Verhandlungen des 2. Internationalen Dialektologenkongresses. Wiesbaden 1967/1968, 561–568.

Möhn, D.: Fach- und Gemeinsprache. In: WgG, 1968, 315–348.

Möhn, D.: Sondersprachen. In: LGL², 1980, 384–390.

Möhn, D.: Sprachliche Sozialisation und Kommunikation in der Industriegesellschaft. Objekte der fachsprachlichen Linguistik. In: Mspr 85, 1975, 169–185.

Moser, H.: Sprache – Freiheit oder Lenkung? Zum Verhältnis von Sprachnorm, Sprachwandel, Sprachpflege. Mannheim 1967.

Moser, H.: Neuere und neueste Zeit. In: DWg, 1974, 2, 529–645.

Moskalskaja, O. I.: Grammatik der deutschen Gegenwartssprache. Moskau 1971.

Möslein, K.: Einige Entwicklungstendenzen in der Syntax der wissenschaftlichtechnischen Literatur seit dem Ende des 18. Jahrhunderts. In: Beitr. (Halle) 94, 1974, 156–198.

Müller, P. O. (Hrsg.): Fremdwortbildung. Theorie und Praxis in Geschichte und Gegenwart. Frankfurt a. M. 2005.

Müller, P. O. (Hrsg.): Studien zur Fremdwortbildung. Hildesheim [u. a.] 2009.

Müller, P. O. / Ohnheiser, I. / Olsen, S. / Rainer, F. (Hrsg.): Word-Formation. An International Handbook of the Languages of Europe. 5 Bde. Berlin/Boston 2015/2016.

Munske, H. H.: Orthographie als Sprachkultur. Frankfurt a. M. [u. a.] 1997. Nail, N.: Sprachgebrauch in Rundfunknachrichten. In: ZGL 4, 1976, 41–54.

Nerius, D.: Zur Sprachnorm im gegenwärtigen Deutsch. In: Beitr. (Halle) 95, 1974, 319–338.

Neske, F. / Neske, I.: dtv-Wörterbuch englischer und amerikanischer Ausdrücke in der deutschen Sprache. München 1970.

Neuhaus, H.: Der Germanist Dr. phil. Joseph Goebbels. Bemerkungen zur Sprache in seiner Dissertation aus dem Jahre 1922. In: ZdPh 93, 1974, 398–416.

Neuland, E. (Hrsg.): Variation im heutigen Deutsch. Perspektiven für den Sprachunterricht. Frankfurt a. M. [u. a.] 2006.

Nickisch, R.: Gutes Deutsch? Kritische Studien zu den maßgeblichen praktischen Stillehren der deutschen Gegenwartssprache. Göttingen 1975.

Nunn, A. D.: Politische Schlagwörter in Deutschland seit 1945. Gießen 1972. Nussbaumer, M.: Kommentar: Die Zukunft der deutschen Sprache, in: ZGL 31, 2003, 109–118.

Nusser, P. (Hrsg.): Anzeigenwerbung. Ein Reader für Studenten und Lehrer. München 1975. Nyvelius, J.: Russischer Spracheinfluß im Bereich der Landwirtschaft der DDR. In: Mspr 80, 1970, 16–29.

Oevermann, U.: Sprache und soziale Herkunft. Berlin 1970.

Oksaar, E.: Berufsbezeichnungen im heutigen Deutschen. Soziosemantische Untersuchungen. Düsseldorf 1972.

Oschlies, W.: Würgende und wirkende Wörter. Deutschsprechen in der DDR. Berlin 1989.

Osterwinter, R.: Die Rechtschreibreform (1996/1998) in Pressetexten. Heidelberg

2011.

Ostmann, I.: Russizismen in der deutschen Sprache. Frankfurt (Main) u. a. 2014.

Palm, C.: Phraseologie. Eine Einführung. 2. Aufl. Tübingen 1997.

Pankoke, E.: Sprache in ‚sekundären Systemen'. In: Soziale Welt 17, 1967, 253–273.

Pelster, T.: Die politische Rede im Westen und Osten Deutschlands. Düsseldorf 1966.

Petöfi, J. / Podlech, A. / Savigny, E. v. (Hrsg.): Fachsprache – Umgangssprache. Kronberg i.Ts. 1975.

Pilch, H.: Das Lautsystem der hochdeutschen Umgangssprache. In: ZMaf 23, 1966, 247–266.

Plath, V.: Deutsche Wortbildung. Tübingen 2014 (= Studienbibliographien Sprachwissenschaft 44).

Polenz, P. v.: Funktionsverben im heutigen Deutsch. Sprache in der rationalisierten Welt. Düsseldorf 1963.

Polenz, P. v.: „erfolgen" als Funktionsverb substantivischer Geschehensbezeichnung. In: ZdS 20, 1964a, 1–19.

Polenz, P. v.: Sprachnormung und Sprachentwicklung im neueren Deutsch. In: DU 16, 1964b, H. 4, 67–91.

Polenz, P. v.: Sprachpurismus und Nationalsozialismus. In: Nationalismus in Germanistik und Dichtung. Hrsg. von B. v. Wiese / R. Henß. Berlin 1967a, 79–112. – Wieder in: E. Lämmert [u. a.]: Germanistik – eine deutsche Wissenschaft. Frankfurt a. M. 1967, 111–165.

Polenz, P. v.: Fremdwort und Lehnwort sprachwissenschaftlich betrachtet. In: Mspr. 77, 1967b, 65–80.

Polenz, P. v.: Sprachnorm, Sprachnormung. Sprachnormenkritik. In: Linguistische Berichte 17/ 1972, 76–84.

Polenz, P. v.: Sprachkritik und Sprachnormenkritik. In: Angewandte Sprachwissenschaft und Deutschunterricht. Hrsg. von G. Nickel. München

1973, 118–167.

Polenz, P. v.: Idiolektale und soziolektale Funktionen von Sprache. In: Leuvense Bijdragen 63, 1974, 1–112.

Presch, G. / Gloy, K. (Hrsg.): Sprachnormen. 3 Bde. Stuttgart/Bad Cannstatt 1976.

Quasthoff, U.: Soziales Vorurteil und Kommunikation. Eine sprachwissenschaftliche Analyse des Stereotyps. Frankfurt a. M. 1972.

Radtke, I.: Soziolinguistik von Stadtsprachen. Tendenzen soziolinguistischer Forschungen in der BRD. In: Germanistische Linguistik 4/1972, 441–517.

Rath, R.: Die Partizipialgruppe in der deutschen Gegenwartssprache. Düsseldorf 1971.

Reich, H. H.: Sprache und Politik. Untersuchungen zu Wortschatz und Wortwahl des offiziellen Sprachgebrauchs in der DDR. München 1968.

Reichmann, O.: Germanistische Lexikologie. Stuttgart 1976. Riesel, E.: Stilistik der deutschen Alltagsrede. Moskau 1964.

Riesel, E. / Schendels, E.: Deutsche Stilistik. Moskau 1975. Roelcke, T.: Fachsprachen. 3. Aufl. Berlin 2010.

Römer, R.: Gibt es Mißbrauch der Sprache? In: Mspr 80, 1970, 73–85.

Römer, R.: Die Sprache der Anzeigenwerbung. 2. Aufl. Düsseldorf 1971.

Rucktäschel, A. (Hrsg.): Sprache und Gesellschaft. München 1972.

Rupp, H.: Gesprochenes und geschriebenes Deutsch. In: WiWo 15, 1965, 19–29.

Sanders, W.: Wörterbuch der deutschen Sprache. 3 Bde. Leipzig 1876.

Sandig, B.: Syntaktische Typologie der Schlagzeile. München 1970. Sandig, B.: Stilistik. Berlin 1977.

Sandig, B.: Textstilistik des Deutschen. Berlin/New York 2006.

Schade, G.: Einführung in die deutsche Sprache der Wissenschaften. Ein Lehrbuch für Ausländer. Berlin 1969.

Schank, G. / Schoenthal, G.: Gesprochene Sprache. Eine Einführung in Forschungsansätze und Analysemethoden. Tübingen 1976.

Schank, G.: Vorschlag zur Erarbeitung einer operationalen Fremdwortdefinition. In: DS 2/1974, 67–88.

Schenker, W.: Zur sprachlichen Situation der italienischen Gastarbeiterkinder in der deutschen Schweiz. In: ZDL 40, 1973, 1–15.

Schiewe, J. (Hrsg.): Sprachkritik und Sprachkultur. Konzepte und Impulse für Wissenschaft und Öffentlichkeit. Bremen 2011.

Schildt, J.: Sprachentwicklung beim Übergang zum Sozialismus (Mitte des 20. Jahrhunderts bis zur Gegenwart). Das gegenwärtige Deutsch. In: Deutsche Sprache. Leipzig 1983 (= Kleine Enzyklopädie), 685–694.

Schindler, F.: Beiträge zur deutschen Hochlautung. Hamburg 1974.

Schippan, T.: Die Rolle der politischen und philosophischen Terminologie im Sprachgebrauch beider deutscher Staaten und ihre Beziehungen zum allgemeinen Wortschatz, in: Wissenschaftliche Zeitschrift der Karl-Marx-Universität Leipzig 17, 1968, 177–183.

Schippan, T.: Lexikologie der deutschen Gegenwartssprache. 2. Aufl. Tübingen 2002.

Schlosser, H. D.: Sprache unterm Hakenkreuz. Köln/Weimar/Wien 2013.

Schlottke, E.: „Mitteldeutschland". Semantische und psycholinguistische Untersuchungen zur jüngsten Wortgeschichte. München 1970.

Schlumbohm, J.: Freiheitsbegriff und Emanzipationsprozeß. Zur Geschichte eines politischen Wortes. Göttingen 1973.

Schlumbohm, J.: Freiheit. Die Anfänge der bürgerlichen Emanzipationsbewegung in Deutschland im Spiegel ihres Leitwortes. Düsseldorf 1975.

Schmidt, W. (Hrsg.): Sprache und Ideologie. Beiträge zu einer marxistisch-leninistischen Sprachwirkungsforschung. Halle 1972.

Schmidt, W.: Grundfragen der deutschen Grammatik. Eine Einführung in die funktionale Sprachlehre. 6. Aufl. Berlin 1983.

Schmidt-Henkel, G. [u. a.] (Hrsg.): Trivialliteratur. Berlin 1964.

Schmitz, U.: Sprache in modernen Medien. Einführung in Tatsachen und

Theorien, Themen und Thesen. Berlin 2004.
Schmitz, U.: Einführung in die Medienlinguistik. Darmstadt 2015.
Schmitz-Berning, C.: Vokabular des Nationalsozialismus. 2. Aufl. Berlin/New York 2007.
Schneider, P.: Die Sprache des Sports. Terminologie und Präsentation in Massenmedien. Düsseldorf 1974.
Schönbach, P.: Sprache und Attitüden. Über den Einfluß der Bezeichnungen „Fremdarbeiter“ und „Gastarbeiter“ auf Einstellungen gegenüber ausländischen Arbeitern. Bern 1970.
Schulz, G.: Die Bottroper Protokolle. Parataxe und Hypotaxe. München 1973.
Schwitalla, J.: Gesprochenes Deutsch. 4. Aufl. Berlin 2012.
Seidel, E. / Seidel-Slotty, I.: Sprachwandel im Dritten Reich. Halle 1961.
Siebs, T.: Deutsche Aussprache. Reine und gemäßigte Hochlautung mit Ausspracheworterbuch. 19. Aufl. hrsg. von H. de Boor / H. Moser / C. Winkler. Berlin 1969.
Sommerfeldt, K.-E. (Hrsg.): Entwicklungstendenzen in der deutschen Gegenwartssprache. Leipzig 1988.
Sowinski, B.: Deutsche Stilistik. Frankfurt a. M. 1973.
Spalding, K.: Die sprachliche Aufwertung als neues Tabu. In: Mspr 83, 1973, 185–195.
Sprache, Sprachgeschichte, Sprachpflege in der deutschen Schweiz. 60 Jahre Deutschschweizerischer Sprachverein. 2. Aufl. Zürich 1964.
Sprachnorm, Sprachpflege, Sprachkritik (Jahrbuch 1966/67). Düsseldorf 1968.
Stanforth, A. W.: Deutsch-englischer Lehnwortaustausch. In: WgG, 1968, 526–560.
Steger, H.: Gruppensprachen. In: ZMaf 31, 1964, 125–138.
Steger, H.: Gesprochene Sprache. In: Satz und Wort im heutigen Deutsch (Jahrbuch 1965/66). Düsseldorf 1967, 259–291.
Steger, H.: Sprachverhalten – Sprachsystem – Sprachnorm. In: Jahrbuch der

Deutschen Akademie für Sprache und Dichtung Darmstadt, 1970, 11–32.

Stellmacher, D.: Die Kodifikation der deutschen Hochlautung. In: ZDL 42, 1975, 27–38.

Stellmacher, D.: Studien zur gesprochenen Sprache in Niedersachsen. Marburg 1977.

Sternberger, D. / Storz, G. / Süskind, W. E.: Aus dem Wörterbuch des Unmenschen. Neue erw. Ausg. mit Zeugnissen des Streits über Sprachkritik. Hamburg/Düsseldorf 1968.

Steuernagel, O.: Die Einwirkungen des Deutschen Sprachvereins auf die deutsche Sprache. Berlin 1926.

Stolt, B. / Trost, J.: Hier bin ich – wo bist du? Eine Analyse von Heiratsanzeigen aus der Wochenzeitung „Die Zeit". Kronberg i.Ts. 1977.

Storrer, A.: Sprachstil und Sprachvariation in sozialen Netzwerken. In: Die Dynamik sozialer und sprachlicher Netzwerke. Konzepte, Methoden und empirische Untersuchungen an Beispielen des WWW. Hrsg. von B. Frank-Job / A. Mehler / T. Sutter. Wiesbaden 2013, 331–366.

Straßner, E.: Fernsehnachrichten: eine Produktions-, Produkt- und Rezeptionsanalyse. Tübingen 1982.

Straßner, E. (Hrsg.): Nachrichten. Entwicklungen – Analysen – Erfahrungen. München 1975. Sucharowski, W.: „Liberal" im gegenwärtigen Sprachgebrauch. München 1975.

Suchowolec, K.: Sprachlenkung – Aspekte einer übergreifenden Theorie. Berlin 2018.

Tauli, V.: Introduction to a Theory of Language Planning. Uppsala 1968.

Texte gesprochener deutscher Standardsprache. Erarbeitet im Institut für deutsche Sprache, Forschungsstelle Freiburg. München 1975 ff.

Topitsch, E.: Über Leerformeln. Zur Pragmatik des Sprachgebrauchs in der Philosophie und politischen Theorie. In: Probleme der Wissenschaftstheorie. Fs. V. Kraft. Hrsg. von E. Topitsch. Wien 1960, 233–263.

Tschirch, F.: Bedeutungswandel im Deutschen des 19. Jahrhunderts. In: ZdWf 16, 1960, 7–24.

Uhlig, E.: Studien zur Grammatik und Syntax der gesprochenen politischen Sprache des Deutschen Bundestages. Marburg 1972.

Ungeheuer, G.: Duden, Siebs und WDA: Drei Wörterbücher der deutschen Hochlautung. In: Festschrift für Hugo Moser. Hrsg. von U. Engel [u a.]. Düsseldorf 1969, 202–217.

Urbanova, A.: Zum Einfluß des amerikanischen Englisch auf die deutsche Gegenwartssprache. In: Mspr 76, 1966, 97–114.

Vaňková. L. / Satzger, A. / Wolf, N. R. (Hrsg.): Fachkommunikation im Wandel. The Changing Landscape of Professional Discourse. Ostrava 2015.

Veith, W. / Beersmans, F.: Materialien zur Rechtschreibung und ihrer Reform. Wiesbaden 1973.

Wackernagel-Jolles, B.: Untersuchungen zur gesprochenen Sprache. Beobachtungen aus Verknüpfungen spontanen Sprechens. Göppingen 1971.

Wackernagel-Jolles, B. (Hrsg.): Aspekte der gesprochenen Sprache. Deskriptions- und Quantifizierungsprobleme. Göppingen 1973.

Wagner, H.: Deutsche Verwaltungssprache. Düsseldorf 1970.

Wagner, K.: Das 19. Jahrhundert. In: DWg, 1974, 2, 493–528.

Wagner, K. R.: Die Sprechsprache des Kindes. Düsseldorf 1974.

Wahrig. Deutsches Wörterbuch. 9. Aufl. Gütersloh [u. a.] 2011.

Wängler, H.-H.: Grundriß einer Phonetik des Deutschen. Marburg 1960.

Weber, H.: Morphemik. In: LGL^{2}, 1980, 159–169.

Weber, H.: Kleine generative Syntax des Deutschen. Tübingen 1977.

Weigel, H.: Die Leiden der jungen Wörter. Ein Antiwörterbuch. Zürich/München 1974.

Weinrich, H.: Sprache in Texten. Stuttgart 1976.

Weinrich, H.: Semantik der kühnen Metapher. In: Deutsche Vierteljahrsschrift 37, 1963, 325– 344.

Weinrich, H.: Linguistik der Lüge. Heidelberg 1966.

Weinrich, H.: Linguistische Betrachtungen zur modernen Lyrik. In: Akzente 15, 1968, 24–42.

Weisgerber, L.: Die Grenzen der Schrift. Köln/Opladen 1955.

Weisgerber, L.: Verschiebungen in der sprachlichen Einschätzungen von Menschen und Sachen. Köln 1958.

Weisgerber, L.: Die Verantwortung für die Schrift – 60 Jahre Bemühungen um eine Rechtschreibreform. Mannheim 1964.

Weiss, A.: Syntax spontaner Gespräche. Einfluß von Situation und Thema auf das Sprachverhalten. Düsseldorf 1975.

Weldon, T. D.: Kritik der politischen Sprache. Neuwied 1962.

Wenzel, R. (Hrsg.): Sprache und Sexualität. Texte zur Analyse und Diskussion. Frankfurt a. M. 1975.

Werlich, E.: Typologie der Texte. 2. Aufl. Heidelberg 1979.

Wersig, G.: Inhaltsanalyse. Berlin 1968.

Widmer, U.: 1945 oder die ‚Neue Sprache'. Düsseldorf 1966.

Wienold, G.: Sprachlicher Kontakt und Integration. In: ZMaf 35, 1968, 209–218.

Wiese, B. v. / Henß, R. (Hrsg.): Nationalismus in Germanistik und Dichtung. Berlin 1967.

Wiese, H.: Kiezdeutsch. Ein neuer Dialekt entsteht. München 2012.

Wimmer, R.: Umgang mit Termini. In: Akten des 10. Linguistischen Kolloquiums. Tübingen 1975, 1, 337–346.

Winckler, L.: Studie zur gesellschaftlichen Funktion faschistischer Sprache. Frankfurt a. M. 1970.

Winkler, C.: Zur Frage der deutschen Hochlautung. In: Satz und Wort im heutigen Deutsch (Jahrbuch 1965/66). Düsseldorf 1967, 313–328.

Winterling, F. (Hrsg.): Sprachnorm und Gesellschaft. Texte zur Theorie und Praxis sprachlicher Normierung und sprachlicher Lenkung. Frankfurt a. M.

1974.

Wolf, N. R.: Anglizismen (bzw. Fremdwörter) im Sprachgebrauch. Eine Wortmeldung in einer immer wiederkehrenden Debatte. In: Etymologie, Entlehnungen und Entwicklungen. Fs. J. Koivulehto. Hrsg. von I. Hyvärinen / P. Kallio /J. Korhonen. Helsinki 2004, 459–470.

Wolf, N. R.: Die deutsche Sprache im Zeitalter der Globalisierung, in: Neuphilologische Mitteilungen 113, 2012, 497–509.

Wolf, N. R.: Der ‚DDR-Wortschatz' als Indikator einer nationalen Varietät? Mit einem Blick auf die Lexikographie des DDR-Wortschatzes. In: DS 37, 2009a, 130–147.

Wolf, N. R.: Historische Textsorten und Stil. In: Rhetorik und Stilistik. Ein internationales Handbuch historischer und systematischer Forschung. Hrsg. von U. Fix / A. Gardt / J. Knape. Halbbd. 2. Berlin/New York 2009b, 1691–1705.

Wolf, S. A.: Wörterbuch des Rotwelschen. Deutsche Gaunersprache. Mannheim 1956. Wülfing, W.: Schlagworte des Jungen Deutschland. Berlin 1982.

Wunderlich, D.: Tempus und Zeitreferenz im Deutschen. München 1970.

Wurzel, W.: Konrad Duden und die deutsche Orthographie. 100 Jahre ‚Schleizer Duden'. In: ZPSK 28, 1975, 179–209.

Wüster, E.: Internationale Sprachnormung in der Technik. 3. Aufl. Bonn 1970.

Wüster, E.: Grundsätze der fachsprachlichen Normung. In: Mspr 81, 1971, 289–295.

Wüster, E.: Der Streit um die Großschreibung. In: Mspr 84, 1974a, 73–76.

Wüster, E.: Die Allgemeine Terminologielehre. In: Linguistics 119, 1974b, 61–106.

Zeitschrift für Linguistik und Literaturwissenschaft 5/1975, H. 18 (= Themenheft: Sprache aus- ländischer Arbeiter. Hrsg. von W. Klein).

Zifonum, G. / Hofmann, L. / Strecker, B.: Grammatik der deutschen Sprache. Berlin/New York 1997.

Zimmermann, H.: Zu einer Typologie des spontanen Gesprächs. Syntaktische Studien zur baseldeutschen Umgangssprache. Bern 1965.

Zimmermann, H. D.: Die politische Rede. Sprachgebrauch Bonner Politiker. Stuttgart 1969.

结语与展望书目

Ammon, U.: Geltungsverlust und Geltungsgewinn der deutschen Sprache seit der Mitte des 20. Jahrhunderts. In: SprG Bd. 2. Berlin/New York 2000, 2185–2190.

Ammon, U.: Die Stellung der deutschen Sprache in der Welt. Berlin/München/Boston 2015.

Auer, P.: Türkenslang. Ein jugendsprachlicher Ethnolekt des Deutschen und seine Transformationen. In: Spracherwerb und Lebensalter. Hrsg. von A. Häcki Buhofer. Tübingen/Basel 2003, 255–264.

Auer, P.: Ethnische Marker im Deutschen zwischen Varietät und Stil. In: Das Deutsch der Migranten. Hrsg. von A. Deppermann. Berlin/Boston 2013, 9–40.

Dittmar, Norbert/Bahlo, Nils: Jugendsprache. In: Die Sprache Deutsch, hrsg. von Heidemarie Anderlik/Katja Kaiser (Deutsches Historisches Museum). Dresden 2008, 264–268.

Dittmar, N. / Şimşek, Y.: Das Deutsch von Migranten. In: Vielfalt und Einheit der deutschen Sprache. Zweiter Bericht zur Lage der deutschen Sprache. Tübingen 2017, 191–245.

Eckert, R.: Kulturelle Homogenität und aggressive Intoleranz. Eine Kritik der Neuen Rechten. In: Aus Politik und Zeitgeschichte 44/2010, 26–33.

Feustel, R. / Grochol, N. / Prüwer, T. / Reif, F. (Hrsg.): Wörterbuch des besorgten Bürgers. Mainz 2018.

Glunk, R.: Erfolg und Mißerfolg der nationalsozialistischen Sprachlenkung. In: ZdS 22–27, 1966– 1971.

Gorny, R.: Sprach-Experten warnen vor dem „Kiezdeutsch". Berliner Kurier Online, 15.2.2012. https://www.berliner-kurier.de/berlin/kiez—stadt/sprach-experten-warnen-vor-dem-kiezdeutsch-10570400 [6.11.2018].

Hinrichs, U.: Multi-Kulti-Deutsch. Wie Migration die deutsche Sprache verändert. München 2013.

Mocikat, R.: Soll Deutsch als Wissenschaftssprache überleben? In: Zeit Online 28.04.2010. https://www.zeit.de/wissen/2010-04/deutsch-forschungssprache [6.11.2018].

Niehr, T./Reissen-Kosch, J.: Volkes Stimme? Zur Sprache der Rechtspopulisten. Berlin 2018.

Niehr, T.: Rechtspopulistische Lexik und die Grenzen des Sagbaren. Dossier Rechtspopulismus, Bundeszentrale für politische Bildung, 16.1.2017. http://www.bpb.de/politik/extremismus/rechtspopulismus/240831/rechtspopulistische-lexik-und-die-grenzen-des-sagbaren [6.11.2018].

Oksaar, E.: Terminologie und Gegenstand der Sprachkontaktforschung. In: SprG Bd. 4. Berlin/ New York 2004, 3160-3171.

Peterson, J.: Sprache und Migration. Heidelberg 2015.

Priester, K.: Rechter und linker Populismus. Frankfurt a. M./New York 2012.

Polenz, P. v.: Sprachkritik und Sprachnormenkritik. In: Angewandte Sprachwissenschaft und Deutschunterricht. Hrsg. von G. Nickel. München 1973, 118-167.

Schneider, W.: Speak German! Warum Deutsch manchmal besser ist. Reinbek bei Hamburg 2008.

Stöss, R.: Die „Neue Rechte" in der Bundesrepublik. Dossier, Bundeszentrale für Politische Bildung, 7.7.2016. http://www.bpb.de/politik/extremismus/rechtsextremismus/229981/die-neue-rechte-in-der-bundesrepublik [6.11.2018].

Wiese, H.: Kiezdeutsch - ein neuer Dialekt. In: Aus Politik und Zeitgeschichte 8/2010, 33-38.

Yeşilada, K. E.: Feridun Zaimoğlu. In: KLG. Kritisches Lexikon der deutschen Gegenwartsliteratur. 86. Nlfg. 6–07, 6–10. München 2007/2010. http://www.munzinger.de/document/ 16000000704 [6.11.2018].

Zaimoglu, F.: Kanak Sprak / Koppstoff. Die gesammelten Misstöne vom Rande der Gesellschaft. Köln 2011.

参考书目缩略语表

Beitr. / Beitr. (Halle)	Beiträge zur Geschichte der deutschen Sprache und Literatur
DaF	Deutsch als Fremdsprache
DPhA	Deutsche Philologie im Aufriß. 3 Bde. Hrsg. von W. Stammler. 2. Aufl. Berlin 1966–1969
DS	Deutsche Sprache. Zeitschrift für Theorie, Praxis, Dokumentation
DU	Der Deutschunterricht. Beiträge zu seiner Praxis und wissenschaftlichen Grundlegung
DWg	Deutsche Wortgeschichte. 2 Bde. Hrsg. von F. Maurer / H. Rupp. 3. Aufl. Berlin 1974.
GRM	Germanisch-Romanische Monatsschrift
JEGPh	The Journal of English and Germanic Philology
KGgPh	Kurzer Grundriß der germanischen Philologie bis 1500. 2 Bde. Hrsg. von L. E. Schmitt. Berlin 1970/1971.
LGL	Lexikon der Germanistischen Linguistik. Hrsg. von H. P. Althaus / H. Henne / H. E. Wiegand. Tübingen 1973.
LGL2	Lexikon der Germanistischen Linguistik. Hrsg. von H. P. Althaus / H. Henne / H. E. Wiegand. 2. Aufl. Tübingen 1980.
LuD	Linguistik und Didaktik
Mspr	Muttersprache. Zeitschrift zur Pflege und Erforschung der

	deutschen Sprache (heute: Muttersprache. Vierteljahresschrift für deutsche Sprache)
NphM	Neuphilologische Mitteilungen
SprG	Sprachgeschichte. Ein Handbuch zur Geschichte der deutschen Sprache und ihrer Erforschung. 2. Aufl. Hrsg. von W. Besch /A. Betten / O. Reichmann /S. Sonderegger. Berlin/New York. 4 Bde. 1998/2000/2003/2004.
STZ	Sprache im technischen Zeitalter
WgG	Wortgeographie und Gesellschaft. Hrsg. von W. Mitzka. Berlin 1968.
WiWo	Wirkendes Wort
ZdA	Zeitschrift für deutsches Altertum und deutsche Literatur
ZdPh	Zeitschrift für deutsche Philologie
ZdS	Zeitschrift für deutsche Sprache
ZdWf	Zeitschrift für deutsche Wortforschung
ZGL	Zeitschrift für germanistische Linguistik
ZMaf	Zeitschrift für Mundartforschung
ZPSK	Zeitschrift für Phonetik, Sprachwissenschaft und Kommunikationsforschung

关键词索引 ①

---

① 原著索引包含两个部分："内容索引"（Sachregister，包括构词语素、人名等）与"词汇索引"（Wortregister，收录古高地及中古高地德语词汇）。本中译本将其合二为一，并通过筛选以实现学术性与适读性的平衡。为强化索引的学术参照价值，优先纳入语言学核心概念、语言史术语、经典作品及重要学者与机构；删除文化专属性过强、学术关联度较低的索引内容，例如生活词汇"套头衫 Pullover""布丁 Pudding"；地域性历史事件、人物和地名，如"盎格鲁-撒克逊传教活动 angelsächsische Mission"。这一处理优先保障目标读者的认知效能而非机械复制索引形式，例如生活类词汇虽在原作中作为语料存在，但其文化负载在中文语境中易产生冗余，故精简以聚焦核心学术功能。

语言学及应用语言学名著译丛书目

句法结构（第2版）	〔美〕诺姆·乔姆斯基	著
语言知识：本质、来源及使用	〔美〕诺姆·乔姆斯基	著
语言与心智研究的新视野	〔美〕诺姆·乔姆斯基	著
语言研究（第7版）	〔英〕乔治·尤尔	著
英语的成长和结构	〔丹〕奥托·叶斯柏森	著
言辞之道研究	〔英〕保罗·格莱斯	著
言语行为：语言哲学论	〔美〕约翰·R. 塞尔	著
理解最简主义	〔美〕诺伯特·霍恩斯坦 〔巴西〕杰罗·努内斯 〔德〕克莱安西斯·K. 格罗曼	著
认知语言学	〔美〕威廉·克罗夫特 〔英〕D. 艾伦·克鲁斯	著
历史认知语言学	〔美〕玛格丽特·E. 温特斯 等	编
语言、使用与认知	〔美〕琼·拜比	著
我们的思维方式：概念整合与心智的隐匿复杂性	〔法〕吉勒·福柯尼耶 〔美〕马克·特纳	著
为何只有我们：语言与演化	〔美〕罗伯特·C. 贝里克 诺姆·乔姆斯基	著
语言的进化生物学探索	〔美〕菲利普·利伯曼	著
叶斯柏森论语音	〔丹〕奥托·叶斯柏森	著
语音类型	〔美〕伊恩·麦迪森	著
语调音系学（第2版）	〔英〕D. 罗伯特·拉德	著

韵律音系学	〔意〕玛丽娜·内斯波 〔美〕艾琳·沃格尔	著
词库音系学中的声调	〔加〕道格拉斯·蒲立本	著
音系与句法：语音与结构的关系	〔美〕伊丽莎白·O. 塞尔柯克	著
节律重音理论——原则与案例研究	〔美〕布鲁斯·海耶斯	著
语素导论	〔美〕戴维·恩比克	著
语义学（上卷）	〔英〕约翰·莱昂斯	著
语义学（下卷）	〔英〕约翰·莱昂斯	著
做语用（第 3 版）	〔英〕彼得·格伦迪	著
语用学原则	〔英〕杰弗里·利奇	著
语用学与英语	〔英〕乔纳森·卡尔佩珀 〔澳〕迈克尔·霍	著
交互文化语用学	〔美〕伊斯特万·凯奇凯什	著
应用语言学研究方法	〔英〕佐尔坦·德尔涅伊	著
复杂系统与应用语言学	〔美〕戴安娜·拉森-弗里曼 〔英〕琳恩·卡梅伦	著
信息结构与句子形式	〔美〕克努德·兰布雷希特	著
沉默的句法：截省、孤岛条件和省略理论	〔美〕贾森·麦钱特	著
语言教学的流派（第 3 版）	〔新西兰〕杰克·C. 理查兹 〔美〕西奥多·S. 罗杰斯	著
语言学习与语言教学的原则（第 6 版）	〔美〕H. 道格拉斯·布朗	著
社会文化理论与二语教学语用学	〔美〕雷米·A. 范康珀诺勒	著
法语英语文体比较	〔加〕J.-P. 维奈 〔加〕J. 达贝尔内	著
法语在英格兰的六百年史（1000—1600）	〔美〕道格拉斯·A. 奇比	著
语言与全球化	〔英〕诺曼·费尔克劳	著
语言与性别	〔美〕佩内洛普·埃克特 〔美〕萨利·麦康奈尔-吉内特	著
全球化的社会语言学	〔比〕扬·布鲁马特	著
话语分析：社会科学研究的文本分析方法	〔英〕诺曼·费尔克劳	著
社会与话语：社会语境如何影响文本与言谈	〔荷〕特恩·A. 范戴克	著
语法、逻辑和心理学：原理及相互关系	〔德〕海曼·施坦塔尔	著

德语语言史　　〔德〕彼得·冯·波伦茨　著

图书在版编目（CIP）数据

德语语言史 /（德）彼得·冯·波伦茨著；李睿译. 北京：商务印书馆，2025. --（语言学及应用语言学名著译丛）. --ISBN 978-7-100-24983-6

Ⅰ. H330.9

中国国家版本馆CIP数据核字第20254L5Z84号

语言学及应用语言学名著译丛

德语语言史

〔德〕彼得·冯·波伦茨　著

〔德〕诺伯特·理查德·沃尔夫　修订

李睿　译

商　务　印　书　馆　出　版

（北京王府井大街36号　邮政编码100710）

商　务　印　书　馆　发　行

北京市十月印刷有限公司印刷

ISBN 978-7-100-24983-6

2025年7月第1版　　开本880×1230　1/32

2025年7月北京第1次印刷　　印张12½

定价：86.00元